编 辑 部

主　编：田士永

副主编：李慧敏

编　辑：刘坤轮　尹　超　王超奕　柯勇敏

联 系 方 式

地　址：北京市海淀区西土城路25号，100088
　　　　中国政法大学 法学教育研究与评估中心
　　　　《中国政法大学教育文选》编辑部
电　话：010-58908099
邮　箱：lihuimin99@sina.com

中国政法大学教育文选

（第34辑）

田士永 ◎ 主编　　李慧敏 ◎ 副主编

中国政法大学出版社

2023·北京

声　明　　1. 版权所有，侵权必究。

　　　　　2. 如有缺页、倒装问题，由出版社负责退换。

图书在版编目（ＣＩＰ）数据

中国政法大学教育文选.第34辑/田士永主编.—北京：中国政法大学出版社，2023.12
ISBN 978-7-5764-1247-5

Ⅰ.①中…　Ⅱ.①田…　Ⅲ.①高等学校－教学研究－文集　Ⅳ.①G642.0-53

中国国家版本馆CIP数据核字(2024)第002725号

出 版 者	中国政法大学出版社
地　　址	北京市海淀区西土城路 25 号
邮寄地址	北京 100088 信箱 8034 分箱　邮编 100088
网　　址	http://www.cuplpress.com (网络实名：中国政法大学出版社)
电　　话	010-58908289(编辑部) 58908334(邮购部)
承　　印	保定市中画美凯印刷有限公司
开　　本	720mm×960mm　1/16
印　　张	16.75
字　　数	260 千字
版　　次	2023 年 12 月第 1 版
印　　次	2023 年 12 月第 1 次印刷
定　　价	85.00 元

目　录
CONTENTS

教育模式

中国政法大学培养国际高端法治人才的改革与实践 / 肖宝兴　3

课程与教学

涉外法治人才培养框架下《国际难民法》全英文课程
　　设计探索 / 许庄斯　15

习近平法治思想融入高校思想政治理论课的五对
　　关系处理 / 程运麒　26

新文科背景下意大利语翻译教材建设的现状与前景 / 雷　佳　38

课堂环境下二语词汇知识发展的动态性特征探析 / 张文红　50

《女性文学研究》课程教学中的思想品德教育 / 胡梅仙　60

法教义学视域下法典翻译策略研究
　　——兼论法学教育中法律翻译教学的必要性 / 付　瑶　70

电影字幕翻译课堂教学中的重点和难点
　　——以电影《梅兰芳》字幕为例 / 刘建波　82

新时代法治文化专业本科教学 / 李　驰　100

对高校体育课程教学改革的初步研究 / 侯书健　112

作为新兴与交叉学科的国际财政法学：内生逻辑、法律渊源
　　与法理体系 / 梁文永　胡慧玲　122

人工智能与法学教育融合创新研究 / 周　鑫　赵晶晶　145

教育评价

论我国大学教育评价的新进阶：从"缺位"逻辑
　　走向"耦合"逻辑 / 胡晓东　159

高校教师对代表作评价制度的认知与思考
　　——来自高校教师的调研报告 / 杜学宽　杨　科　178

完善高校师德师风考核评价机制研究
　　——基于人才培养质量评价视角 / 张　鹏　王越驰　209

教育史

政法学府群星闪耀时
　　——中央政法管理干部学院的前世今生 / 王子聪　223

观察与调适：试论台湾地区的教育改造
　　问题（1945—1948）/ 李露馨　胡小进　252

教育模式

Jiao Yu Mo Shi

中国政法大学培养国际高端
法治人才的改革与实践*

肖宝兴**

一、国际高端法治人才研究生培养模式的改革背景

(一) 国际高端法治人才研究生培养的社会需求

2017年5月3日，习近平总书记在考察中国政法大学时指出："建设法治国家、法治政府、法治社会，实现科学立法、严格执法、公正司法、全民守法，都离不开一支高素质的法治工作队伍。"改革开放以来，我国经济社会不断发展，融入世界的进程加快，在全球治理结构中和全球化的背景下，代表和维护国家利益，讲好"中国故事"、发出"中国声音"、形成"中国气派"、实施"一带一路"宏伟倡议，实现中华民族伟大复兴中国梦，更需要具有国际视野、通晓国际规则，能够参与国际事务和竞争的高层次、应用型专门人才，日益需要中国高等教育，特别是作为高层次研究生教育作出回应。

(二) 国际高端法治人才研究生培养的法大供给

习近平总书记在考察中国政法大学时，在人才培养、国际交

---

* 本文系中国政法大学教学改革研究成果"国际高端法治人才研究生培养模式的改革与实践"，该成果获得2017年北京市高等教育教学成果奖一等奖，成果主要完成人为：马怀德、李曙光、王振峰、袁钢、肖宝兴。

** 肖宝兴，中国政法大学研究生院院长助理兼培养办公室主任，法学博士。

流合作等方面取得的成就表示肯定。根据教育部、财政部、国家发展改革委印发的《关于公布世界一流大学和一流学科建设高校及建设学科名单的通知》，中国政法大学以法学为特色和优势，成功入选"一流学科"建设名单。中国政法大学在法学研究生教育规模上位居全国第一，拥有世界高等教育中规模最大的"法学家集团"和全国高校最大的法学图书馆。

研究生教育作为国民教育的顶端和国家创新战略的后备军，是科技第一生产力、创新第一动力、人才第一资源的重要结合点。新时期的研究生教育以"立德树人"为核心，以"提高质量"和"服务需求"为主线，必须根据国际、国家和社会需求，进行必要的"供给侧"改革。中国政法大学面对国际、国家和社会需求，深度思考研究生教育"培养什么样的人、如何培养人"的问题，主动担纲、搭建平台、创新模式、勇于改革，明确了国际高端法治人才的培养目标，即培养信念坚定、外语娴熟、通晓国际规则、具有国际竞争力的人才，培养具有全球视野、国际思维、跨域文化和世界情怀的法律研究者、建设者、守护者和执行者。

二、国际高端法治人才研究生培养模式的改革举措

在培养国际高端法治人才培养目标的统领下，中国政法大学积极寻求外方合作、开拓留学渠道、加强校际互信、便捷教研共建，合办暑期学校、力促文化互融、联通国际组织、增设实习机会、资助学术会议、举办模拟法庭，基本形成了由国家公派留学为主，以单位公派和自费留学为辅，以国际小学期、暑期共建学校和参与国际竞赛与国际实习为补充的多层次、全方位、宽领域、体现法大特色和水平的具有引领和示范作用的国际高端法治人才培养模式。

（一）坚持标准做好国家公派留学，培养拔尖创新人才

中国政法大学坚持"三个一流"，即"选拔一流的人员，派到境外一流的学科专业，师从一流的导师"的标准，集中资源做好国家公派留学，培养拔尖创新人才。依托"国家建设高水平大学公派研究生项目""国家公派硕士研究生项目"等公派留学遴选和资助框架下，中国政法大学积极

拓展校际战略合作范围，截至2017年9月相继与美国哥伦比亚大学等诸多国际知名院校建立了公派研究生留学的合作关系详细内容可见《中国政法大学研究生公派留学合作单位一览表》（如下表1所示）。中国政法大学严格公派留学人员选拔程序，由书面支撑材料评审和专家面试考核，结合志愿填报的学科分布与名额配置，确定最终的出国留学推荐人选。中国政法大学2016年获批国家留学基金资助83人，位列全国文科院校第一方阵。2012年至2016年，共有339人公派出国留学，详细内容可见《中国政法大学公派研究生录取人数一览表（2009—2017年）》（如下表2所示）。2017年国家公派研究生项目录取人数又创历史新高，共有92名学生获得国家公派研究生项目资助，奖学金总额达1430万元，人均达15.7万元，个人最高资助达119.3万元。

五年来，中国政法大学国家公派研究生录取人数居全国财经政法类院校第一位。根据国家留学基金委的数据所示，中国政法大学近五年公派研究生录取人数是华东政法大学、西南政法大学、中南财经政法大学和西北政法大学录取总数的四倍，超过了北京大学、中国人民大学、武汉大学等综合性院校法学公派研究生录取人数。中国政法大学为国家公派留学研究生提供了海外创新科研项目，鼓励研究生在公派留学期间，结合留学目标和留学所在国情况，开展创新性研究，深入了解当地的人文和社会风俗，法律与规则体系，不断提高自身跨文化交流能力。

(二) 全力推动校院级留学渠道，力促更多优秀学子出国

除公派留学之外，中国政法大学积极搭建校院两级留学渠道，力促更多优秀研究生出国留学。中国政法大学定期发布项目选派信息，为申请自费出国攻读学位的研究生提供一定的支持与帮助，让更多的研究生有机会到其他国家学习与交流。一方面，为有意自费出国留学的研究生提供项目支持。"单位公派留学"主要针对那些未获批国家留学基金管理委员会资助的校际合作项目。另一方面，为有意自费出国留学的研究生提供学费资助。只要在校际合作框架内获得入学资格，留学人员即可享受框架协议所载的学费优惠政策及由中国政法大学提供的费用资助。截至2017年9月25日，同中国政法大学签订框架性合作协定的国外高校约有130所，其中

包括牛津大学、剑桥大学等世界一流大学。

(三) 深化研究生外语教学改革,全面提高语言应用能力

中国政法大学以培养研究生的实际语言应用能力为核心,全面深化研究生外语教学改革,通过开设第一外语高阶课程、小语种课程、全英文中国法课程、全外文国际法和比较法课程、外教课程,建设外语视听说专用教室、国际模拟法庭(仲裁庭)专用教室、模拟联合国专用教室,举办外文论文写作比赛、院际英语学术研讨会等,力求全方位地提高研究生的外语核心应用能力。

(四) 努力办好国际暑期学校课程,实现学生国际双向交流

为进一步优化人才培养模式,提高人才培养国际化水平,全面提升人才培养质量,中国政法大学鼓励各学院、教学部、研究院(所、中心)聘请高水平教师、开设高水平国际课程和开办暑期学校。对于经中国政法大学批准的国际课程和暑期学校,将提供资金和政策等支持。

1. 开设暑期课程

根据《中国政法大学三学期制改革实施方案》,鼓励各学院、研究所申请国际共建教学项目,聘用外方教授以全程外文或中外交互的方式开设制度介绍性、理论引述性和实务技能型课程。例如邀请外方著名高校教授、各国际组织前任或现任官员、驻华大使以讲座或课堂教学的方式为研究生开设"国际法原理与实践(英文)""宗教文化差异对'一带一路'投资与商事的影响""如何提升中国在国际组织中的话语权"等课程。

2. 举办境外项目

截至2017年9月,中国政法大学共与美国哥伦比亚大学、美国加利福尼亚大学洛杉矶分校等19个外方单位建立了校级"境外暑期项目"的合作关系,项目内容包括学分修读、学术交流、文化感知、青年论坛和语言提升等方面。

3. 举办研修研讨

中国政法大学聘请相关领域的国际知名专家以全程外文开设暑期研修课程,修读者经考核通过可获得相应的通识教育学分。例如截至2017年9月,"人权法暑期班"已经举办了九届,参与人数近千人,以全外文授课,

且面向各专业研究生招生,极大提升了参与者对全外文课堂的适应性,并培养了他们应用英语进行学术讨论、汇报和写作的能力。

(五) 资助参与国际会议和竞赛,提升研究生学术竞赛能力

中国政法大学设立有研究生参加或组织国际竞赛和国际会议的专项基金,为研究生参加国际竞赛和国际会议、组织国际会议提供专项资助。2012年至2017年间,中国政法大学研究生参与第六十六届国际宇航大会、第五届"证据理论与科学"国际研讨会、第十届国际怀特海大会暨第九届生态文明国际论坛等国际学术会议100多次,参加国际环境法模拟法庭竞赛、国际刑事法院模拟法庭竞赛等各类国际学科竞赛50多场次。

(六) 推动研究生国际实习实践,全面提升研究生综合能力

为检验中国政法大学研究生培养质量,提升国际高端法治人才的综合能力,中国政法大学积极与国际组织开展合作,为研究生拓展国际实习的机会。根据相关协议,中国政法大学每年选派5~6名研究生赴世界银行实习3个月;每年选派3名研究生赴亚非法律协商组织秘书处实习3个月,同时每年定期选派部分研究生赴相关国际组织驻华代表处实习。中国政法大学面向全校选拔优秀研究生,经过多轮面试和笔试,确定最终实习人选并为入选实习研究生提供往返国际旅费、生活费资助和实习津贴。国际组织实习受到中国政法大学广大研究生的热烈欢迎,中国政法大学将进一步强化该项工作,让更多优秀的研究生有机会走进国际组织,锻炼综合能力,开阔国际视野。

三、国际高端法治人才研究生培养模式的社会评价

通过人才培养机制的不断改革、完善,中国政法大学研究生培养的质量和社会声誉也在累进、优化。研究生进一步养成了良好的法律思维,具有公平正义的理念、坚定的法治信仰、良好的法律职业伦理和强烈的职业责任感,专业知识水平、法律职业素养、法律职业技能也得到全面提高,在国内、国际职业舞台上的竞争力更是不断增强,具体表现在如下几个方面:

(一) 人才培养质量得到主流媒体专版报道

2017年8月17日,《光明日报》在《砥砺奋进的五年——迎接党的十

九大特刊》中,以整版的篇幅专版报道了中国政法大学在法治人才培养中取得的成果,刊登了中国政法大学时任校长黄进教授的《努力办好人民满意的法学教育》一文,以及北京市高级人民法院副院长安凤德的《法治精神薪火相传》一文。该版还以"数读政法大学"的方式展示了中国政法大学近年来在法学人才培养方面取得的具体成果。

(二) 人才培养质量受到国内外用人单位认可

根据2017年反馈的就业数据,中国政法大学硕士研究生实际落实1676人,就业落实率为95.99%。其中升学53人,占毕业生总数的3.04%;出国(境)留学48人,占毕业生总数的2.75%;签订就业协议893人,占毕业生总数的51.15%;签劳动合同238人,占毕业生总数的13.63%;其他就业形势435人,占毕业生总数的24.91%;自主创业9人,占毕业生总数的0.52%。中国政法大学研究生具有旺盛的创造力、思维活力和行动力,且法治信仰坚定、法学理论功底深厚、实务技能突出,深受用人单位的欢迎和好评。

(三) 人才培养质量获得国内外知名大学青睐

中国政法大学硕士毕业生每年考取北京大学、清华大学、中国人民大学等国内知名大学攻读博士学位的研究生不在少数。每年都有数十名研究生通过激烈的竞争,被美国哈佛大学、英国牛津大学、英国伦敦大学学院、德国慕尼黑大学、日本东京大学等世界著名大学接收攻读博士或硕士学位。每年的博士毕业生在211、985高校等知名大学就业的也占较高比例。

(四) 人才培养质量得到优秀教学团队支撑

2012年至2017年,中国政法大学选派赴意大利留学攻读博士学位和联合培养博士研究生共有三十余人。学成回国任教的有十余人,他们形成了一个强大的研究团队,在当下掀起一个新的高潮。

四、"国际高端法治人才"研究生培养模式的应用价值

(一) 有依托、有主导、有特色的法治人才培养体系

中国政法大学努力从理念定位、体系设计、资源聚合、成果保育和监测反馈六个方面入手,以科研平台、教学平台、实践平台与跨文化交流平

台为主要依托,以培养信念坚定、外语娴熟、通晓国际规则、具有国际竞争力的国际高端法治人才为目标,构建起以"国家公派留学"为主导,以学校公派和研究生自费留学为辅助,以国际小学期和暑期共建学校和参与国际竞赛与国际实习为补充的多层次、全方位、宽领域的,体现中国政法大学特色和水平的具有引领和示范作用的国际高端法治人才培养模式。

(二)多渠道、多形式、多视角的法治人才培养体系

中国政法大学为研究生提供了丰富、全面的海外游学资源,包括国家公派留学、单位公派留学、自费留学资助、公派国际组织实习、国际组织实习资助、夏季学期国际共建课程、校际暑期学校项目、国际学术交流与研讨、国际模拟法庭竞赛等。通过上述多渠道国际交流的深入参与,研究生多能以国际视角、国际思维来观察、分析和解决法律问题、社会问题,能够有底气、有魄力、有能力的参与到国际法律事务的处理和争讼中,并为捍卫国家主权和领土完整做出应有的理论或技术性贡献,详细内容可见下表1。

表1 中国政法大学研究生公派留学合作单位一览表

(截至2017年9月)

培养类型	国　别	合作单位
联合培养硕士研究生	爱尔兰	爱尔兰都柏林大学
	波　兰	波兰华沙大学
	澳大利亚	澳大利亚莫纳什大学、澳大利亚邦德大学
	奥地利	奥地利维也纳大学
	丹　麦	丹麦奥胡斯大学
	德　国	德国科隆大学
	俄罗斯	俄罗斯司法部法学院
	法　国	法国波尔多大学
	芬　兰	芬兰赫尔辛基大学
	荷　兰	荷兰格罗宁根大学
	加拿大	加拿大蒙特利尔大学

续表

培养类型	国 别	合作单位
联合培养硕士研究生	美 国	美国布鲁克林法学院、美国加州大学圣地亚哥分校、美国福特汉姆大学
	日 本	日本冈山大学、日本名古屋大学、日本中央大学
	瑞 典	瑞典隆德大学
	瑞 士	瑞士伯尔尼大学、瑞士卢塞恩大学
	西班牙	西班牙德乌斯托大学、西班牙IE大学、西班牙马德里自治大学
	新西兰	新西兰奥克兰大学
	意大利	意大利博洛尼亚大学
	捷 克	捷克查理大学
	比利时	比利时布鲁塞尔自由大学
	荷 兰	荷兰鹿特丹伊拉斯姆斯大学
攻读硕士学位	美 国	美国西北大学、美国乔治敦大学、美国加利福尼亚大学洛杉矶分校、美国加利福尼亚大学伯克利分校、美国宾夕法尼亚大学、美国圣路易斯华盛顿大学
	英 国	英国伦敦大学学院、英国兰卡斯特大学
	加拿大	加拿大蒙特利尔大学
	新加坡	新加坡南洋理工大学
联合培养博士研究生	丹 麦	丹麦哥本哈根大学
	德 国	德国慕尼黑大学、德国科隆大学
	美 国	美国哥伦比亚大学、美国宾夕法尼亚大学、美国西北大学、美国加州大学伯克利分校、美国康奈尔大学、美国圣路易斯华盛顿大学、美国伊利诺伊大学厄巴纳—香槟校区、美国明尼苏达大学、美国印第安纳大学布鲁明顿分校、美国波士顿大学、美国匹兹堡大学、美国亚利桑那大学、美国西弗吉尼亚大学、美国俄亥俄州立大学
	加拿大	加拿大蒙特利尔大学、加拿大多伦多大学

续表

培养类型	国别	合作单位
联合培养博士研究生	瑞士	瑞士日内瓦大学、瑞士伯尔尼大学
	希腊	希腊萨洛尼基亚里士多德大学
	英国	英国伦敦大学国王学院、英国布里斯托大学、英国利兹大学、英国斯特拉斯克莱德大学、英国杜伦大学
	比利时	比利时根特大学、比利时法语布鲁塞尔自由大学
	荷兰	荷兰乌特列支大学
攻读博士学位	美国	美国西北大学
	英国	英国剑桥大学、英国伦敦大学国王学院、英国爱丁堡大学、英国斯旺西大学
	法国	法国巴黎第十一大学、法国里昂大学
	德国	德国汉堡大学、德国柏林自由大学
	瑞士	瑞士弗里堡大学
	荷兰	荷兰鹿特丹伊拉斯姆斯大学、荷兰马斯特里赫特大学
	意大利	意大利博洛尼亚大学、意大利罗马大学
	比利时	比利时法语布鲁塞尔自由大学

表2 中国政法大学公派研究生录取人数一览表（2009—2017年）（单位：人）

年 份	攻读博士学位	博士联培	攻读硕士学位	硕士联培	总 计
2009年	22	10	—	—	32
2010年	25	17	—	—	42
2011年	38	28	—	—	66
2012年	32	34	—	—	66
2013年	23	26	1	—	50
2014年	25	35	8	6	74

续表

年　份	攻读博士学位	博士联培	攻读硕士学位	硕士联培	总　计
2015 年	12	28	12	14	66
2016 年	17	28	13	25	83
2017 年	12	31	14	35	92
总计	206	237	48	80	571

课程与教学

Ke Cheng Yu Jiao Xue

涉外法治人才培养框架下《国际难民法》全英文课程设计探索[*]

许庄斯[**]

一、涉外法治人才培养计划与开设《国际难民法》英文课程的意义

（一）培养涉外法治人才计划的提出

随着国家发展，对外交流的增强，国际形势的日趋复杂，中国作为一个大国对于涉外法治人才的需求日渐突出。为加强涉外法治建设、增加人才储备，2011年，教育部、中央政法委联合发布的《关于实施卓越法律人才教育培养计划的若干意见》（以下简称《意见》）中指出，要"培养一批具有国际视野、通晓国际规则，能够参与国际法律事务和维护国家利益的涉外法律人才"。2014年，党的十八届四中全会明确提出要加强涉外法治建设，该会议通过的《中共中央关于全面推进依法治国若干重大问题的决定》（以下简称《决定》）中提出要建设通晓国际法律规则、善于处理涉外法律事务的涉外法治人才队伍，成为涉外法治人才培养的总纲领。2018年，教育部、中央政法委联合发布的《关于坚持德法兼修实施卓越法治人才教育培养计划2.0的意见》（以下

---

[*] 本研究系青年教师科研启动资金资助。
[**] 许庄斯，中国政法大学国际法学院讲师，法学博士。研究领域国际法、国际人权法、国际难民法等。

简称《培养计划2.0》）进一步提出要"培养一批具有国际视野、通晓国际规则，能够参与国际法律事务、善于维护国家利益、勇于推动全球治理规则变革的高层次涉外法治人才"。据此可见涉外法治人才培养势在必行。

（二）涉外法治人才的内涵

根据《意见》《决定》和《培养计划2.0》等相关文件，涉外法治人才可以界定为具有国际视野，通晓国际规则，能够参与国际法律事务，勇于推动全球治理规则变革的，能够到国际组织任职的涉外法治专业人才。

1. 具有国际视野的人才

国际视野是指拥有全球视角并用国际性的眼光，站在全世界这个广阔的立场观察事件、处理问题。国际视野的素养包含平等包容的胸怀，多元开放的思维，和谐团结的协作精神。具有国际视野的人才应该具有国际意识和胸怀，世界一流的知识结构，达到国际水平的专业能力，可以在国际事务中抓住要害，掌握话语权，直至领引舆论方向。

2. 通晓国际规则的人才

作为涉外法治的专业人才，需要全面深刻掌握相关专业领域的法律规则。国际事务纷繁复杂，涉及政治、经济贸易、人道主义、战争、环境等领域。每个专业人才需要对自己所参与的国际事务具有专业的技术和能力，而熟悉本领域的国际规则是最为基本的素养。只有了解规则，才能在国际事务中发挥作用，保护国家的利益，树立大国形象。熟悉掌握国际法基本通则，以及各个领域的国际法条款是涉外法治专业人才最基本的要求。

3. 能够参与国际法律事务，勇于推动全球治理规则变革的人才

涉外法治人才不仅要通晓国际规则，还应该知晓国际规则的产生、制定以及生效实行的全过程，并且有能力参与其中。不止受到规则的约束，还能影响规则的制订，才能面对国际风云。掌握国际法律事务的运作方式，参与规则制定，在参与中发挥大国作用，以具体的事务处理能力，推动全球治理规则向更加合理公平公正的方向进行变革，纠正国际社会的某些偏见和歧视，维护大多数国家，特别是弱势国家的应有利益。

4. 能够到国际组织任职的涉外法治专业人才

在我国，能去国际组织任职的高端涉外法治人才的培养和需求之间仍然存在巨大缺口。以联合国秘书处职员构成为例，其中中国籍职员仅占1.46%，领导类岗位中，中国籍职员仅占3.38%，被划分为任职人数不足的会员国。与联合国其他会员国相比，中国在联合国任职总人数还未进入联合国排名的前二十。在联合国司级以上任职人数的国家排名中，中国仅居第八，远没有达到与中国缴纳会费和依据地域分配原则应当占有的比例，导致中国在国际组织中的话语权和代表性处于劣势地位。这与我国作为世界上最大的发展中国家、联合国安理会常任理事国的国际地位并不相符。[1]我国能派驻到国际舞台上维护中国利益、代表中国立场、深入参与国际法律事务处理的人才严重不足，与中国的大国地位和形象不相匹配。

(三) 《国际难民法》全英文课程开设的重要性和必要性

难民事务如今又成为国际上的热点问题，国际形势的动荡引发的难民潮不仅会影响周边地区，还会辐射到各个国家和地区，成为影响全球的国际危机。《中国国际移民报告（2020）》指出，截至2019年，全球的国际移民已经达到2.72亿人，且超过半数目的是欧洲和亚洲，其中亚洲国际移民增速显著，截至2019年共接纳了8356万的国际移民。中国也逐渐成为难民的接收国，近几年向联合国难民署驻华办事处寻求帮助的人数逐年递增，每年约有几百人。[2]以往中国也曾接收过几波难民潮，主要是周边国家政局不稳定引起的边民和海外侨胞回国问题。虽然相比全球难民迁徙数据看，中国接收的难民相对较少，但随着中国国际地位的提升，未来必将在此类重大国际事务中发挥作用。熟悉国际难民法规则的人才储备，对保护中国利益和协助维护全球秩序不可或缺。

联合国难民署对处理难民问题的重要性，也展示了国际难民法学习的

---

[1] 黄惠康：《从战略高度推进高素质涉外法律人才队伍建设》，载《国际法研究》2020年第3期。

[2] 陆海娜：《从国际法义务谈建立我国难民甄别机制》，载中国人民大学人权研究中心国家人权教育与培训基地，http://humanrights.ruc.edu.cn/xsyj/3c3d6617d71546bbh36124cd32aa1748.htm，最后访问日期：2023年6月20日。

重要性，毕竟培养熟知国际难民法且能参与国际事务和国际规则改革的人才才是国际难民法学习的重点。联合国难民署成立于 1950 年 12 月 14 日，其总部设在日内瓦，共包括五个部门：难民事务高级专员办事处、国际保护部、行动部、交流和信息部以及人力资源管理部。经过几十年的发展，21 世纪初期，联合国难民署在 120 多个国家，就有超过 5000 名工作人员，年预算高达 10 亿美元以上，受益人口达到数千万人。[1] 1979 年，联合国难民事务高级专员署在北京设立了办事处。联合国难民署是国际上处理难民问题最重要的部门，如果想在未来参与难民事务，中国需要向相关部门输送有国际视野、精通国际难民法、适应国际组织工作方式、英语过硬的人才。[2]

综上，《国际难民法》的英文课程是培养涉外法治人才的重要内容，是理论立法人才和实务律师都必须掌握的知识和技能。

二、对标涉外法治人才培养目标的《国际难民法》课程设计

（一）培养目标

涉外法治人才培养是全方位的人才培养。需要培养理论人才、立法人才、国际组织实务人员以及难民事务的律师人才。

第一，培养难民法理论和立法人才。这是掌握国际话语权的基础。只有在理论上有所建树，能够高屋建瓴地提出国际难民法的立法理念，才能够在国际难民法的立法规则建立中拥有主动权。所以要培养学生知晓国际难民法的历史，以及核心规则的确立背景和底层逻辑。国际难民法还处在一个动态发展的过程中，长期应对政治难民的经验在应对流离失所者和非传统难民时逐渐捉襟见肘。无论理论还是实务上，国际难民法都面临着诸多难题，亟须进行理论研究和探讨，需要总结各国应对难民事务中所使用的措施，并为其寻找合法性的依据。在一些重大的难民事件和重要规则上我国必须享有话语权。

---

[1] 何慧：《论联合国难民署的历史地位与现实作用》，载《国际论坛》2004 年第 4 期。
[2] 滕珺等：《国际组织需要什么样的人？——联合国专门机构专业人才聘用标准研究》，载《比较教育研究》2014 年第 10 期。

第二，培养国际难民机构职员。目前，联合国难民署在全球拥有 17 324 名工作人员，在 135 个国家帮助数以千万计的寻求庇护者、难民、境内流离失所者、无国籍人及返回者。[1] 1979 年，联合国难民事务高级专员署在北京设立了办事处，其于 1997 年升格为地区代表处，负责中国内地、中国香港特别行政区和中国澳门特别行政区的难民事务。虽然没有准确的数据记录中国国籍的职员在联合国难民署总部的占有比例，但因为我国普遍对于难民事务的参与度比较低，应该加快培养符合难民国际组织工作要求的专门人才。

第三，培养熟悉国际难民法规则，熟悉国际法庭，各区域法院法庭程序的实务人才，应对可能发生的难民事务，能通晓国际难民规则，掌握国际法庭程序，并能熟练适用英语作为工作语言。

(二) 培养模式

对标涉外法治人才培养的目标，《国际难民法》全英文课程采取"两个模块，两个阶段"的培养模式。

1. 两个模块：理论学习与实务案例分析

课程涉及国际难民法的理论学习，包括产生背景，发展历史，基本条款和核心原则。为了让学生更好地理解国际难民法的作用，课程首先从外国人法（aliens law）和少数群体法律体系（minorities law）进行介绍，展示难民法是如何在这两种法律体系上逐步建立起来的，让学生对难民法的历史背景有更加宏观的了解。

课程介绍中的两大核心难民条约《关于难民地位的条约》《关于难民地位的议定书》以及区域性的难民条约和区域难民保护体系，为同学们绘制出一个广大的、反映国际难民法历史和空间发展的思维图像。国际人权法的基本原则也是保护难民权利的重要内容，课程对核心人权条约中对于难民权利的保护进行介绍。

接着，课程重点介绍核心难民条约规定的基本内容和重要原则，包括难

---

[1] 联合国难民署简介，请参考联合国难民署官网，https://www.unhcr.org/cn/%E8%81%94%E5%90%88%E5%9B%BD%E9%9A%BE%E6%B0%91%E7%BD%B2%E7%AE%80%E4%BB%8B，最后访问日期：2023 年 6 月 20 日。

民身份的认定,国家的责任,难民的福利待遇以及"不推回原则"(non-refoulement)。

这个部分的亮点是课程将特别介绍难民身份的丧失和"不推回原则"的特殊情况,引发同学们对于难民在接受国应该承担什么责任的思考。大部分关于难民法的课程,特别是海外的相关课程,只会集中讨论国家对于难民的责任和国际难民法人道主义救援的立法之本。这反映了西方社会面对国际事务喜欢高举人权大旗的特点,但这种以西方霸权主义作为靠山的人权理论并不一定符合其他国家的国情。本课程主要培养符合中国需要的涉外法治人才,引导学生全方位地考量难民问题,通过思考难民在接收国的责任,反思难民的文化融合和接收国的社会治安问题。

课程涉及实务案例学习,引入一些实际的难民案例和相关内容,增加课程的趣味性和同学们对于法律实践的了解。与真实案例相结合的学习非常有利于学生攻克比较困难的知识点,一方面同学们可以摆脱填鸭式教学的桎梏,在相对轻松的环境下自然吸收知识。另一方面,让同学们接触真实发生的案件能更好地达到培养实务法律人才的目标。面对真实发生的案件,学生能更好更快地掌握法律在实践中的运用,以及真实世界的复杂性和严重性,避免走马观花式的学习。

课程首先用一到两节课的时间,放映根据真实难民案件改编的英文电影《幸福终点站》,并对影片中的相关法律知识和人物原型梅安·纳瑟里(Merhan Nasseri)的真实经历进行探讨。同学们被要求反思电影中国际法的运用多少符合现实要求,多少只是艺术效果,分辨常犯的法律错误,加强对国际法的认知。同时,对于人物原型真实经历的了解,有助于使同学们进一步加深对难民问题的复杂性和法律困境的认识,让学生更客观全面地看待难民问题。

课程其次会根据真实素材,针对知识点编写一个案例,利用两到三节课让同学们根据所学知识判定案例中的人是否应该获得难民身份,并展开课堂辩论。学生将模拟真实的难民案件程序,扮演当事各方的角色,比如难民身份申请人、其律师或法律代理人、接收国的法院法官以及联合国相关机构的官员。[1] 同学们需要全程运用英文表达自己的观点,可以带着稿件上台诵读,有能力的可以脱稿或者用PPT展示自己的思维路线。最终成绩将结合同学的英语表达能力,以及对案件关键问题的把握和法律运用而得出。

另外,为了结合实际,课程会给学生展示联合国难民署的捐款倡议书,让其对联合国的实际操作以及难民保护现实中的需求有一定认识。课程还会通过展示媒体对于难民形象的报道简要地提及国际舆论话语权的问题,激发同学们的思考,将国际难民法同国际法和国际政治更广泛的问题结合起来。

这个部分的亮点是用实际发生的案例和正在发生的时事让同学们可以活学活用。围绕案例的辩论可以促进同学们熟悉法条的内容,同时巩固其认知和理解。案例中会涉及难民身份的基本要素,以及丧失难民身份保护的条件内容,为学生们未来的实践操作提供经验。

除了难民法的一些核心问题,课程还会给学生讲解难民法的未来问题和其他学科的相关问题。课程会讨论目前越发得到国际社会关注的环境难民问题。在全球变暖和气候变化成为国际重要议题的当下,环境难民肯定会成为未来国际难民法重点讨论的议题。课程会专门用一节课展示环境难民问题,并带领学生一起阅读历史上第一个环境难民申请的卷宗以及联合国对于该案的回应,激发学生们的思考,培养学生的前瞻性和发散思维。

另外,课程还涉及媒体对于难民的报道,以及由此产生的舆论控制和社会影响。中国需要的涉外法治人才是要能够参与国际法律事务,能够推动全球治理规则变革的,那对于媒体的运作就不能一无所知,展现西方媒体如何通过塑造难民形象,悄然将其种族主义思想融入对"好坏难民"的分辨中,有利于学生甄别国际舆论中西方思想的渗透,学习如何掌握国际话语权。

---

[1] Christina M. Cerna, "Introductory note to Suresh v. Canada (Intern-American Commission on Human Rights)", *International Legal Materials*, Cambridge University Press, June 2017, Vol. 56, No. 3, pp. 598-627.

2. 两个阶段：法律语言学习与专业技巧的培训

涉外法治人才首先且一定是法律英语复合型人才，涉外法治专业人才是精通英语，明晰且能运用涉外法律规则参与涉外事务，维护国家各种利益的高端复合型专业人才，作为学习涉外法律知识的依托以及涉外法律工作的重要工具，法律英语应一直贯穿于涉外法治专业人才培养的始终。我国涉外法治人才培养中，英语学习与法律专业学习之间的关系，经历了三个发展阶段：第一个阶段"英为本，法为用"，第二个阶段"法为本，英为用"，第三个阶段"英法融通"。[1] 本课程采用最终达成"英法融通"的培养模式。全英文的课堂，学生们在学习国际难民法的同时提升专业英语的水平。

具体到《国际难民法》课程设计大致可以分为两个阶段：第一阶段，要从夯实法律英语语言基础开始，要明确语言是依托，通过单词准确把握国际难民法的基本概念，在培养内容的占比上，英语词汇的掌握上应适当高于法律知识本身，大致保持在6∶4。这个阶段正好适合学习国际难民法的历史变迁，在了解宏观的国际难民法体系的同时，学习国际难民法的基本词汇和概念。

第二阶段，在学生对国际难民法的英语词汇有一定基础掌握后，课程将提高国际难民法规则的学习，英语和法律的比例平衡达到5∶5。此时，学生会学到难民条约中规定的具体内容，对于法律条款的熟读和分析，让语言和法律的学习能够恰当地融合。法律英语对于涉外难民法法治人才来说，要内化于分析和解决法律问题的自觉性思维，而非单纯作为法条的内容去理解。法条中一个词语的不同可能导致整个句子的意思相差千里，因此将英语的学习和法律的学习融合在一起，才能起到培养优秀涉外法治人才的作用。

三、《国际难民法》课程大纲

笔者面对法学本科生开设的全英文《国际难民法》课程全面贯彻涉外

---

[1] 张法连、李文龙：《我国涉外法治专业人才培养体系构建研究》，载《语言与法律研究》2019年第1期。

法治人才培养的战略方针，设计的大纲如下：

(一) 教学目的

了解国际难民法的基本理论知识，以及以难民身份的条约和议定书为中心的国际难民法制度体系，通过案例分析和模拟辩论使学生熟悉国际难民法在实践中的运用，旨在开拓学生的国际视野，培养涉外法治人才，加强中国在相关国际事务中履行大国责任，掌握更多的话语权。

(二) 教学内容和基本要求

课程对象本科生，课程共计32学时，分为四个单元。

1. 第一单元：难民法概说（6课时）

(1) 难民权利制度的演变。

(2) 现代难民法的基本构成。

(3) 难民权利的区域保护：非洲联盟和阿拉伯国家联盟。

(4) 难民权利的区域保护：欧洲联盟和美洲国家组织。

(5) 难民权利的区域保护：东南亚国家联盟。

(6) 国际人权法的相关内容。

基本要求：了解国际法对于难民权利保护的起始和演变，了解现代难民法的基本构成，了解世界不同区域对于难民权利保护的法律制度，了解国际人权法对于保护难民权利的作用。

2. 第二单元：难民的认定（6课时）

(1) 难民是什么：1951年《关于难民地位的公约》和1967年《关于难民地位的议定书》。

(2) 何为"切实恐惧"：主观因素和客观因素。

(3) 何为"迫害"：构成和特征。

(4) 《关于难民地位的公约》承认的五大申诉理由之一：国籍。

(5) 《关于难民地位的公约》承认的五大申诉理由之二：种族。

(6) 《关于难民地位的公约》承认的五大申诉理由之三：宗教。

(7) 《关于难民地位的公约》承认的五大申诉理由之四：社会团体身份。

(8) 《关于难民地位的公约》承认的五大申诉理由之五：政治见解。

基本要求：了解难民的认定标准，包括何为"切实恐惧"，何为"迫害",并正确地认识哪些国家行为可以被列为该公约承认的五大申诉理由。

3. 第三单元:国际难民法中的国家责任和难民责任(6课时)

(1) 国家责任的理论基础。

(2) 国家责任的依据:难民与庇护国的关系。

(3) 国家保护难民责任的一般原则和特殊原则。

(4) 难民的责任。

(5) 难民身份的取消和"不推回原则"的适用。

基本要求:了解国际难民法规定的国家责任和其人道主义法理基础,同时思考难民在接收国的责任,和背后的文化融合和社会安全问题。

4. 第四单元:国际难民法中的其他问题(8课时)

(1) 何为环境难民:新西兰法院审理的"泰提奥塔"案(Teitiota)对未来难民保护的启示。

(2) 媒体与难民形象塑造:欧洲叙利亚难民为例。

(3) 到底有多贵:联合国难民署的捐款倡议书阅读。

(4) 观看影片《幸福终点站》。

基本要求:通过分析和了解实际发生的案例,对国际难民法在国家中的实际操作有所认知。

5. 第五单元:模拟辩论和考试(6课时)

(1) 模拟辩论。

(2) 开卷考试。

基本要求:正确领悟案件反映的问题,能根据之前所学内容,正确分析案件。开卷考试可以看课上提供的 PPT,但不能上网搜索。

(三) 课程的其他要求

第一,本课程与某些课程的内容也是相辅相成的,同时学习有利于学生的吸收和知识覆盖面的巩固。国际公法,国际人权法是本课程的前序课程。本课程与国际人道法和移民法也有交叉内容。

第二,学生需要具有一定的英语听力能力、口语能力和词汇量,才能学习到知识并有效地参与到课堂讨论中。课程的难点是学生需要阅读大量的英文法律专业资料,提高法律英语的口头表达。

第三，考核方式：学生在课堂辩论和开卷考试获得的分数分别占总期末成绩的 20% 和 60%，还有 20% 的成绩来源于考勤。

第四，英文教材和辅助材料：课程会建议学生课下阅读相关的国际难民法专著，包括但不限于：

（1）Hathaway, James C., *The Rights of Refugees under International Law*, United Kingdom: Cambridge University Press, 2020.

（2）Goodwin-Gill and McAdam, "Refugees Defined and Described"（chapter 2）, *The Refugee in International Law*, Oxford University Press, 2007.

（3）Mathew, Hathaway, and Foster, "The Role of State Protection in Refugee Analysis",（2003）15 *IJRL* 444-460.

（4）1951 Convention and 1967 Protocol Relating to the Status of Refugees（"Refugee Convention and Protocol"）, available at http://www.unhcr.org/3b66c2aa10.html.

四、结语

培养涉外法治人才计划是国家层面的战略考量和顶层设计。国际难民法在国际社会的法律制度和规则体系中占有不可小觑的位置。国际形势日益复杂多变，局势动荡必然会带来难民问题日趋严重。作为负责任的大国，为了保护国家利益维护世界和平，必须要培养符合涉外法治人才标准，也就是"具有国际视野、通晓国际规则，能够参与国际法律事务、善于维护国家利益、勇于推动全球治理规则变革的"国际难民法方面的高层次人才。为此笔者撰文探讨了作为全英文课程的《国际难民法》教学大纲该如何制定，设计了有针对性的教学目的，教学内容，教学方案等具体内容。

习近平法治思想融入高校思想政治理论课的五对关系处理[*]

程运麒[**]

党的二十大报告强调，坚持全面依法治国要"深入开展法治宣传教育，增强全民法治观念"，[1]加快法治社会建设。2016年，《青少年法治教育大纲》明确规定了青少年法治教育的目标定位、原则要求和实施路径，成为法治教育的重要遵循。2021年，教育部印发了《全国教育系统开展法治宣传教育的第八个五年规划（2021—2025年）》的通知，要求充分发挥课堂教学主渠道作用，将法治课程贯穿在大中小学课程设置中。习近平法治思想是全面依法治国的根本遵循和行动指南。结合大学生的认知规律和特点，系统有序地推动习近平法治思想进教材、进课堂、进头脑，深入阐释全面依法治国的伟大实践，有助于筑牢新时代大学生成长成才的法治思想基础。

一、正确处理习近平法治思想丰富内涵与法治教育一体化的关系

习近平法治思想蕴含着马克思辩证唯物主义的法哲学观，是

---

[*] 本文受北京高校中国特色社会主义理论研究协同创新中心（中国政法大学）资助，系北京高等教育学会2022年面上课题"大中小学思政课法治教育一体化建设的理论与实践研究"阶段性成果（项目编号：MS2022058）。

[**] 程运麒，中国政法大学马克思主义学院讲师，法学博士。

[1] 习近平：《高举中国特色社会主义伟大旗帜 为全面建设社会主义现代化国家而团结奋斗——在中国共产党第二十次全国代表大会上的报告》，人民出版社2022年版，第42页。

中国特色社会主义法治实践的理论表达，具有科学的逻辑框架、鲜明的中国特色和明显的实践特征。这一思想内涵丰富、论述深刻、逻辑严密、系统完备，是新时代推进全面依法治国的根本性指导。从核心要义来看，习近平法治思想涵盖了中国特色社会主义法治理论和实践十一个方面的重点。从内容上划分，这些重点一方面指明了我国社会主义法治的组织领导、力量源泉和前进道路；另一方面说明了全面依法治国的工作重点、目标要求、战略布局、组织保障和总抓手，为中国特色社会主义法治擘画出清晰的路线图。

2020年12月，中共中央宣传部、教育部联合印发了《新时代学校思想政治理论课改革创新实施方案》，该方案指出，思政课的改革既要强调一体化又要突出针对性。大中小学思政课课程目标进行一体化设计要在集中体现政治性的前提下，立足立德树人的根本目标，循序渐进、螺旋上升。青少年的法治教育是各学段思想政治理论课的重点内容之一。"要坚持法治教育从娃娃抓起，把法治教育纳入国民教育体系和精神文明创建内容，由易到难、循序渐进不断增强青少年的规则意识。"[1]新时代以来，以习近平同志为核心的中国共产党人立足世界百年未有之大变局和中国特色社会主义新时代的现实背景，继承弘扬传统法治精神，吸纳转化海外先进法治要素，围绕全面依法治国创立了习近平法治思想。当前，大学生法治教育要建立在对习近平法治思想的主要内容和精神实质整体把握的基础上，针对中小学法治教育的已有认知和特点，有针对性地选取授课内容、搭建讲授框架，形成法治教育内容的有序衔接。

按照《青少年法治教育大纲》要求，义务教育阶段的培养目标是，"初步了解公民的基本权利义务、重要法治理念与原则，初步了解个人成长和参与社会生活必需的基本法律常识；初步树立法治意识，养成规则意识和尊法守法的行为习惯，初步具备依法维护自身权益、参与社会生活的意识和能力。"因此，义务教育阶段《道德与法治》课程主要聚焦学生的政治认同、道德修养和法治观念。其中，小学教育阶段重在树立宪法权

---

[1]《十八大以来重要文献选编》（中），中央文献出版社2016年版，第190页。

威，形成规则意识；初中教育阶段初步了解与日常生活密切相关的法律常识，了解国家治理实践，初步形成法治观念。这些意识和习惯为帮助学生进一步夯实法治观念、坚定法治信仰奠定基础。义务教育阶段已经在一定程度上将习近平法治思想中关于依宪治国、依宪执政的内容融入课堂，强化学生宪法至上的意识，自觉维护宪法权威。高中教育阶段的思想政治理论课将政治认同作为培养的核心素养之一。同时强调科学精神、法治意识和公共参与意识。树立宪法法律至上，法律面前人人平等的观念，并进一步增强法治意识。同时，拓展学生的法律知识储备，灌输家庭、婚姻、劳动、继承等与生活密切相关的法律法规条文，培养学生有序参与公共事务的意识，积极行使人民当家作主的政治权利。在教学中有意识地融入习近平法治思想关于党的领导、以人民为中心，以及中国特色社会主义法治实践的相关阐释。讲清楚党的领导、人民当家作主和依法治国三者有机统一的内在逻辑，帮助学生透彻理解中国特色社会主义法治道路的内涵。

高等教育阶段要求学生了解习近平法治思想中关于法治对于推进国家治理现代化的重要作用的论述，中国特色社会主义法治体系的建设和完善过程，了解全面依法治国的战略布局、法治建设的"十六字"方针等内容，掌握全面依法治国的理论依据和逻辑理路，掌握中国特色社会主义法治的基本特点及要求，在矛盾纠纷中以法治思维和方式自觉维护自身权利，践行法治社会的相关要求，坚定中国特色社会主义法治信心。高职院校同样在加强理论教育和学习的基础上，结合职业教育特色提高学生运用法律知识分析和解决现实问题的能力。研究生则更加注重就中国特色社会主义法治理论和实践进行探究式的教育和学习。

习近平法治思想融入高校思想政治理论课要充分结合高校各门思政课的特色。发挥"马克思主义基本原理"的抽象思维，揭示社会主义法治的规律性和习近平法治思想的科学性。立足"中国近现代史纲要"的历史视角，梳理中华法系的源流和发展脉络。强调"毛泽东思想和中国特色社会主义思想体系概论"的实践性特点，论述新中国成立以来我国法治建设历程，讲清楚毛泽东思想与中国特色社会主义理论体系中法治思想的承接关系。突出"习近平新时代中国特色社会主义思想概论"对时代性的把握，尤其讲清楚全面依法治国布局下习近平法治思想的重大理论与现实价值。运用"思想道德与法治"的德法育人框架，细致全面地阐释习近平法治思想的主要内容和现实实践。凸显"形势与政策"的实践特色，鲜活讲述习近平法治思想在新时代华夏大地以及国际社会的生动体现。

二、正确处理习近平法治思想的专业性与思政课程一般性的关系

习近平法治思想根据法治中国建设实践，贯通历史与现实、国内与国际的法治理论成果，解答了新时代为何全面依法治国以及如何全面依法治国，是当代中国的马克思主义法治理论、21世纪的马克思主义法治理论。这一科学思想以"十一个坚持"为核心，内容宏大，博大精深。新时代，习近平法治思想融入青少年法治教育是亟待推进的重大任务。

"思想政治理论课是落实立德树人根本任务的关键课程。"[1]思想政治理论课本质上是一种思想德育，以理论讲授和探讨为主要展开形式，配合多样化的实践活动，落实立德树人的根本任务。这决定了思政课教学的内容涉猎广泛，既包括马克思主义经典论述和中国化马克思主义的理论成果，也包括国史、党史、改革开放史、社会主义史，以及中国特色社会主义建设的最新实践等。从地位和属性来看，法治教育隶属于思想政治教育，是思政课的重要任务之一。从授课的深入程度来看，思政课与法学专业课程有明显区别。思政课重点通过中国特色社会主义法治理论解释我国社会主义实践，以及民主政治的发展历程和未来道路与方向。法学专业则更深入地探讨法学的基本理论，要求学生熟悉并掌握经济法、民商法、刑法、诉讼法等具体法律法规条例，以及具备从事立法、执法、司法等相关领域的专业能力。因此习近平法治思想融入高校法治教育的过程中，既要讲透相关理论精髓，又要避免变成专业课讲授。

第一，思政课讲好习近平法治思想的重点是增强学生的政治自觉和法治自觉。作为立德树人的关键主体，高校有责任培养遵纪守法的社会主义接班人。思政课作为主渠道，更应该承担这一重大任务。以习近平法治思

---

[1]《习近平谈治国理政》（第三卷），外文出版社2020年版，第329页。

想为依托,讲清楚社会主义法治的脉络和逻辑主线,对比西方法治道路的利与弊,有利于夯实大学生的法治意识和观念,奠定中国特色社会主义制度自信、理论自信、道路自信和文化自信,积极弘扬法治精神,自觉为法治中国建设贡献力量。

第二,思政课讲好习近平法治思想的主体内容是对这一思想的形成背景、核心内容作出解释,并做好价值阐释。充分发挥习近平法治思想的德育功能。高校要培养能够担当民族复兴大任的接班人。中华民族伟大复兴的接班人应当具备很多素养,法治精神和法治意识是其中重要的组成部分。在培养接班人的过程中,注意将法治教育与课程德育紧密结合起来,一方面能够提升法治素养,促进学生全面发展;另一方面有利于中国特色社会主义社会治理的完善与发展。

第三,思政课讲好习近平法治思想关键看结果。习近平总书记在学校思政课教师座谈会上的讲话指出,思政课的改革创新需要把握知识性与价值性的统一。"思政课重在塑造学生的价值观",[1]"知识是载体,价值是目的,要寓价值观引导于知识传授之中。"[2]从思政课的特征看,价值性的引导相较于其他课程表现得更为明显。习近平法治思想作为习近平新时代中国特色社会主义思想的重要组成部分,兼具理论价值与实践意义。将习近平法治思想融入思政课堂既具有思想上的政治引领性意义,又具有现实实操性导向。因此,除了课程本身的考试考核外,思政课后的调查、走访、谈心,以及实践活动的感悟、组织形式各样的法治实践等,都是检验授课内容是否入脑入心的实际手段。

课堂教学是思政课教学的主渠道。高校习近平新时代中国特色社会主义思想的"三进"主要通过开设的思想政治理论课实现。这除了包括既定的五门必修思政课外,各高校还可能根据各自情况,围绕习近平法治思想、"四史"、宪法法律及中华优秀传统文化等设定课程模块,开设选择性

---

[1] 《思政课是落实立德树人根本任务的关键课程(2019年3月18日)》,人民出版社2019年版,第18页。

[2] 《思政课是落实立德树人根本任务的关键课程(2019年3月18日)》,人民出版社2019年版,第19页。

必修课程。这些选择性必修课程同既定的思政课一起构成思政课课程群，更好地提升法治教育实效。此外，在思政课堂融入习近平法治思想要优化思政课程群建设，以思政课的建设经验兼顾课程思政建设。高校思想政治理论课从来不是一门孤立的课程。用好课程思政这把钥匙，配合思政课同向同行，更好地提升高校立德树人的实效。在思政课的建设和改革过程中，还要注意观照相关学科，如法学、政治学、教育学、教育心理学等，参考和借鉴这些学科的相关理论和观点，形成教育教学交叉互补的生动局面。

三、正确处理习近平法治思想的深邃性与授课鲜活度的关系

办好思政课关键在教师。习近平法治思想内容深邃，理论性强。实现有效地将习近平法治思想融入思想政治理论课，"要用好课堂教学这个主渠道"。[1] 为此，思政课教师首先要真学、真懂、真信，只有具备较高的法律素养才能在课堂内外有效引导和点拨学生，经得起学生追问。统筹安排好本（专）科和研究生学段的法治教育内容，从生活和现实中广泛撷取体现真情实感和中国特色社会主义法治科学理论的实例，以法治的崇高精神打动并提升青少年群体尊法学法守法用法的自觉性和主动性。

（一）讲深讲清习近平法治思想的核心要义

理论性是高校思想政治理论课的鲜明属性，在思政课堂讲深讲清习近平法治思想的核心内容是基本要义。习近平法治思想深刻阐明了全面依法治国的政治方向、重要地位、工作布局、重点任务、重大关系、重要保障，在马克思主义立场观点方法基础上作出原创性贡献，是全面依法治国的根本遵循和行动指南。思政课教师首先要深刻认识到习近平法治思想进教材、进课堂、进头脑的深远意义，弄懂做通习近平法治思想的核心要义和逻辑体系，在掌握思政课教学规律的基础之上，对课堂教学、实践教学和考试考核等环节做好设计和规划，结合教学做好相关研究。首先，讲清习近平法治思想"十一个坚持"。十一个要点涵盖了中国特色社会主义法

---

[1]《习近平谈治国理政》（第二卷），外文出版社2017年版，第378页。

治的领导力量、价值立场、工作部署等，是习近平法治思想的集中体现。

其次，深刻阐释习近平法治思想中内含着的几对关系：法治与德治的关系、坚持依法治国与坚持党的领导的关系、坚持依法治国与坚持依规治党的关系等。最后，习近平法治思想是新时代推进全面依法治国重大战略的指导思想，完善了我国社会主义法治的顶层设计，推动了我国法治基本格局的形成。因此要将习近平法治思想的逻辑体系解释清楚，帮助学生从整体上把握和领悟习近平法治思想的真义，避免造成片面理解。

（二）讲透讲活习近平法治思想的生动实践

理论的生命在于实践，法治本身就是理论与实践的结合。在思政课的重点课程的教学中应该适当设置案例教学环节，尤其是习近平法治思想的原创性贡献部分的生动实践，作为纯理论讲授的有效补充。"一个好的案例胜过一沓文件"。法治教育的改革要在丰富课堂法治案例，引导学生在体悟法治精神上下功夫。其一，保证教学案例的典型性。关注并选取最高法院人大报告中的典型案例，以及法院系统发布的行政典型案例，创设相应情境，引导学生作出正确的价值判断。其二，兼顾教学案例的真实性与学生日常的相关性。非法集资、养老诈骗、电信网络诈骗等高发犯罪行为。这些案例容易引起学生共鸣，帮助他们明确法律边界，弘扬法治精神。其三，坚持教学案例的与时俱进，随时根据新立法情况调整授课案例。面对信息泄露、大数据杀熟等公民普遍反映的问题，《中华人民共和国个人信息保护法》经十三届全国人大常委会第三十次会议通过，于2021年11月1日起施行。援引法院经典案例，清晰展示法律实施过程与依据。近几年来，全国各地关于疫情防控、社会治理等有不少良好的经验。挖掘其中的法治元素，以现实实例教育，或者合理安排学生亲身参与到相关法治的实践中去，打造学生对依法治国理念的沉浸式体验。如北京地区的12368诉讼服务热线"一号响应"工作模式，针对法治建设和社会治理过程中涌现的矛盾，强调从源头出发推进公正司法。同时，带有鲜明特色的"多元调解+速裁"模式也经受了实践的考验，能够切实化解各类社会纠纷。思政课就要讲透讲活这些鲜活案例，凸显以良法善治保障人民对美好生活向往的治理目标。

(三) 以创新的授课模式提升学生体验

深入浅出讲好就要注重学生主体性的激发。坚持政治性与学理性相统一、价值性与知识性相统一。法治教育课程在教师的主导下，采取多样化的灵活授课方式，例如引入课前五分钟、角色扮演、模拟法庭、小组辩论、法律条文领读、课题研讨等方式，真正唤起学生主动性，使其参与其中，近距离感悟习近平法治思想的真谛。

第一，重视启发。开展多样性的课内外实践活动，如安排学生阅读相关书目，观看微课、微视频、纪录片，撰写读书报告或观后感，并做课堂展示。小组研讨、文献阅读、实践案例的分析，在平时成绩中有所体现。采用问题引导式阅读讨论，鼓励学生在进行文本阅读和案例学习时带着问题，既关注文本又关照现实。在对习近平法治思想具有整体性把握的基础上，根据老师讲授的逻辑主线，进行自己的思考，增强学生对党和国家政策以及实际国情的理解。

第二，强调亲历。开展多样化的实践教学，例如志愿服务、理论宣讲、社会调研等。鼓励学生制作习近平法治思想相关的音乐剧、短视频、微电影等作品。还可尝试将高等教育阶段的法治教育资源引入中小学课后服务，举办大中小学一体化的国家宪法日活动、法官进校园等专题教育活动。邀请法学领域的专家学者进课堂、英雄模范人物作报告。结合学校自身情况，同校史和法治校园建设实践结合起来，定期开展常态化的系列活动。

第三，创新载体。创新教学方法，有效利用多媒体、电子素材，例如，充分利用学习强国、超星、学习通等平台，上线一批高质量学习资源。通过短视频平台官方账号发布习近平法治思想相关内容和全面依法治国的最新进展。注意阶段性的反馈和总结，充分利用"雨课堂""问卷星"等微调查，以及班级"微信群"等微模块，归纳总结经验和不足，有针对性地提升学生认可度。教师既可以通过"讲故事"的形式导入，也可以由学生来担任法治故事的主讲人。师生配合，使主导性与主体性相统一，在思政课堂上讲好中国法治故事。

四、正确处理习近平法治思想进小课堂与大社会的关系

习近平总书记强调,"要高度重视思政课的实践性,把思政小课堂同社会大课堂结合起来",[1]在"真用"中凸显思政课的价值性。对于学生而言,从思政小课堂到社会大课堂是实现思想认识大跨越的关键一步。这一方面激活了书本上的知识,另一方面培养了他们走上社会的基本能力和素养。

(一)构建法治教育的大思政课

习近平法治思想不仅仅是科学的理论体系,还是社会主义法治建设的根本遵循。因此对习近平法治思想的理解不能只停留在纸上,还要在社会中去体悟。这就要求习近平法治思想融入青少年法治教育还要处理好小课堂与大社会的关系,实现"真用"的价值性目标要求。强调思政课的实践性,用好思政小课堂与社会大课堂。例如利用寒暑假时间集中组织学生到基层开展法治社会建设的调研,严格按照基层研究的环节,运用集体访谈、蹲点调查、数据收集与分析等,通过进行实地考察与研究,获取法治社会建设的一手材料。同时开展基层普法宣传教育活动,支持学生走出书斋,到广阔天地中真实体验法律实施过程中的重点和难点。

教育活动要取得实效离不开理论与实践的结合,法治教育的课堂教学与实践教学缺一不可。严格按照《全国教育系统开展法治宣传教育的第八个五年规划(2021—2025年)》要求,大力推进青少年法治教育实践基地建设,鼓励有条件的县(区)建设青少年法治资源教室,保证学生每年接受法治实践教育不少于2课时。2018年至今,全国普法办先后确立四批共113个国家级法治宣传教育基地,为法治实践教育提供了场所保障。高校思政课教学应在课堂教学之余,充分利用实践基地,广泛开展全国性或地方性的专题活动,真正用好全国法治宣传教育基地。

(二)切实提升用法律解决问题的思维和能力

法治校园建设包括校园行政体制改革的法治化和法治文化氛围的创

---

[1]《思政课是落实立德树人根本任务的关键课程(2019年3月18日)》,人民出版社2019年版,第19页。

设。其一，从规章制度的硬件来看，法治校园的建设应该确保学校的行政和教学活动在法治的轨道上运行。这需要从事行政与教学的人员具备良好的法律素养，也可适度吸纳学生参与到行政和教学的主要环节，实际体验法治校园建设的制度规章。其二，从法治文化氛围的软件来看，构筑良好的法治文化氛围，让大学生在学习和生活中切身体会到法治的精神和理念。如法律知识的宣传、典型案例的警示，校园治理的方方面面涉及法治元素的挖掘。设有法学专业的高校，可组织学生法律咨询服务社团，或依托学校 BBS 论坛等平台，开展线上法律咨询服务。一方面为法学专业学生提供鲜活的现实案例，将所学专业知识在实际中运用起来，另一方面委托人及学校师生可以了解法律运用的实际知识，积累更多法律常识。与法治教育相关的学生社团，由学生来担任法治宣传教育的主体。同时在法治教育中阐释德法并举的理念，主动弘扬我国优秀传统文化中关于德治的价值理念。

习近平法治思想融入高校思政课还要不断推动"互联网+"法治教育，如开设线上法治讲堂，普及校园霸凌、网络安全、性侵害等危害青少年权利行为的防范方法与处理方式。同时以思政课带动其他学科的课程思政，推动法治教育入耳入脑入心。在法治教育活动中始终贯穿宪法教育和公民基本权利的义务教育，充分考虑大学期间学生的知识水平和接受能力，有意识地根据青少年的认知特征和日常活动来区分层次。同时号召构建政府、司法机关、学校、社会、家庭共同参与的大思政课法治教育体系，培养德法兼修的社会主义接班人。

五、正确处理习近平法治思想的宏大背景与回应学生关切的关系

"当前形势下，办好思政课，要放在世界百年未有之大变局、党和国家事业发展全局中来看待，要从坚持和发展中国特色社会主义、建设社会主义现代化强国、实现中华民族伟大复兴的高度来对待。"[1]从青少年认知规律来看，大学生已初步具备独立进行理论分析和问题调研的能力。同

---

[1]《思政课是落实立德树人根本任务的关键课程（2019年3月18日）》，人民出版社2019年版，第5页。

时他们天生好奇、观察力强，对于社会热点和公共舆论具有很强的洞察力。在理论讲授的基础上，结合学生兴趣加以适当引导，鼓励他们自主发现问题、思考问题和解决问题。使学生对于国家、社会法治现实的困惑转化为明确的认识和积极的拥护，从而产生强烈的责任感和自信心。

（一）习近平法治思想是新时代全面依法治国的行动指南

法治的道路有很多条，各个国家和民族根据自身发展情况和民族文化传统，选择适合本民族发展的法治道路。许多国家的治理模式面临严峻的挑战。当代中国和当代世界的发展变化，从实现国家治理体系和治理能力现代化的目标出发，着力提升全民法治意识、弘扬法治精神。

习近平法治思想是改革开放以来我国依法治国实践的理论总结，蕴含着中华民族的法治智慧，同时吸收了人类法治文明的先进方面，科学发展了马克思主义法学理论，具有深厚的历史底蕴，体现出新时代的中国气派。法治是一个伟大的名词，世界各个国家和民族在不同程度上追求法治。"在法治轨道上推进国家治理体系和治理能力现代化。"中国特色社会主义法治是符合中国人民根本利益、适合我国国情、符合法治规律的国家治理方式，在推动社会主义现代化国家建设方面扮演着重要角色，是重要手段。

（二）兼顾宏大叙事与身边现实，解答学生的疑惑与关心的问题

"办好思想政治理论课，最根本的是要全面贯彻党的教育方针，解决好培养什么人、怎样培养人、为谁培养人这个根本问题。"[1]高校思想政治理论课是落实立德树人根本任务的主渠道，必须善用习近平新时代中国特色社会主义思想铸魂育人。当前，在法治轨道上推进国家治理体系和治理能力现代化是实现中华民族伟大复兴的重要内容。青少年的成长伴随着我国法治建设，见证了社会主义法治的蓬勃兴起。未来，我们要培养一代又一代具有法治精神和法治信念的青年人，继续拥护党的领导、社会主义制度，致力于推动中国特色社会主义法治建设取得新的成就。

将习近平法治思想融入高校思想政治理论课，既要立足当下的国内国

---

[1]《习近平谈治国理政》（第三卷），外文出版社2020年版，第328页。

际背景，又要关注学生的疑惑。这就要求思政课的讲授不单单讲清楚道理还要时刻注意从实践出发，从问题出发。从实践出发，就要阐释清楚社会主义法治实践中可能出现的种种疑惑背后的道理；从问题出发，就要关注学生平日学习生活中关注的法治相关问题，面对学生提出的疑问，有针对性地一一解答，而不是讳莫如深、敷衍了事。在百年未有之大变局下和第二个百年奋斗目标的新征程上，真正解释清楚"坚持党的领导与坚持全面依法治国是否矛盾""中国特色社会主义法治道路的特征是什么"等法治教育问题。

青少年法治教育是全面推进依法治国的基础性工程，其重要性和基础性意义近年来得到充分凸显。从《青少年法治教育大纲》到义务教育阶段设立"道德与法治"课程，从建立青少年法治教育实践基地到法治宣传教育的第八个五年规划，无一不强调青少年法治教育的重要价值。我们围绕青少年法治教育开展了一系列特色活动，青少年法治意识和法治精神明显增强。高校思想政治理论课是传授法治知识、提升法治素养的关键课程和主渠道。厘清前述五对关系，顺利推进习近平法治思想融入思政课，对于法治教育而言是久久为功的事业。

新文科背景下意大利语翻译教材建设的现状与前景[*]

雷 佳[**]

一、外语教育的新使命

中国的外语教育始终与国家发展、民族命运休戚相关。从近代培养能引介"西学"的人才，寻求改变国家积贫积弱之道，到新中国成立之后培养外交官，为打破外交僵局、重返国际舞台打开局面，直至改革开放以来，培养了大批服务国家经济发展、对外交往的外语工作者，"高校外语教育始终是以服务国家作为专业的根本，是外语专业在多年发展中坚持不变的价值取向"。[1]如今，面对百年未有之大变局，我国全面开启建设社会主义现代化国家的征程之际，高校外语教育应继续求新求变，探索建设和发展的新路径，以适应新时代对外语人才的需求。

2019年3月，在第四届全国高等学校外语教育改革与发展高端论坛上，时任教育部高等教育司司长吴岩发表了题为"新使命大格局新文科大外语"的主旨发言，提出"加快推进新文科建设"，[2]

---

[*] 本文系国家社会科学基金重大委托项目"高等学校外语类专业'理解当代中国'多语种系列教材编写与研究"阶段性成果（项目编号：21@ZH043）。
[**] 雷佳，中国政法大学外国语学院副教授。
[1] 王守仁、何宁：《立足新时代，开拓中国特色高校外语教育的广阔前景》，载《外语电化教学》2022年第4期。
[2] 吴岩：《新使命、大格局、新文科、大外语》，载《外语教育研究前沿》2019年第2期。

呼吁"要加快建设社会主义文化强国,增强文化软实力,提高国际话语权……要让中华文化走出去,外语教育在其中发挥着重要作用",[1]为新文科背景下外语教育的改革和创新指明了发展方向。"新文科建设的重要任务是提升国家软实力,塑造国家形象。'文化软实力'表现为影响力(会讲中国故事)、感召力(讲懂中国故事)、塑造力(讲好中国故事),正好成为新时代'新外语'建设的目标内容。"[2]

二、高校意大利语教学中翻译课程及翻译教材建设

(一)新文科背景下加强意大利语翻译教学及教材建设的意义

意大利是首个加入"一带一路"的 G7 国家,意大利语教学的创新发展是服务国家战略、关注"一带一路"沿线国家研究的组成部分,其中意大利语翻译教学的发展及相关课程的建设可以为提高国际传播的影响力添砖加瓦。

2018 年教育部颁布的《普通高等学校本科专业类教学质量国家标准》将专业外语汉语互译列入意大利语所属的非通用语种专业核心课程,[3] 2020 年出版的《普通高等学校本科外国语言文学类专业教学指南(下)》指出专业核心课程中的外语技能课应包括听、说、读、写、译等方面的课程,[4]说明翻译教学在高校意大利语教学中占据着重要地位。而围绕新时代外语教育的发展目标,意大利语翻译教学肩负着培养优秀外译人才的新任务,"从单纯的'翻译世界'到更加重视'翻译中国',而'翻译中国'也从上世纪末的传统文化翻译,转为更多的当代中国基本国情的翻译"。[5]

为适应这一变化,翻译教材的建设是一个切入点。2016 年,习近平总

---

[1] 吴岩:《新使命、大格局、新文科、大外语》,载《外语教育研究前沿》2019 年第 2 期。
[2] 王守仁、何宁:《立足新时代,开拓中国特色高校外语教育的广阔前景》,载《外语电化教学》2022 年第 4 期。
[3] 教育部高等学校教学指导委员会:《普通高等学校本科专业类教学质量国家标准》(上下),高等教育出版社 2018 年版,第 93 页。
[4] 教育部高等学校外国语言文学类专业教学指导委员会等:《普通高等学校本科外国语言文学类专业教学指南(下)》,上海外语教育出版社 2020 年版,第 141 页。
[5] 黄友义、王少爽:《新文科背景下我国翻译学科与国际传播能力建设——黄友义先生访谈录》,载《语言教育》2022 年第 3 期。

书记在哲学社会科学工作座谈会上指出:"学科体系同教材体系密不可分。学科体系建设上不去,教材体系就上不去;反过来,教材体系上不去,学科体系就没有后劲。"[1]点明了教材建设的重要性及其与学科发展之间相辅相成的关系。具体到翻译教学,刘宓庆曾指出:"翻译教育建设最重要的、具有决定性的一环是教学建设。"[2]而教学领域包括翻译教学实践,也包括翻译教学研究,如翻译教学培养目标、师资队伍、培养模式、课程设置、教材建设、教学和课程评估以及教学组织与管理等。其中翻译教材作为翻译教学研究的一部分,其建设"是核心,它承担着传递课程理念、表达课程内容的使命"。[3]

因此,翻译教学与相关课程的发展离不开翻译教材的建设。加强翻译教材建设,培养出中国声音、讲好中国故事的外译人才,可以成为新文科背景下,外语教育、翻译教学创新发展的重要一环。

(二)高校意大利语教学的发展与翻译教材的出版

中国意大利语教学在不同时期呈现的发展状况与两国交往的密切程度成正比。从新中国成立至今,中国的意大利语教学经历了从起步(1954年对外经济贸易大学率先开设意大利语本科专业)走向发展(1995年起,全国先后开设了14个意大利语本科班和3门选修课)、直至飞速发展的时期(2000年对外经济贸易大学首先开设了全国第一个意大利语研究生课程)。[4]根据中国非通用语种教学研究会意大利语教学研究分会2022年的统计数据,全国目前有24所大学开设了意大利语本科课程,10所开设了硕士课程,其中4所开设了翻译硕士课程。与2017年的数据相比[5],其后5年新开设本科专业的学校有7所,新开设欧洲语言文学(意大利语)硕

---

[1] 习近平:《在哲学社会科学工作座谈会上的讲话(2016年5月17日)》,人民出版社2016年版,第23页。

[2] 刘宓庆:《翻译教学:实务与理论》,中国对外翻译出版公司2003年版,第11~13页。

[3] 陶友兰:《我国翻译教材建设与翻译学学科发展》,载《上海翻译》2017年第6期。

[4] 刘春红:《外语教学与国际关系的相互促进与影响——以中国意大利语教学和中意两国关系为例》,载《外语研究》2017年第2期。

[5] 刘春红:《外语教学与国际关系的相互促进与影响——以中国意大利语教学和中意两国关系为例》,载《外语研究》2017年第2期。

士的学校有 3 所，而所有的翻译硕士课程均为 2019 年以来设立。从以上数据来看，目前意大利语教学及相关翻译课程的建设仍保持着快速发展的态势。

另外，意大利语翻译教材的建设则长期滞后。直至 2021 年，中国大陆地区公开出版的意大利语翻译教材仅 5 本，分别是：周莉莉编著《意大利语经贸谈判与口译》（中国宇航出版社 2003 年版），董萝贝（Roberta Tontini）著《意大利语语法及翻译》（厦门大学出版社 2008 年版），周莉莉主编《意汉翻译理论与实践》（外语教学与研究出版社 2010 年版），周莉莉、雷佳编著《意汉口译理论与技巧》（外语教学与研究出版社 2011 年版），张密、潘源文编著《意大利语经贸口译》（对外经济贸易大学出版社 2013 年版）。以上教材中，除了《意大利语语法及翻译》针对零起点初学者之外，其他 4 本均适合意大利语本科大三到大四阶段的教学。

从出版年份来看，全部集中在 2003 年至 2013 年，该时间段也与前文中总结的意大利语教学进入飞速发展的时期吻合。2013 年之后翻译教材出版再次陷入停滞，直至 2021 年没有新的作品问世。

从教材内容来看，以上出版的意大利语翻译教材呈现出以意译汉为主（《意汉翻译理论与实践》和《意汉口译理论与技巧》）、以经贸方向为主（《意大利语经贸谈判与口译》和《意大利语经贸口译》）、重口译轻笔译（《意汉口译理论与技巧》和《意大利语经贸口译》）、仅针对本科阶段教学（4 本全部）等特点。这些特点与我国社会经济发展过程中对意大利语翻译人才的需求密切相关，是过去以"翻译世界"为主、以服务两国经贸关系快速发展为主的体现。

面对意大利语翻译教学的持续发展而教材建设停滞不前的现状，加快意大利语翻译教材的建设显得尤为紧迫。

(三) 高校意大利语翻译教材建设的基本情况

如前文所述，翻译教学的实践和研究涉及多个方面，其中教学内容以教材为载体，教学各个方面的发展都与教材建设息息相关。可以说，教材建设为教学实践和研究提供有力的工具，教学实践的效果和教学研究的结果也为教材建设的发展提供依据和参考。因而，对意大利语翻译教材建设的研究需要结合意大利语翻译教学的现状进行分析，才可以得出符合教学需求的结论。

1. 对高校开设意大利语翻译课程及选用教学材料的问卷调查

为了解高校开设翻译课程及使用教材的现状，以便进一步分析教学实践中对翻译教材的需求及教材建设的方向，笔者于 2022 年 9 月至 10 月对全国 8 所开设意大利语本科专业的学校开展了问卷调查。调查对象在数量上达到全国所有开设意大利语本科课程学校总数的三分之一，且均入选了意大利语国家级一流本科专业建设点（全国共 9 所学校入选），分别来自北京（3 所）、天津（2 所）、陕西（1 所）、重庆（1 所）、广东（1 所）等地。调查问卷通过问卷星平台发布，邀请以上学校的专业负责人或者翻译课程的授课教师填写。

问卷共设置 4 题：因个别学校不止一位老师参与填写，第 1 题请受访者填写学校名称，便于对各校情况加以归类。第 2 题主要统计各校在本科阶段开设翻译课程及选用教材的情况，以多选和填空相结合的形式，请受访者选择所在学校为意大利语本科专业开设翻译课程的学期（从大二上学期到大四下学期共 6 个选项），并在所选学期后填写开设翻译课程的具体名称及选用的教材，假如是自选教学材料可填"自编"。第 3 题为单选题，请受访者说明所在学校是否开设意大利语研究生课程，包括欧洲语言文学（意大利语）硕士和翻译硕士在内。假如开设则跳转至第 4 题，不开设则问卷调查结束。第 4 题主要统计各校在研究生阶段开设翻译课程及选用教材的情况，依照第 2 题的形式，请受访者选择所在学校为意大利语研究生开设翻译课程的学期（从研一上学期到研三下学期共 6 个选项），并在所选学期之后填写开设翻译课程的具体名称及选用的教材，自选教学材料可填写"自编"。

问卷调查共回收有效答卷 10 份，有 2 所学校因不同翻译课程的授课教师不同，为保证信息完整由 2 位教师分别作答。

调查结果表明，8 所学校开设翻译课程的时间均在大三至大四两个学年，主要集中在大三下（共 7 所，占 87.5%）和大四上（共 7 所，占 87.5%）两个学期，个别学校会在大三上学期（共 3 所，占 37.5%）或大四下学期（共 1 所，占 12.5%）开设翻译课程。各校开设翻译课程的数量在 2~4 门之间，其中 3 所学校开设 4 门（占 37.5%），2 所学校（占 25%）开设 3 门，2 所学校开设 2 门（占 37.5%）。课程细分的设置思路主要为两类：一类按翻译形式的差异划分，如将笔译和口译课程分开讲授；另一类按原语与目的语的差异区分，如针对意译汉和汉译意分别授课，还有在以上基础上再额外开设实践课程，如分为笔译与笔译实践、口译与口译实践等课程，分别侧重理论和实践教学。

关于研究生阶段的翻译课程，以上学校中除 1 所暂未开设意大利语研究生课程之外，其余 7 所学校均开设了欧洲语言文学（意大利语）硕士课程，其中 3 所学校还同时开设翻译硕士课程。课程设置基本延续了本科课程的设计思路，同时考虑到对研究生语言水平的更高要求，5 所学校（占 62.5%，包含 3 所开设翻译硕士课程的学校）还兼顾了文本类型的差异，如针对政治文献的翻译、文学翻译、外交翻译、科技翻译、经贸翻译等单独授课。此外，考虑到对学术型硕士在学术研究能力方面的培养要求，有 4 所学校（占 50%）向这类学生开设了翻译研究的相关课程，涉及文学翻译研究、翻译中的跨文化研究、翻译技术专题研究等方面。

总之，从本科到硕士阶段，国内走在前列的意大利语专业开设的翻译课程已呈现出多层次、多样化的特点，不仅在本科阶段考虑到翻译类型的差异，还兼顾了本科和研究生不同阶段对翻译能力的要求，以及学生培养类型的差异（学术型硕士和专业型硕士）。

面对丰富多样的课程设置，已出版的教材显然无法满足教学实践的所有需要。在问卷调查中，讲授以上课程的教师除了选用国内已出版的翻译教材之外，还有 3 所学校部分课程的授课教师选用了国内出版的英汉互译教材或者意大利出版的原文翻译教材，其余大部分课程的授课教师采用自编材料授课。

2. 翻译教材建设的发展前景

在分析完问卷调查的数据结果之后，笔者邀请了上述学校中 2 位从事意大利语翻译教学的教师进行访谈，从微观着眼，了解当前在意汉互译教材不足的情况下教学实践的效果，并解析对翻译教材的需求，探讨未来的建设方向。

受访的两位老师 A 和 B 均已从事翻译教学 3~5 年，年龄在 40~45 岁之间，从事翻译教学的经验和职业生涯所在的时期均处于中段的位置。目前 A 老师主要从事研究生笔译教学，B 老师负责所在学校本科和研究生的口译教学，两位教师所授课程的差异可以兼顾不同课程类型的教学需要。

访谈主要围绕当前国内意大利语翻译教材较为匮乏的局面下教学实践的现状及教材建设的具体方向展开，内容包括：面对高校意大利语翻译课程建设的快速发展而教材建设却相对滞后的状况，各校授课老师采取了一些变通的方法（如选用英汉互译教材、意大利语原版教材或者自编材料）来进行教学，使用这些材料与意汉互译教材相比，在实际教学中效果如何？作为从事翻译教学的一线教师，期待翻译教材建设往什么方向发展？关于后一点，可以从翻译教学发展对教材建设的需求以及新文科背景下对意大利语翻译人才的需求两方面来谈，但不限于此。

和两位老师的访谈通过腾讯会议分别进行，每位访谈时长约 60 分钟，全程录音，录音内容在访谈结束后转换为文本。访谈之初，笔者首先向受访者提供关于近几年全国翻译课程建设发展以及翻译教材出版的具体数据，使其对现状形成整体直观的印象，然后结合上文的内容，重点询问其在教学实践中的体会。

根据访谈记录，对 2 位受访者就意汉互译教材在当前教学实践中的价值，以及对翻译教材的需求和期待分别做出以下分析：

A 老师表示，意汉互译教材的建设对于意大利语翻译教学实践和翻译人才的培养均十分必要。一方面，教材可以给教师带来相对完整的教学结构，这应该也是一些教师选择英汉互译教材或者意大利语原版教材的部分原因，但是在使用这些替代品进行教学时，仍然需要针对意汉两种语言互译的示例和练习重新选材；自编的教学材料通常来自教师本人在翻译实践中的发现，尽管形式更加灵活，内容可以随时更新，但也容易逻辑散乱，缺乏整体性，且受限于教师个人的知识范围。而教材可以给教师提供一个整体框架，使得教学的过程更加系统化、标准化。它也通常是集体合作的结果、集体智慧的结晶，可以集各家所长，弥补教师个人经验的不足。假如有意汉互译的教材先给出一个系统性的教学方案，再发挥授课教师的能动性，适时补充和更新一些翻译材料，会是比较理想的结果。另一方面，教材也可以使学生不再受课堂时间所限，他们不仅能在教师的带领下在课上学习，还可以在课下依照教材的内容充分发挥自主学习的积极性。学生语言水平不同，在课堂上能够掌握和吸收知识的程度也不同，语言水平较低的学生可以在课外根据教材的指示，进行知识的巩固和加深，而语言水平较高的学生也可以根据教材的线索进行延展复习和练习。

对翻译教材建设具体方向的建议，A 老师认为其实翻译教学的发展最终也还是要立足于对翻译人才的需求来考虑，宏观上是时代对外语人才的需求，微观上是就业市场的需求。学校每隔一段时间就会调整培养方案，目的之一就是帮助学生更好地走入就业市场。翻译能力作为外语人才培养的一个重要方面，教学中首先就要不断强化学生的实际应用能力。尽管对本科和研究生的培养应该划分层次，对学术型硕士应适当提高其研究能力，但总体而言翻译实践能力是基础，也是用人单位的基本需求。在这一基础上，也顺应新文科背景下对外语人才的需求，翻译课程越分越细，和其他学科相结合的课程越来越多，如时政翻译、商务翻译、外交翻译、法律翻译、科技翻译等；新技术影响下的翻译课程也应运而生，如语料库、机器翻译等。作为授课教师，希望教材建设可以和课程建设相结合，与不同的专业领域、技术工具相结合，往更细化的方向发展，在教学实践中进一步提高学生的应用能力，同时兼顾本科和硕士对语言能力要求的差别，并对学术型硕士适当增加研究性的内容。

B 老师也认为当前的意大利语翻译教学亟须更多意汉互译的教材，其他变通的方案只是无奈之举。无论对教师还是学生，教材相较于自选的教学材料，都能给课程带来系统性和整体性。而英汉互译教材和意大利语原版教材中的理论和部分技巧也许可以用来参考，但口译教学中实践训练十分重要，理论和技巧远远不能满足教学要求，在实训中仍需要教师再补充大量意汉互译的实例，这就削弱了教材在教学中应有的作用和价值。而上述两类教材的使用也一定程度上受到学生语言水平的局限，至少在意大利语本科阶段的翻译教学中很难大范围使用意大利语原版教材。此外，教材也能给课程建设带来稳定性，在授课教师轮换时，教材的整体框架可以使得教学效果不至于出现太大偏差，这也是课程建设的一个重要方面。理想的方案还是首先有一个意汉互译教材的框架，教师在备课的过程中再根据实际需要对部分翻译材料进行恰当补充和更新，这样既保证了教学的结构性，又让教师可以因时因地制宜。

关于教材建设的发展方向，B老师认为在新文科的背景下，全国高校在意大利语翻译教学方面正不断发展和创新，根据翻译场合、主题的差异，口译相关的教学与课程设置也越来越细化，也就需要有与之配套、更为专业的教材来加强训练。比如，近三年多所学校开设了翻译硕士课程，更加偏重学生实践能力的培养，也亟须口译技能和训练的专门教材，包括口译笔记法等。当前除英语之外，许多语种（法语、日语等）都已出版了类似的教材，但意大利语在这方面仍是空白。而该训练对于口译实践极为关键，希望能早日出版这类教材，形成意大利语通用的口译符号。另外，从时代的需求来看，与意译汉的教材相比，对汉译意的教材需求更为迫切。外语人才在对外交往的翻译工作中从事着跨文化交际的活动，一方面，他们代表着国家形象，需要在中国话语的外语表述上得到专业训练，比如"一带一路"应该称为"iniziativa"（倡议）而不是"strategia"（战略），等等。这些表述并非只在正式的外交场合才会出现。而口译的即时性强，关键点上不容出错，学生在参与口译实践之前很难主动意识到这些意大利语表述的微妙差异，因而教师应当从课堂上开始就注意引导学生，提高学生的敏锐度，这一点也需要对教材进行系统梳理。另一方面，将中国优秀的传统文化翻译为意大利语对外传播，这一工作目前仍较为欠缺，尽管已有意大利译者做出了一些努力和尝试，但还是存在不少问题，比如将"烟花三月下扬州"中的"烟花"翻译为"fuochi d'artificio"（烟火）。保证翻译的准确性需要中意两国译者的交流和合作，也需要教师在翻译教学中有意识地培养学生的兴趣和能力，与中国传统文化相关的意大利语翻译教材同样也是未来需要填补的空白。

在分析两位受访者基于自身教学实践的经验对翻译教材的看法和需求之后，可以总结以下两点：首先，加强意大利语翻译教材的建设可以为教学实践效果的进一步提升带来有效助力；其次，无论从翻译教材建设与翻译教学、课程建设之间的关系，还是人才培养的视角，教学实践都需要针对不同翻译形式（笔译与口译）、文本类型（文学、经贸、法律等）的翻译教材，同时兼顾本科与研究生语言能力的差异，满足不同方向、不同层次的教学需要。其中，以中国文化（包括传统文化和当代国情文化）为主题的翻译教材可以列为教材建设关注的重点。

（四）"理解当代中国"系列翻译教材的探索实践

因应"国家对有家国情怀、有全球视野，能够讲好中国故事、参与全球竞争的高素质国际化人才的需求"，[1]2022年7月外语教学与研究出版社出版了"理解当代中国"系列多语种教材，其中包括董洪川等总主编、杜颖主编的《汉意翻译教程》和雷佳主编的《高级汉意翻译教程》。

两本教材的课文和练习均来自《习近平谈治国理政》第一卷、第二卷，每个单元探讨习近平新时代中国特色社会主义思想的一个重要方面，包括：①中国特色社会主义最本质的特征和中国特色社会主义制度的最大优势；②坚持和发展中国特色社会主义总任务；③坚持以人民为中心的发展思想；④中国特色社会主义事业总体布局和战略布局；⑤全面深化改革总目标；⑥全面推进依法治国总目标；⑦必须坚持和完善社会主义基本经济制度；⑧党在新时代的强军目标；⑨中国特色大国外交；⑩全面从严治党的战略方针。《汉意翻译教程》直接选用以上表述作为单元标题，《高级汉意翻译教程》则是从习近平总书记的相关主题著述中挑选一句话作为单元标题。选择这一编写思路，主要在于"《习近平谈治国理政》生动记录了新时代坚持和发展中国特色社会主义的伟大实践……通过《习近平谈治国理政》深入学习领会习近平新时代中国特色社会主义思想……就能更好理解中国话语体系的基本逻辑、中国故事的叙述框架"，[2]契合了当前新文科建设对外语教育的要求。

---

[1] 雷佳主编：《理解当代中国——高级汉意翻译教程》，外语教学与研究出版社2022年版，第1页。

[2] 雷佳主编：《理解当代中国——高级汉意翻译教程》，外语教学与研究出版社2022年版，第3页。

两本教材主要关注和总结汉语译为意大利语的翻译策略，使过去更加重视意大利语翻译为汉语的倾向一定程度上得到平衡。在内容上，在过去强调的经贸主题之外也做出了突破，除了总结一般文体的共性外，还会依据选材的特点提炼汉语时政文献的语言风格及其翻译为意大利语的方法和技巧，如一方面文体郑重严肃，确切明朗，具有准确性、政治性、时效性、单义性、客观性等特点，另一方面又为了使人接受确定的观点和立场，也会积极使用各种修辞手法，以增强说服力和感染力，使得科学论述的确凿严密和文学叙述的生动形象有机结合。针对这一特点，两本教材对政治术语、高频词以及比喻修辞、俗语、经典引用的翻译方法进行了说明。再如，时政文献在句子和语篇层面无主句多，时态变化较少，连接词使用较少，语句间逻辑关系含蓄，句子和段落较长，排比、反复等修辞形式集中出现，两本教材也针对这些语言现象进行了解析。

此外，两本教材的编写分别针对本科和研究生阶段的翻译教学。《高级汉意翻译教程》与本科阶段翻译教学侧重术语、句子的翻译技巧相比，更加重视段落、语篇的翻译策略，更加重视对翻译过程中关键问题和难点的处理，[1]以满足不同层次的翻译教学的需要。

总之，"理解当代中国"系列的两本意大利语翻译教材不仅从原语和目的语的差异、文本类型、语言能力分层等方面填补了空白，而且在编写理念上顺应了当前对外语教育"讲好中国故事"的要求，是一次十分有益的尝试。

三、结语

2022年9月，国务院学位委员会、教育部印发了《研究生教育学科专业目录（2022年）》，[2]与此前2018年的学科专业目录相比，在文学学

---

[1] 雷佳主编：《理解当代中国——高级汉意翻译教程》，外语教学与研究出版社2022年版，第9页。

[2] "国务院学位委员会、教育部关于印发了《研究生教育学科专业目录（2022年）》《研究生教育学科专业目录管理办法》的通知"，参见 http://www.moe.gov.cn/srcsite/A22/moe_833/202209/t20220914_660828.html，最后访问日期：2023年6月2日。

科门类下，将翻译与中国语言文学、外国语言文学及新闻传播学等传统一级学科相并列。这一变化反映了翻译学科的独特性更加受到重视。可以预见，意大利语翻译教学也将迎来进一步的发展与提升，而翻译教材作为教学及课程建设中不可或缺的一环，其建设与发展会成为翻译教学的有效助力，为培养中国话语的外译人才做出贡献。

课堂环境下二语词汇知识发展的动态性特征探析

张文红[*]

一、引言

二语词汇知识与二语的听、读等语言能力紧密相关，由此对二语词汇知识习得及发展的研究也成为二语习得研究中的重要课题。国内外的相关研究使我们对课堂环境下二语词汇习得规律与发展路径有了一些基本认识，如词汇知识包含不同的层面和阶段；词汇知识各层面的发展不平衡；词汇习得本质上是个长期累积的过程而非一蹴而就；二语词汇习得具有显著的动态性特征。本文拟在梳理国内外相关研究的基础上，从不同角度探讨课堂环境下二语词汇知识习得与发展的动态性特征的成因。

二、课堂环境下二语词汇知识发展的动态性

二语词汇知识的发展具有显著的动态性特征。学习者的词汇知识在某一阶段呈线性发展的趋势，而在另一阶段又表现出停滞、僵化甚至磨蚀。二语词汇知识的发展并非呈线性发展的一个连续体，而是一个处于不断变化、时断时续的过程。国内外相关研究不断证实了词汇习得的这种动态性特征。如 Schmitt（1998

---

[*] 张文红，中国政法大学外国语学院副教授。

跟踪调查了二语学习者对于个体目标词汇的拼写、词汇联想、词类及意义（包括词的多义性）的习得特征，发现任何一种词汇知识在一年内均没有呈现递进发展的趋势。[1]再如吴旭东、陈晓庆（2000）对课堂环境下二语词汇知识发展特征的调查则发现在二语词汇习得的初级和中级阶段，不同英语水平的被试对6个高频词的意义、同义词、派生词和搭配四个层面的习得均呈显著发展趋势，但发展特征不同，而到了高级阶段，所有四个层面知识的发展都陷入停滞。[2]而 Ishii & Schmitt（2009）对日本大学生进行的二语（英语）词汇知识发展研究也得出类似结论。[3]这些研究结果都提示课堂环境下二语词汇知识发展的非线性及不同层面的词汇知识发展的不平衡与不同步。而最近十多年的国内外相关研究从宏观及微观、横断面及跟踪研究的角度进一步考察了二语词汇发展特征，研究结果更加凸显出二语词汇发展的复杂性、动态性与个体差异。如 Huang（2010）采用横断面加跟踪研究的方法，调查17名中级英语学习者在一学年期间的词汇发展。结果显示二语词汇的发展是学习者、环境与目标词汇相互作用的结果，不同方面的词汇知识（拼写、联想、意义、语法知识、搭配）的发展表现出不同的发展速度及不同的发展特征，所考察的不同方面的词汇知识的发展没有显示出明确的发展阶段或层级，如调查发现目标词在意义、语法知识、搭配方面有较为显著的发展，但联想知识没有观察到显著发展。调查还观察到在目标词汇的意义方面偶尔出现受试的产出性知识退回到零的现象。同时目标词汇的发展呈现出高度个体化现象。[4]再如郑咏滟（2014）跟踪调查了8名英语专业大一与大三学生的二语词汇深度知识的发展过程。研究发现目标词汇深度知识（语义与搭配）的发展起伏波动，

---

[1] Schmitt, N., "Tracking the Incremental Acquisition of Second Language Vocabulary: A Longitudinal Study", *Language Learning* 48 (2), 1998, pp. 281-317.

[2] 吴旭东、陈晓庆：《中国英语学生课堂环境下词汇能力的发展》，载《现代外语》2000年第4期。

[3] Ishii, T. & Schmitt, N., "Developing an Integrated Diagnostic Test of Vocabulary Size and Depth", *RELC*, 2009, pp. 5-22.

[4] Huang, H. T., *How Does Second Language Vocabulary Grow Over Time? A Multi-methodogogical Study of Incremental Vocabulary Knowledge Development*, Ph. D. diss., University of Hawaii, 2010.

呈现出非线性特征，且语言输入与词汇知识的进展并不成正比。研究同时也揭示出目标词汇发展过程中的个体差异。[1] 又如张文红（2015）调查了三所不同层次的中国高校英语专业学生在大学四个学习阶段的二语词汇知识的发展，发现三所不同层次高校的被试在英语词汇广度与深度知识的发展上均呈现出非线性特征。例如，研究发现：英语专业学生从大一至大三阶段，其英语词汇广度知识基本呈现出线性发展趋势，但从大三至大四阶段，词汇广度知识的发展停滞不前，甚至出现下滑；与基本意义（词汇量）、多义词及派生词知识的发展特征不同，在大学四个学习阶段，被试近义词知识的发展均呈现停滞或僵化状态。[2] 这些实证研究的结果从不同侧面表明课堂环境下不同层面的二语词汇知识并非同步发展，而且目标词汇每一层面的知识发展都呈现出程度不一的动态性。最近的相关研究如Ning（2018）则关注了二语词汇的接受性知识与产出性知识两个方面，研究显示受试不同方面的词汇知识的发展不平衡；二语词汇发展有时显现出放缓及倒退现象。接受性词汇知识呈现出比产出性知识发展更快但同时也更易丧失的特点，显示出二语词汇发展的动态性与复杂性。[3] 以上针对课堂环境下二语词汇知识发展的相关研究反复说明了二语词汇知识发展的不平衡、动态性、复杂性及个体差异。也正因为此，迄今尚没有一个被广泛认可的二语词汇习得与发展的理论模型。

二语词汇研究领域著名学者 Meara（1999）曾提出词汇习得的多态模型（multistate model）用以说明二语词汇习得与发展的路径与特征。他依据学习者对二语目标词汇的熟悉程度，将词汇习得划分为习得水平不一的5个阶段，同时标明目标词汇在一定时间内可以朝其他任何一个阶段移动，既可以先发展至习得的第一阶段，也可能直接跃至最高阶段，处在任意一个习得阶段的词汇也有可能直接移动至其他任意一个阶段。比如处在最高

---

[1] 郑咏滟：《动态系统理论框架下的二语词汇深度发展研究》，载《中国外语教育》2014年第3期。

[2] 张文红：《中国高校英语专业学生二语词汇知识发展研究》，中国社会出版社2015年版。

[3] Ning, D. A., "Longitudinal Study on the L2 Word Depth Knowledge (Meaning and Collocation) Development in China from Dynamic Systems Theory Perspective", *English Language Teaching* 11 (8), 2018, pp. 40-50.

阶段的词汇也可以直接后退至中级阶段，或退至初级阶段甚至初始阶段。[1]显然，Meara 在此模型中考虑到了二语词汇知识的遗忘与磨蚀，模型同时显示出词汇发展的不可预测性与动态性。他的多态模型与我们自身作为学习者的二语词汇习得的经历基本吻合。

笔者参考 Meara 的词汇习得多态模型，结合笔者对中高级英语学习者二语词汇知识发展所做的实证研究，试着勾勒出课堂环境下二语词汇知识发展的图式路径图，详细内容如下图 1 所示。

```
┌─────────────────────────────┐
│    初步阶段（零词汇知识）    │
│    O State(Null Knowledge)  │
└─────────────────────────────┘

┌─────────────────────────────────┐
│   起始阶段（初步词汇知识）      │
│  Initial State (Initial Knowledge) │
└─────────────────────────────────┘

┌─────────────────────────────────────┐
│   中间阶段（较为深度的词汇知识）    │
│ Intermediate State (Deeper Knowladge) │
└─────────────────────────────────────┘

┌─────────────────────────────────┐
│  终极阶段（全面发展的词汇知识） │
│   Final State (Full Knowledge)  │
└─────────────────────────────────┘
```

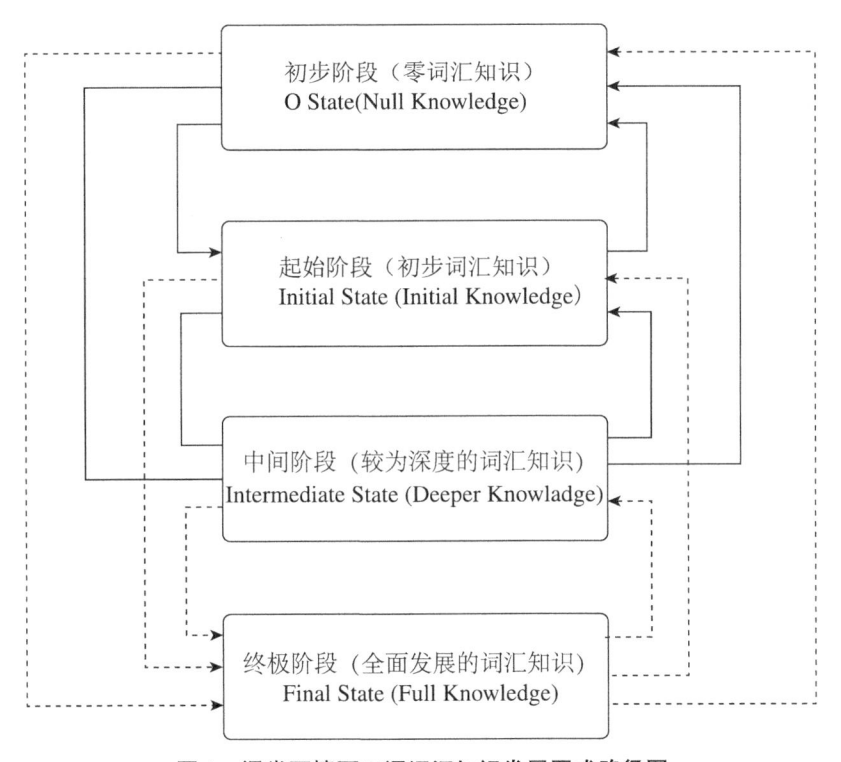

图 1　课堂环境下二语词汇知识发展图式路径图

我们可以假定课堂环境下二语词汇知识发展一般包含几个阶段：从学

---

[1] Meara, P., "The Vocabulary Knowledge Framework", available at https://www.doc88.com/p-9159001618310.html, last visited on Feb 9, 2023.

习前的起始阶段（0 state），发展到初步阶段（initial state），再到中间阶段（intermediate state），这个阶段或许可以再划分为若干个更具体的阶段，但实际很难明确界定，最后发展到终极阶段（final state）。学习者在某目标词汇学习的初始阶段，往往首先习得目标词的基本意义，即把词的意义和词形联系起来。随着学习者与目标词在不同语境中的接触，学习者对目标词的习得逐步进入中间阶段，即逐步习得目标词的其他方面的知识如多义词、派生词、句法功能、搭配意义、文体意义等，最后到达终极习得阶段，即达到与成人母语者同等的词汇知识水平。图中所示的几个阶段的划分意味着二语词汇知识的累积性，显示出一种理想的发展途径，或者说是发展的总的趋势。但事实上就课堂环境下成人二语词汇习得而言，学习者的二语词汇知识的发展不太可能达到终极阶段。图中与终极阶段相关联的线条都用虚线表示，也即意如此。矩形两侧的实线、虚线连同箭头所示的方向意在说明学习者的二语词汇知识的发展并非总是遵循从零到初级阶段、再到中间阶段、最后到达终极阶段的线性发展路径，而是有可能从任意一个阶段跳跃至抑或倒退至另外任一发展阶段。显然，此路径图既涵盖了词汇知识发展的跳跃、遗忘、磨蚀等现象，也强调了二语词汇习得的停滞或者说僵化现象。总之，这些现象都可归结为词汇知识发展的动态性特征。

三、二语词汇知识发展的动态性成因分析

针对二语词汇知识发展的动态性特征，国内外学者从不同的角度对其形成原因进行了探讨。如 Jiang（2004）从心理语言学的角度探讨了二语词汇习得的停滞与僵化现象。他认为由于学习者的母语和二语之间存在不同的词汇形式与意义的对应关系，因此学习者在习得二语词汇过程中往往需要进行意义的重建才能正确运用二语词汇，但由于学习者母语的介入，这种重建经常是不彻底的，从而导致学习者对目标词汇的习得陷入僵化状态。[1] 再如 Han（2008）对二语僵化现象的成因进行过比较深入的探讨。她认为

---

[1] Jiang, N., "Semantic Transfer and Development in Adult L2 Vocabulary Acquisition", in P. Bogaards & B. Laufer eds., *Vocabulary in a Second Language: Selection, Acquisition and Testing*, Armsterdam, John Benjamins, 2004, pp.101-126.

二语僵化现象由以下几方面的原因造成：一是环境因素，如二语学习缺少输入与纠正反馈、二语语言本身具有复杂性等；二是认知因素，体现在知识表征方面（母语的影响、学习者已拥有成熟的认知系统、学习抑制学习等）、知识加工方面（如学习者对语言学习缺乏关注、语言错误的自动化、母语系统的自动化机制、学习者缺乏对语言材料的敏感性、缺少运用目的语的机会及不能监测错误等）、心理方面（运用不恰当的语言策略、拒绝承担语言重建的风险、自然地关注语言内容而非语言形式等）；三是神经生理因素（如语言成熟化的约束作用）；四是社会情感因素（如满足于交流需求）。[1]由此可以说母语的影响作为认知因素之一，和其他各种语言学习的外部与内部因素相互作用，最终导致二语知识（当然包括词汇知识）长时期停滞不前的僵化现象。

自20世纪末以来不少学者尝试把起源于生物学和数学的动态系统（dynamic system）及复杂系统（complex systems）理论运用于二语（包括三语）习得及发展的研究（如Larsen-Freeman 1997；Meara 2004；Churchill 2007；de Bot et al. 2007；Caspio & Lowie 2013；Bui & Teng 2021）。[2]国内学者如郑咏滟（2011）曾探讨了动态系统理论在二语习得研究特别是二语词汇发展研究中的应用可能。[3]这些从动态系统或复杂系统理论的视角对二语习得或发展进行的研究为我们认识课堂环境下的二语僵化现象带来了

---

[1] Han, Z., *Fossilization in adult second language acquisition*, Beijing, Foreign Language Teaching and Research Press, 2008, pp. 25-43.

[2] Larsen-Freeman, D., "Chaos/complexity Science and Second Language Acquisition", *Applied Linguistics* 18 (2), 1997, pp. 141-165; Meara, P., "Modelling Vocabulary Loss", *Applied Linguistics* 25 (2), 2004, pp. 137-155; Churchill, E., "A Dynamic Systems Account of Learning a Word: From Ecology to form Relations", *Applied Linguistics* 29 (3), 2007, pp. 339-358; de Bot, K., Lowie, W. & Verspoor, M., "A Dynamic Systems Theory Approach to Second Language Acquisition", *Bilingualism: Language and Cognition* 10 (1), 2007, pp. 7-21; Caspi, T. & Lowie, W., "The Dynamics of L2 Vocabulary Development: A Case Study of Receptive and Productive Knowledge", *Revista Brasileira de Linguística Aplicada* 13 (2), 2013, pp. 437-462; Bui, G. & Teng, (M.) F., "Exploring Complexity in L2 and L3 Motivational Systems: a Dynamic Systems Theory Perspective", *Language Learning Journal* 49 (3), 2021, pp. 302-317.

[3] 郑咏滟：《动态系统理论在二语习得研究中的应用——以二语词汇发展研究为例》，载《现代外语》2011年第3期。

新的启示。依据 Larsen-Freeman & Cameron（2013）的说法，动态系统与复杂系统两者之间没有明显界限，都强调系统的复杂与恒动。[1]在此视角下，语言的发展被看作是认知过程与社会过程的融合，是一个多种资源在多种层面上相互作用的动态过程。de Bot 等（2007）认为语言的发展呈现出动态系统的所有核心特征，即对初始状态的敏感依赖性、子系统之间的全面联结性、纵向发展中"吸引状态"（Attractor States）的涌现及个体学习者之间或其自身所呈现的差异性。从动态系统的角度看，每一个语言学习者都是一个社会系统里的动态子系统，而在这个子系统里，各内部资源与外部资源相互作用，由此决定了其处在不断变化之中。随时间而发展的动态子系统倾向于在某些特定的状态稳定下来，这些很可能出现但未必可预测的特定状态被称为"吸引状态"，如同一个小球在坑坑洼洼的表面上的活动轨迹一样，小球很可能会掉入一个又一个洼坑（吸引状态），如果想使小球逃逸洼坑继续前进，通常需要一定的外力作用。而一旦小球陷入深沟，要逃逸出来就非常困难，除非有足够大的外力作用。[2]"语言的僵化即是一个动态系统中'吸引状态'的绝佳范例"（de Bot et al. 2005：17）。[3]美国语言学家 Labov（1996）认为从动态系统的角度看，二语语言僵化可能源于学习者在二语学习的初始状态对二语语言的错误认识。这种错误认识很可能会在学习者的发言等语言活动中被不断"储存"起来以至于最后形成了一个难以逃逸出来的"堑壕"——即进入所谓吸引状态。[4]由此笔者认为，就二语词汇学习而言，学习者对二语词汇学习的初始状态，即已拥有母语词汇系统的敏感依赖性，导致学习者对二语词汇知识中的某些方面如词汇的搭配因长期受到母语的干扰而形成错误的认识，这些错误的搭配

---

[1] Larsen-Freeman, D. & Cameron, L., *Complex Systems and Applied Linguistics*, Shanghai, Shanghai Foreign Language Press, 2013.

[2] de Bot, K., Lowie, W. & Verspoor, M., "A Dynamic Systems Theory Approach to Second Language Acquisition", *Bilingualism: Language and Cognition* 10 (1), 2007, pp. 7-21.

[3] de Bot, K., Lowie, W. & Verspoor, M., *Second Language Acquisition: An Advanced Resource Book*, London, Routledge, 2005, p. 17.

[4] Labov W., "Some Notes on the Role of Misperception in Language Learning", in R. Bayley & D. Preston eds., *Second Language Acquisition and Linguistic Variation*, Amsterdam & Philadelphia, John Benjamins, 1996, pp. 245-252.

知识在之后的学习过程中通过各种语言活动而被不断储存起来,从而被不断地加强,最终进入到一种难以脱逃的吸引状态,也就是我们观察到的词汇搭配知识的僵化。从另一角度来看,de Bot 等(2007)强调说一个发展系统的运作需要同时拥有内部资源(如学习者的学习能力)及外部资源(如信息资源),而不同种类的资源具有有限性,它们在一个动态系统中彼此联结且具有互补性。[1]笔者认为,在二语词汇学习的过程中,鉴于学习者拥有的内部资源与外部资源的有限性,随着时间的推移,学习者也许会对词汇学习的各个方面进行资源上(如时间资源)的重新分配,如不再关注那些自以为已经掌握的高频词的搭配知识,而是把有限的资源更多地分配给其他词汇(如低频词)的学习等,由此造成学习者在高频词搭配方面的认识长期处于稳定状态。但是需要强调的是,正如 Spoelman & Verspoor (2010)所指出的,变化是任何一个复杂和自主系统的本质特征,即使是子系统处于吸引状态,显示出僵化特征时,变化仍在发生。[2]Larsen-Freeman(2005,引自 Larsen-Freeman & Cameron 2013)由此解释道:僵化既是认知现象,也是社会现象。这种稳定状态可能是各种因子与学习者之间相互作用而出现的令人难以预测的结果。从二语教学的角度看,这种稳定状态绝不是终极状态,而是反映出向前发展的无限可能性。[3]

除了二语词汇知识可能会陷入僵化状态外,研究发现二语词汇学习还可能呈现磨蚀(Attrition)现象。Bardovi-Harlig & Stringer(2010)指出语言磨蚀是几乎所有二语学习者都会经历的学习过程的一部分。而相比其他知识如句法知识的磨蚀,学习者二语词汇知识的磨蚀通常更易发生,因为词汇知识是个开放的系统。[4]Olshtain(1989)认为多种因素导致语言磨

---

[1] de Bot, K., Lowie, W. & Verspoor, M., "A Dynamic Systems Theory Approach to Second Language Acquisition", *Bilingualism: Language and Cognition* 10 (1), 2007, pp.7-21.

[2] Spoelman, M. & Verspoor, M., "Dynamic Patterns in Development of Accuracy and Complexity: A Longitudinal Case Study in the Acquisition of Finnish", *Applied Linguistics* 31 (4), 2010, pp.532-553.

[3] Larsen-Freeman, D. & Cameron, L., *Complex Systems and Applied Linguistics*, Shanghai, Shanghai Foreign Language Press, 2013.

[4] Bardovi-Harlig, K. & Stringer, D., "Variables in Second Language Attrition: Advancing the State of the Art", *Studies in Second Language Acquisition* 32 (1), 2010, pp.1-45.

蚀，如学习者个体因素、社会语言因素、二语输入、语言产出等。[1]倪传斌、延俊荣（2006）则把语言磨蚀归因为磨蚀前的学习者语言水平、呈现磨蚀的持续时间、与目标语言的接触、二语讲授方式、社会情感等七大因素。[2]其中实证研究如Al-Hazemi（2000）的研究结果表明缺少以日常生活为基础的语言运用及缺乏语言输入或许是造成语言磨蚀的首要和直接的因素。[3]Gardner等（1987）则强调语言的使用又与学习者的学习动机密切相关。[4]Mickan等（2020）从对母语为德语的高中生（第一外语为法语，第二外语为意大利语）的词汇磨蚀的研究中，得出的结论是：学习者的二语磨蚀是受到另外的语言干扰而造成的结果，尤其是受到另外一种外语的干扰最为显著。[5]

针对语言磨蚀的机制，学界曾提出不同的理论加以解释如回归假说、临界阈值假说、激活阈值假说、储蓄范式等。还有近期比较受到关注的多语动态模型（Dynamic Model of Multilingualism，Herdina & Jessner 2002，引自 Mehotcheva & Köpke 2019：344-345）。多语动态模型汲取了动态系统理论、认知心理学等理论的部分观点并把它们用于研究多语系统，认为语言的发展以质性变化（Change of Quality）、可逆性（Reversibility）、稳定性（Stability）、复杂性（Complexity）、非线性（Non-linearity）及互相依存（Interdependence）为特征。学习者的某一特定语言的语言水平处在不断变化中，依据学习者在这一语言上投入的时间与给予的关注而衰退、提高或保持在一个稳定状态。组成多语语言系统的子系统内部及与周围环境不断进行相互作用，通过不断适应变化中的环境及系统内部条件而维持在一个动态平衡状态。多语动态模型强调语言保持的努力，认为学习者在某一语

---

[1] Olshtain, E., "Is Second Language Attrition the Reversal of Language Acquisition?", *Studies in Second Language Acquisition* 11 (2), 1989, pp. 151-165.

[2] 倪传斌、延俊荣：《外语"磨蚀"的影响因素分析》，载《外语教学与研究》2006年第1期。

[3] Al-Hazemi, H. A., "Lexical Attrition of some Arabic Speakers of English as a Foreign Language: A Study of Word Loss", *The Internet TESL Journal* (12), 2000.

[4] Gardner, R. C., Lalonde, R. N., Moorcroft, R. & Evers, F. T., "Second Language Attrition: The Role of Motivation and Use", *Journal of Language and Social Psychology* 6 (1), 1987, pp. 29-47.

[5] Mickan, A., McQueena, J. M. & Lemhöfera, K.. "Between-language Competition as a Driving Force in Foreign Language Attrition", *Cognition* 198, 2020, pp. 1-22.

言上投入的时间与精力多则会引发语言的正增长（Positive Growth），反之则会导致该语言的负增长（Negative Growth），并最终导致语言的磨蚀。同时，该模型还包含了不同语言间的相互影响，认为即使由于学习者在某一语言上投入的时间与努力的缺失造成语言能力的下降，但语际间的影响，即激活，避免了成人学习者某语言能力的完全丧失。[1]

从动态系统的角度出发，de Bot 等（2007）认为语言系统处于恒动状态，因此语言的发展不存在线性的磨蚀，同时学习者在语言磨蚀这一点上具有巨大的个体差异性，并且磨蚀具有不可预测性。也是从动态系统的角度出发，Meara（2004）针对二语词汇的磨蚀（他使用的是"loss"一词）做了一个虚拟模型，试图对二语词汇的磨蚀的产生做出动态的阐释。在他的模型中，词汇是一个互相联结的系统，一个词汇的磨蚀可能会影响到另外的词汇运用。但他发现某些词汇由于长期处于不被激活的状态而"丧失"，但并没有引起整个词汇系统的巨大变化，而有些词汇的"丧失"却可以引起系统的巨大变化，由此他强调说二语词汇的磨蚀具有不可预测性，同时对于个体词汇的磨蚀现象的解释也需更加谨慎。

四、结语

二语学习者的学习经历与实证研究结果均表明，一般说来，课堂环境下学习者在二语词汇学习的某些阶段或在二语词汇知识的某些层面的习得可以呈现出线性发展趋势，而在另一阶段或二语词汇的另一些知识层面的学习上，则可能呈现停滞、僵化抑或磨蚀。也就是说，二语词汇知识的发展呈现出显著的动态性。二语词汇知识发展的动态性提示我们在试图建立二语词汇习得的理论模型时，应当把这些特征考虑进去。同时也提醒二语教师在二语词汇教学实践中，应充分认识到词汇知识发展的累积性与动态性特征，并鼓励与帮助学习者努力减少二语词汇学习中的僵化与磨蚀。

---

［1］ Mehotcheva, T. H. & Köpke, B., "Introduction to L2 Attrition", in M. S. Schmid & B. Köpke eds., *The Oxford Handbook of Language Attrition*, Oxford University Press, 2019, pp. 331-346.

《女性文学研究》课程教学中的思想品德教育

胡梅仙*

在讲授《女性文学研究》这门课程时，我用理论结合文本的方式，让学生能真正懂得女性文学的特质即是女性的自身体验，因此构成这门学科存在的基础。用女性的自我体验诉说在历史中失语的女性群体，让学生真正认识女性及其存在，表现出对几千年来女性晦暗不明历史的反拨。课堂上除了讲授女性文学理论和女性文学作品分析外，也会举一些历史和生活中的例子来辅助自己的讲授，对学生进行思想品德教育。

一、良心尺度和道德准则

每一次讲课对于我都是一个机会一个使命，我瞅准每一个可以插入的缝隙，希望对文本的讲解灌入怎样做一个大人甚至一个圣人、一个独立完整成熟的现代女性等。课程不仅仅是知识的灌输，知识是学不尽的，做一个有心灵尺度有美德有人格魅力的人会让人生变得纯粹安宁，世间变得美好高尚。我认为我的课堂达到了成效，就是学生们上课时倾听得全神贯注的姿态，以及他们上交的期中、期末论文，只有受到心灵熏陶的人才有可能让自己的文字达到一种境界。

---

* 胡梅仙，广州大学人文学院教授。

"良心尺度道德准则"是做人底线，我把"大人"更倾向于理解为理性、人格健全的人，"独立成熟完整的现代女性"特指追求心身合一的爱情，具有独立品格的现代女性。

比如在讲授许穆夫人的诗歌《载驰》时，我希望学生们学习许穆夫人敢于违逆丈夫意志仍然坚持回国悼唁卫侯、拯救卫国的选择和决心。对故国、乡土、亲人之爱是人类永恒的情感，即使许穆夫人的丈夫是君王，她也要坚持自己的想法，别说久远时代的女性，就是现在的女性，可能被自己的丈夫一番劝说就打道回府了。许穆夫人面对丈夫派来的大臣的劝说丝毫不动摇回卫国的决心，这是怎样敢想敢做有胆有识胸襟高远的女性。女性只有保持自己的独立人格，才能真正赢得丈夫和世人的尊重，最重要的是，我们要做一个真正的自由选择承担责任的自我，我们才是真正的独立的人，独立的女性。这件事还有一个良知尺度的问题，面对宗国的颠覆，许穆夫人认为自己不能坐视不管逃避责任。公众的眼睛才是一杆真正的公平的秤，法律条文可以变，唯有良心尺度和道德准则一直都是恒定的。

讲授张爱玲的小说《金锁记》时，我也会讲到良知尺度的问题。一个母亲可以因为长期身体的欲望不能得到满足而寻求一些补偿，但不能把心理的不平衡施之于别人和自己的子女。这就是良知尺度的问题。曹七巧可以在相互无害的情况下去找小叔子季泽，但她应该保留最后一点对于儿女的爱护之心。这世上有一种最伟大的力量，就是母爱，当一个女人因为自私自利的目的连儿女都不能呵护时，这人已失去内心的从容安宁，成为了一个疯人。

每门课我都会对学生讲"人心即宗教"[1]的思想，也即良知等于安宁

---

[1] 人心怎样成为宗教？它不仅仅是儒家的修身养性，它还包括人的身体感性和神性的合一。所以，这是一个新的人的形象。这里的"人"等于人加神，人指一般的人，他有平常人的身体和感性等，神是指人的灵性和神性，它一般显现在高尚有境界的人身上。当人的平凡和人的神性结合在一起时，他就会形成一种新的宗教，因为他保存了人的灵性空间，因之具有神性。那么"人心即宗教"即可成为未来的新宗教，我们会因之对人充满着希望。既承认身体、本能、肉欲的正当的世俗的幸福生活，同时，他们又有着先知的容忍、理解、良知、正义等道德的尺度和准绳。该种道德尺度和准绳可以让他们立于天地之中笃信自己神的地位。他不是尼采的"超人"，如果尼采提出的"超人"是良心、道德、正义的化身，它足可以支撑尼采的精神而不让尼采发疯。参见胡梅仙：《人心即宗教——我谈〈荆棘与珍珠〉》，载《社会科学动态》2019年第4期。

等于宗教，良知让我们保有安宁，安宁就叫神，我们有了良知，就有神来保护我们了。我在讲"人心即宗教"时，学生们还是有点模糊的，但我说神是安宁时，他们是能懂的。而且我说人人皆能成佛，人人皆能成神。学生们很欣喜很自信。这样说，教他们做事要扪心自问，要设身处地为别人着想。同时，遇到不公平的待遇时，过度的宽容和善良又会成为恶的滋生物。这是教学的难点，我希望学生们自己去衡量，要有一个度，我相信他们能把握这个度。通过举例的方式让他们懂得良好的愿望是最为重要的，事情的结果有时不是我们能控制的，希望他们不要背上精神的枷锁。

好的引导会改变人的一生，让人们更加向善向好。而恶意即使是好树苗也要被摧残。这里讲发生的一件事情，一个11岁的小女孩到一个文具店购买三元多的文具，据商家说没付款，多方羞辱这个女孩，最后女孩跳楼以证清白。这份恶意即使对一件小事都会构织大罪名。我这里说的是即使，小女孩真的拿了这三元多的文具，老板娘可以私自教育她，或者就把文具送给她又何妨？《悲惨世界》中的冉阿让因为姐姐家的孩子没饭吃偷了几块面包就被抓进坐牢。是偷几块面包犯法还是人的命重要？我要说的是，人要有慈悲仁爱之心，做事要有度，要人性化，更要有高尚的美德和境界。如果文具店的老板娘这样做了，女孩子会非常感激她，将来一定会成长为一个更加伟岸的人，更不会悲惨地死去。

比如在讲授托尼·莫里森的小说《秀拉》时，秀拉在小区被认为是邪恶女巫式的人物。她为了认识自己、验证自己，甚至和自己最好的朋友内儿的丈夫裘德发生了性关系，这无疑伤了内儿的心。内儿的丈夫出走，直至秀拉死后，内儿才认识到自己所有痛苦的根源不在丈夫的出走，而是秀拉的死亡。从这部小说中，我想告诉学生两个道理：第一，和异性的接触确实是认识自我非常有效的方式，但不是唯一的方式，对于秀拉希望通过和男性的接触来认识自我、挖掘自我、定位自我的方式可以认同，但不赞成插入别人婚姻，我们还可以通过多种方式认识定位自我，我们所经历的很多事情都是认识自我的手段，生活中的一点一滴、爱情婚姻、学习工作等，秀拉的方式虽然有着叛逆的光芒，但也确实可以给我们启示，以免学生认为只有通过与异性特别是通过性爱才能认识自我和人生。第二，要告诉学生一个道理，很多事情我们常常会被蒙蔽真相，时过境迁后才能认识事物的本质。内儿24年后才知道自己痛苦的根源是知己秀拉的死亡，表现出黑人姐妹精神深度契合的情谊。举一个例子，一个女生爱上一个男生，那个男生很帅很有钱很有才华人品很好，女生一直以为自己是喜欢他的钱，因为有钱才爱他的，后来经历了离婚或者很多苦难挫折后，她才意识到当初是因为他的人品而爱他。所以，要揭示事物的真相，常常可能需要一定的时间。这也教会大家思考问题需要从多维度出发，以及不要粗率鲁莽地去处理一些问题，我们每个人都需要对自己所做的事有心理预知，我们必须对自己的抉择和行动承担责任，这才是真正的大人。行事不思考、鲁莽甚至酿成大错是孩子的行为，这里就涉及了孩子怎么成为大人的问题。希望每个人做事都有良心尺度和道德规范，社会才有正义和良知。

二、完人、圣人：心理预知和自我完善

在讲到波伏娃的著作《第二性》时，联系到社会上一些因情杀人等犯罪现象，我会讲到存在主义的命题：自由选择的问题。人首先要自由选择，然后承担责任，只自由选择不承担责任，叫作胡作非为，只有承担了你自由选择的责任，才能说你是真正自由理性的人，要让每个人的理性发出光辉。大多数杀人犯犯罪后都会后悔，他们绝大多数都是属于所谓的激情杀人、冲动杀人，即使一些看起来周密的杀人事件，其实也是属于冲动杀人。怎么样减少冲动杀人，我认为应该在我们的社会传播一种意识，甚至可以专门开一些这样的学习班，就是你必须对你所要做的事情提前有一个心理预知。绝大多数的人都没有这个心理预知，所以他们在某一个时刻有可能因为诱惑、糊涂而做错事甚至杀人，而这一错就是一失足成千古恨。他们中有年轻人，也有五六十岁、六七十岁的人，他们的人生中最后悔的就是不该做这件事或者那件事。如果在我们全社会每个人都能实行一种教育，就是修身养性，通过反思对人生中可能发生的很多事情有一个心理预知，你可以把你要做的事完成之后可能会发生的情况一一列出来，我可以做吗？做了后将会是什么结果？这违背良心了吗？违背了我做人的原则和底线了吗？它是违法的吗？我能承担吗？如果每个人都这样问自己，

我们的社会就会减少很多的犯罪。

很多人做了不该做的事，他们大多想起来后悔，即使不后悔的，也对别人已经造成伤害。伤害一旦造成，即使不是在生命安全上，也会在心理造成创伤和阴影。最重要的是人永远都要心存善念不断完善自己，这是一种在长期生活中养成的人格气度。平时看不清一个人，但在关键时刻最能看出一个人的素养和品格，"人性的光辉和黑暗、罪恶因之突显。"[1]我曾对自己和家人说过，永远都不要去爱一个以自我为中心的人。这种人做事从不设身处地为别人想，只按照自己的想法、欲望、执念来，他们因为有放弃不掉的执念，只想达到自己的目的。

现在越来越感到儒家文化的伟大，首先要修身养性，然后是"吾日三省吾身"，"三思而后行"，告诉我们要反思，然后才知自己对错得失。这是一个独自面对自己的内心、面对自己的过程。我们需要一种习惯花一些时间来咀嚼自己的所思所想，我们才能知道自己做得对不对，然后去改正，争取做得最好。儒家也说金无足赤，人无完人，又告诉我们做了错事是可以改的，不过这件错事或者这些错事不是很大，如果大了，就没有机会改正了。当我们打盹时犯的错，也只能允许自己犯的不是大的错。怎样避免大错发生在我们身上，我提倡所有的人养成一种心理，就是对未来可能会遇到会去做的事情的预知心理。有些是在你的生活中没有发生的，有些是在你的生活中正在发生的，你正遇到的，你都可以去设想，并给自己一个答案。这样，每个人当遇到困难、过不了的坎时，会学会冷静地处理问题。

如果平常就给自己灌输正确的人生知识和智慧，甚至多次想过，如果我谈恋爱失败了该怎么办，并经过冷静的思考给自己一个豁达的答案，也许在那个动荡不定的时间里会想起自己曾设想过的人生可能，甚至都可能不会出现那种长时间动荡不定的心理状态。这种心理预知非常重要，虽然不是事事我们都要去预知，我们也做不到，可是生活中常常可能出现的挫

---

[1] 胡梅仙:《梦幻现实主义的荷花》（自序），载氏著《荆棘与珍珠》，长江文艺出版社2018年版，第2页。

折困难，我们还是必须去预知的。特别是对于情感来说，它有着爆发性，而且带着强大的力量，这时，我们必须警记以往的心理预知。比如感情破了就破了，不必强求，大不了下次恋爱时吸取经验教训。你会让自己平静下来，找一个疏通自己或者转移自己注意力的方法。我们可以节衣缩食，但不能承受别离，请每个人珍爱自己和别人的生命，然后才知生命的意义。请每个体贴自己父母的人也体贴别人的父母，请每个爱护自己孩子的人也爱惜别人的孩子。

孟子曰："吾今而后知杀人亲之重也：杀人之父，人亦杀其父；杀人之兄，人亦杀其兄。然则非自杀之也，一间耳。"杀别人的父兄亲人就是杀自己的父兄亲人，杀别人就是杀自己。生命不容凭冲动伤害甚至是杀害，一句对不起不能抚慰一个母亲、爱人、亲人的心的伤痕。我们必须呼吁珍惜生命。要让杀人者深深感到羞惭，并且用自己的生命去还命，要让杀人者知道拿着刀的手是软的。另外，很多时候，如果我们在生活中遇到了解决不了的问题，可以去寻求法律，虽然法律不能全部保证公正，但我们必须有信心，对社会以及人的公正、良心的信心。否则，我们会感到看不到光明，而失去对生命的由衷热爱和赞美。一个不热爱、赞美生命的社会可能会是一个恶性循环，恶可以随意地滋生，而没有来自本身修养的善和社会的法律的公正审判。

孔子说，"己所不欲，勿施于人"，我常常说，即使是自己想要的，别人不想要，也不要施与别人，要尊重别人的感受和选择。一个热爱自己生命的人更加要珍惜别人的生命，一个不懂得珍惜自己和他人生命的人，是因为他从来都没有心理预知过自己面临死亡时的情形。一个身患绝症的人才知道生命每一天的可贵。如果他从死亡线上过来了，他一定会更加热爱珍惜生命。一个犯罪被发现，实施犯罪的人才会后悔自己做了恶事，败坏了自己的名声，如果法律从未来到他的头上，可能他不会真正地意识到自己的生命和尊严失格的危险和劫难。

当爱情已经不在，不是靠刀和枪能解决的，这世间只有感情是伤不得的。伤了的感情就像珍贵的瓷器摔得七零八碎，就像杯弓蛇影。爱情是成全、奉献，而不是掠取、报复。在讲到赵玫的散文《怎样证明彼此拥有》

时，我对诗人顾城杀妻现象给予了坚决的批评。我希望我的态度能让学生有正确的人生观和高贵的美德，不要把诗人的杀人行为美化。即使一个精神病人杀人也是要负责任的，因为精神病人不是每时每刻都不清醒的。赵玫的散文提到梵高，梵高也有精神病，他割下自己的耳朵送给妓女，而不是割下别人的耳朵，他在一片葵花地里开枪打死的是自己而不是别人，海子也是精神病人，他在卧轨前留下遗书：我的死与任何人无关。顾城的灵魂怎么比得上梵高、海子的高贵呢？顾城把自己想象成封建时期的公子哥，可以拥有多个妻子，却不允许妻子追求自己的幸福。他把妻子当成他的私有财产、附属物，认为自己可以随意决定妻子的生命。没有一个人有剥夺别人生命的权利，如果谢烨不同意，这就是暴行。在关乎民族气节面前，我们需要血性和尊严，在关乎个人面子和情感受伤时，我们必须让自己三思而后行，因为面子不值钱，情感不是一个人的问题，而是两个人的问题。我们需要善良，这是做人的标准，更要警惕人性中恶的一面，这样，才能保护我们无辜的生命。

凡事设身处地为别人着想，这也是我几十年来做人的原则。即使遇到不知感恩的人，恩将仇报的人，遇到自私、伤害你的人，我们把自己做好，不值得交的朋友远离，看透一个人你只要不对他再有希望，这世间一定有美好的人和事，这是我们对生命的信心。

"人生是一个检验的过程",[1]是一个人与魔作战并且战胜魔最终成为顶天立地的神的过程。让自己成为一个人格健全的人，努力去做一个完人、大人，懂得成全别人，心里有远大的理想，这些都可以让人有光辉，有光辉之人不会强求别人，因为他们坚信自己的美德一定吸引和他们一样的人，那些人会跟在他的后面，照他们的样子说话、做事。

三、独立成熟完整的女性

讲授池莉的小说《小姐你早》，我就会讲到生活中女性更应该同情理解女性，能够伤害女性的资本：权力、金钱等，这是一个男权制度的问

---

[1] 胡梅仙：《人生是一个检验的过程》，载《名作欣赏》2021年第35期。

题。这会让女性对自身处境有一个更深入的认识，而不要一味地迁怒于伤害她的女性。在讲到凯特·肖邦的小说《觉醒》时，我告诉学生，爱情、婚姻不过是人生的一个过程，而不是归宿，这样受到异性伤害时，我们可以更加从容地坦然面对。课堂上，我常常会结合作品教会学生在生活中做个真正独立的完善的人。课堂上将思想品德融入的地方确实很多，我本着使命一定要跟学生讲。这样，我们的学生不会因为失恋或者其他挫折就像幼苗经不起暴雨的摧折，我希望他们成为大人成为参天大树。

通过丁玲的小说《莎菲女士的日记》，我教学生修正中国传统性羞耻、性罪恶的观点，让每个人都能找到感性欲望和心灵需求相结合的爱情。在讲到舒婷诗歌《致橡树》时，我教女学生对待爱情要做一个与男人并肩而立的女性，而不是一个依附者的角色。共同分担共同分享，不能只会分担苦难，同时也要懂得分享成功和快乐。同时女性应追求一种心心相印精神契合的爱情，这样才能表现出女性作为一个独立的精神个体对于美好爱情所获得的权力。中文系的学生绝大多数是女生，一个班可能只有一两个男生，在讲课时，我常常觉得有很多话要对女生说，在讲到希腊女诗人萨福时，一定会谈到同性恋，一方面我主张不歧视同性恋，另一方面我不赞成同性恋。基于人对美好事物的向往，同性恋有着广大的土壤，但不符合自然规律的事不宜去宣扬。如果我的思想语言稍微有所偏离，可能会无形对同学们的恋爱观有一种潜移默化的同性恋赞同性的引导。在我看来，绝大多数同性恋都是后天原因，时代不宜宣扬同性恋。有的人认为为什么古希腊对同性恋特别是师生间的同性恋取着宽容认同的态度，因为那是人类文明的摇篮时期，同性恋是一种超越自然规律的对美和好的趋向性，人类文明在不断发展，我们更应该有文明的尺度，更加认识到同性恋的不可取，更不宜让同性恋风气流行。

通过讲述诸多女性文学作品中的女性在传统和现代社会里的悲惨遭遇，告诉学生女性的权益不是从天上掉下来的，不会拱手送给你，而是要靠每个女性去争取自己的话语权和经济权等。我要告诉学生，所有的一切都不是从来就有的，我们同样可以创造新的传统。真正要做到男女平等，并不是要削去女性的独特性。女性可以通过自由选择的方式留在家庭或者出去工作。但社会必须有一套规章制度来保障家庭女性的权益和报酬。女性只有经济和精神平等了，才能真正成为现代成熟完整的独立女性。

在讲授李清照时，我一定会谈到李清照状告第二任丈夫张汝舟之事。张汝舟觊觎李清照的珍贵收藏，当婚后发现李清照家中并无多少财物时，甚至对李清照拳脚相加。千古才女李清照当然不能忍受丈夫的真面目，她发现张汝舟有营私舞弊、虚报举数骗取官职的罪行，便报官告发了张汝舟，并要求离婚。宋代法律规定，妻告夫要判处两年徒刑，可李清照却不畏惧。这正是千古才女的气魄和胸襟，哪怕我坐牢，我也要让你受惩罚。换作一般女人，都会大事化小小事化了。我会对学生们讲，女人在任何时候都要有自己的独立品格。要有一个"敢"字，在很多时候，你越退缩，男人就越嚣张。我会举我的长篇小说《荆棘与珍珠》的例子，女主人公明珠月心地善良，虽然遭受了无妄之灾，受到了旷诗的迫害，可是她仍然为旷诗祈祷祝福，认为他不过是被魔鬼驱使，正是因为珠月的善良容忍没有反抗，所以她才后来遭受了一系列的苦难和挫折。珠月的善良宽容忍让很少为自己着想的性格品格决定了她的挫折和苦难，这是必然的。拳头打在铁上觉得疼，必然不敢再打。如果打在棉花上，一点都不疼，当然就可以再打。这就是人性，鲁迅说，"中国人但对于羊显凶兽相，而对于凶兽则显羊相。"[1]你如果对人好，别人还觉得你是欠他的。所以我们不能因为善良过度地感谢别人，本来一件事不是别人帮你的，你却因为善良说是他帮的，他就会觉得你欠他的。

在林白的《致命的飞翔》中，北诺通过献出自己的身体希望官员帮她调动工作未果，最后北诺杀死了官员。我会告诉学生们，女性要想改变自己的命运，应该寄希望于自己的勤奋努力，而不是靠出卖自己的身体等方式，这绝不是女性的出路，既让女性失去尊严，同时又让女性落入悲剧命运。女性要凭自己积极向上的努力和每天的修为、人格提升让自己成为这个社会的救助者和发光体，而不是弱势群体和被救者。

---

[1] 鲁迅：《忽然想到·七》，载《鲁迅全集》（第三卷），人民文学出版社2005年版，第64页。

如果一个人对自己充满自信，即使他被拒绝，他都会觉得自己是光辉的。就像一个靠自己成功的女人不需要依靠丈夫的金银财宝来装饰自己。她的足够自信会让她珍惜每一段经历，也会让她更成熟宽容。

蓉子说："维娜丽莎/你不是一株喧哗的树/不需用彩带装饰自己……你不需在炫耀和烘托里完成/你完成自己于无边的寂静之中。"[1]女人不需靠炫耀和烘托来完成自己，女人完成自己于独立的意志和独立的思考之中。这来自一个独立女性的强大自信。只有具有独立思想的人，才是最为强大的人。因为你相信自己的想法和判断，不会随波逐流跟随风潮时尚，你相信你自己的品味和爱好更确信你的做人准则和道德尺度。女人，你是如此镇定从容美好，就像一个神。

---

[1] 蓉子：《维娜丽莎组曲》，载乔以钢、林丹娅主编：《女性文学教程》，河北教育出版社2007年版，第144页。

法教义学视域下法典翻译策略研究
——兼论法学教育中法律翻译教学的必要性

付 瑶*

一、引言

法典翻译是法律翻译的一个重要分支,与法典编纂与传播、法律移植与继受,以及比较法研究关系密切。本文关注以近代法典为对象的翻译和再翻译现象和问题,聚焦于《中华人民共和国民法典》英译。我国近代法典翻译显形于清末修律时期,主要是对当时西洋法治国立法的汉译,严重依赖在华外国专家顾问,本土法律翻译人才凤毛麟角。至南京国民政府时期,司法界精英普遍有留学欧美或者日本的背景,能够同时掌握几门外语并熟练使用者并不少见,依赖汉译材料的需求减少。至1930年,《中华民国民法典》颁布实施,以之为框架的民法体系初建,基本实现了近代民法法典化[1](张生,2004),官方汉译外国法典事业也随之落下帷幕(陈颐,2013)。[2]但《中华民国民法典》在很大程度上是迫于内政外交压力描摹西方民法的"理想作品",忽视了本国民生现状与诉求。

---

* 付瑶,副教授、英国班戈大学孔子学院中方院长。
[1] 张生:《中国近代民法法典化研究》(一九〇一至一九四九),中国政法大学出版社,2004年版。
[2] 陈颐:《清末民国时期法典翻译序说》,载《法学》2013年第8期。

《中华人民共和国民法典》是新中国第一部以法典命名的法律，是新中国成立后五次法典编纂之艰辛历程的立法智慧结晶，被誉为"社会生活的百科全书"，亦实现真正意义上的"以法典为框架的回应型民法体系"（张生，2004）之构建。[1]这部民法典以现代汉语书写，汉语版亦为唯一具有法律效力的版本。民法典一经发布，就陆续有官方和民间多个英译版本（包括正式机译版）推出，同时也有德文译本出版，其少数民族文字版的官方出版项目也已经敲定。民法典颁布万众瞩目，其外译策略在此历史时间节点之上，已经与旧中国废除不平等条约和收回法权的官方期冀不可同日而语。法典翻译在当下中国已经逐渐从法律移植的先导与附属转变为以融通不同法律制度和文化为目的的话语体系构建。法教义学是正统的法学研究立场，在其视域下的法典翻译兼具法学研究和法学教育的双重使命，亦当体现大国自信与历史担当。

二、法教义学与翻译的渊源及互动

法教义学建立在法律语言解释之上，关注现行成文法律规范及适用问题，是法学的本体研究。其译名源自德文"Rechtsdogmatik"[2]（舒国滢，1995：353），因此从词源来说作为狭义法学之代名词的法教义学承袭着德国法学的诸多特色。我国台湾地区往往习惯使用"法释义学"这一译名，而大陆学者更倾向于使用"法教义学"和"法阐释学"的说法。从"阐释"出发，法教义学与翻译阐释论一脉相承并且有融通潜势。两者均以对（立法）文本的"确信"或"信任"为前提，通过语言解释、阐释和释义的方法来解决实际问题。

（一）法教义学以对实定法的"确信"为前提

法教义学是德国法学的核心，对中国本土法律解释、法学研究和法学教育亦产生了直接的影响。在笔者有限的阅读范围内发现，目前国内学界对于法教义学的讨论主要集中在如下几个话题：①德国法教义学溯源、释

---

[1] 张生：《中国近代民法法典化研究》（一九〇一至一九四九），中国政法大学出版社2004年版，第206页。
[2] 舒国滢：《战后德国法哲学的发展路向》，载《比较法研究》1995年第4期。

疑、贡献、意义[1]（卜元石，2020；雷磊，2019）；②社科法学与法教义学之论战[2]（徐洁，2019）；③法教义学在部门法和司法过程中的具体应用。另外，还有少量关于法教义学在法学教育和司法考试中作用的探讨（蔡桂生，2009）。[3]法教义学在 20 世纪虽然遭受了前所未有的挑战，但是至今仍是法学中绕不开的核心话题。对其定义难有定论，但笔者认为可以从以下两个方面进行把握：第一个方面，对现行实在法规范及秩序权威的坚定信奉、不加怀疑；第二个方面，在以上前提之下，对现行法律进行法条解释和体系化（王泽鉴，2013）。[4]法教义学在普通法系国家也有讨论，只不过依然无法突破判例体系和"法官造法"的机制束缚，正如英美两国历史上的法典化运动难以功成一样。尽管如此，法教义学强烈的现实和实践导向仍可为融贯不同法系国家法学研究和司法实践提供可行方法和路径。无论是在大陆法系还是普通法系国家，法教义学的讨论起点都是对本国现行法律条文有效性和权威性的"确信"之基础之上，依赖的是法律解释的路径，离开这个基础，法教义学亦将偏离基本方向。

论及法教义学的法律解释传统，最具特色的就是法律评注实践，甚至已经成为德国法学学术之文化风向，"以规范解释为中心、以法律适用为服务对象、信息集成性与时效性强构成了法律评注作为文献类型的独特性"（卜元石，2020）。[5]民法典颁布之后，中国社会科学院法学研究所推出了全 15 册的《民法典评注》。南京大学法典评注研究中心也在民法典颁布之后编写了评注写作指南，以完善评注写作规范。国内民法典评注的一系列努力可视为本土法教义学之最新发展，值得法律翻译学者和实践者密切关注。

---

[1] 卜元石：《法教义学的显性化与作为方法的法教义学》，载《南大法学》2020 年第 1 期；雷磊：《作为科学的法教义学？》，载《比较法研究》2019 年第 6 期。

[2] 徐洁：《以科学之名：中国现代法治建设背景下的社科法学与法教义学》，载《法治社会》2019 年第 1 期。

[3] 蔡桂生：《学术与实务之间——法教义学视野下的司法考试（刑法篇）》，载《北大法律评论》2009 年第 1 期。

[4] 王泽鉴：《人格权法：法释义学、比较法、案例研究》，北京大学出版社 2013 年版。

[5] 卜元石：《德国法律评注文化的特点与成因》，载《南京大学学报（哲学·人文科学·社会科学版）》2020 年第 4 期。

(二) 翻译阐释论对原文的"信任"原则

翻译阐释论（Hermeneutic Approach to Translation）是通过哲学进路研究翻译。从阐释学的角度分析翻译过程最具代表性的是出生于法国的美籍哲学家和比较文学巨匠乔治·斯坦纳（George Steiner，1929—2020），他本人通晓多门语言（母语为德语、英语和法语），博学多闻。斯坦纳提出的翻译四步骤以"信任"（Trust）为起点，进而"渗透"（Penetration），强调对原文"意思（意义）"的调查、搜寻与理解。在斯坦纳看来，这两个步骤具有侵略性和主观性，以及破坏的可能。因此，才有后面的在译文中的吸收（Incorporation）与（破坏）补偿（Restitution）。翻译阐释论一直被列为文学翻译理论，但其作为哲学阐释方法，自然可以与法教义学的立法文本解释建立密切关联和交叉。

中国近代民法体系建构在法律移植和翻译之上，也一直在努力继受和消化大陆法系法典理性主义法治精神内核。诚如我国民法三杰之一梅仲协（1943，1998）先生所言："现行民法（指1930年的民国民法），采德国立法例者，十之六七，瑞士立法例者，十之三四，而法日苏联之成规，亦尝濒取一二……"2020年颁布的《中华人民共和国民法典》在立法过程中必然参考和借鉴不同国家和地域的民法典，其中包含的翻译工作量可见一斑。立法者能够参考的大陆法系英文资料包括：各国优秀民法典英译本、英文民法著述、民事法律评注英文版、英文民事立法规范、判例英译等。英美法系直接以英文书写的民商事相关立法和司法材料也可以为我国民事立法提供直接借鉴，其中包含英美法著述、案例及成文法典。另外，欧盟的英文立法和案例材料也是重要的参考和研究资料。译者在面对这些英文原文时，首先要与之建立"信任"，非信任不可译。"信任"当然也隐含选择机制，英文材料纷繁复杂、良莠不齐，如何甄选鉴别，进而形成体系化翻译机制，是翻译发起机构及译者面临的首要任务。就民法典英译而言，文本权威性决定了译者"信任"值的系数会更高，但也无形中增加了后续各翻译步骤的难度系数。

(三) 法典翻译的三个维度

罗曼·雅各布森（Roman Jakobson，1896—1982）在1959年的《论翻

译的语言学问题》中将翻译分为语际（Interlingual）、语内（Intralingual）和符际（Inter-semiotic）三个维度。我国民法典英译和德译本，以及今年即将在云南省陆续出版的少数民族文字版均为语际翻译。语内翻译主要指同一语言体系内使用不同语言符号的转化。例如，我国民法典颁布之后，法律职业共同体成员纷纷承担起"宣讲"和解读民法典的职责，民法典走进校园、走进社区、走进农村和偏远山区。律师、法官和司法工作者在普及民法典的过程中可能面对不同的人群，当然也要使用不同的语言。例如，法官到小学生中间进行宣讲，要使用儿童易懂的浅显语言，而司法工作者到偏远地区宣讲民法典，就有必要使用这一地区的方言来解读民法典。这些都是法典语内翻译的例子。符际翻译是语言符号与非语言符号之间的转化。例如，西南政法大学"民法典百人宣讲团"在民法典颁布之后特别针对听障人士开展民法典宣讲义务服务，特邀聋哑学校的手语老师进行现场翻译。手语翻译（Sign Language Interpreting）在翻译研究中经常归入口译研究（Interpreting Studies）的类别。其英译名中体现了手语翻译与口译的关联性，也可以发现其与普通翻译研究（Translation Studies）的异质特点。这种异质主要体现在文字语言符号与非文字语言符号的区别与转化中。另外，民法典宣讲和传播过程中利用宣传画及多种视频音频结合的方式呈现法典条文和内容，也可以说是符际翻译的一个例子。

值得一提的是，汉语拼音注释在立法文本和法典域外传播中发挥的作用不可小觑，可视为语内翻译和符际翻译的混合类型。2001年正式实施的《中华人民共和国国家通用语言文字法》正式确立了汉语拼音方案的法律地位，其中第18条规定，"国家通用语言文字以《汉语拼音方案》作为拼写和注音工具。《汉语拼音方案》是中国人名、地名和中文文献罗马字母拼写法的统一规范，并用于汉字不便或不能适用的领域……"译者在翻译工作中经常遇到拼音注释的情况，习以为常，容易忽视拼音作为翻译手段的重要功能。但是对于域外读者来说，汉语拼音方案中使用的罗马字母比起方块汉字来说更熟悉，拼音注释可以作为他们汉语入门的一个便利通道。笔者查阅范围内民法（典）英译各个版本中也有国外译者翻译的"中

英文加汉语拼音对照"译本，示例如下（Conk，2005）：[1]

第七条 有关侵权行为的内容、责任方式、免责事由等，产品质量法、环境保护法等法律另有规定的，依照其规定。

Dì qī tiáo. Yǒuguān qīnquán xíngwéi de nèiróng, zérèn fāngshì、miǎnzé shìyóu děng, chǎnpǐn zhìliàng fǎ、huánjìng bǎohù fǎ děng fǎlǜ lìngyǒu guīdìng de, yīzhào qí guīdìng.

Article 7. Regarding issues such as standards for defining tortious conduct, ways of imposing liability, and legal defenses, etc., if laws such as the Product Quality Law and the Environmental Protection Law contain specific requirements, then those requirements shall govern.

中文读者可能感觉拼音多余，但是从目标语（英语）世界普通读者来说，方形汉字正是通过罗马字母拼音注释这一桥梁走入异域国度，让目标语读者逐渐了解、理解和使用汉语。

综上所述，法典翻译在语际、语内和符际三个维度之上都有成例，亦可以从法教义学的角度分别对应各种法律解释之实践行为。对"翻译"过程的描述和解读不能局限在基于具体语言对（例如汉语—英语）即"语际"之间的框架内进行。换句话说，"语内"和"符际"维度下的讨论也许更能帮助揭示翻译之本质与功能。这一点从三个维度之下的"法典翻译"现象中均有反映。法教义学的法解释和法规范理念和方法可以对各种类型的法典翻译进行体系化指引，保障法典翻译直接服务于法典解释和司法现实需求。

三、策略抉择——从"为生产译文而译"到"为法学研究而译"

法典翻译策略的选择涉及翻译发起机构和译者两个主体。对于民法典

---

[1] Conk, George W. (trans.), "The People's Republic of China Civil Code (Draft-Dec. 17, 2002) Chapter 8: Tort Liability Law", *Private Law Review*, Beijing: Peking University Press, 2005, p. 2.

英译而言，全国人大常委会法工委确立了常设工作机构专门负责法律翻译审定工作，配备专职负责人及固定成员。法律翻译专业团队，与法律专家、高校法律翻译教师和涉外法律人士积极互动，形成合力恰好对应法教义学在法学研究和法学教育两个领域的功能。

译者到底为何而译？看似一个简单的问题却没有简单的答案。法律译者往往处于"隐身"境地，职业伦理似乎更倾向于译者"自抑"（self-restraint）。在法教义学的视野内，法律译者可以发挥其在法学研究中的优势，服务法律职业共同体的现实需求。为达成此目标，翻译发起机构在宏观策略选择上需要统揽大局，而译者（团队）在具体操作层面对其意图和策略进行实施。译者的法学研究转向并不意味着其翻译终极目的和价值的转向，而是翻译策略的抉择和意识觉醒，客观效果必将是译文质量的提高和可读性的增强。至于读者如何使用译文和从译文中发现何种意义，并不是译者和翻译发起机构单方可以操控的。正如有学者借用传播学中的"有限效果理论"对译文接受做出的客观论断："传播的效果是强化而非改变"（吴苌弘、陈立群，2020：76）。[1]

宏观而论，法典翻译策略纵向涉及翻译发起机构和译者两个主体，横向贯穿译前、译中和译后三个阶段，微观层面归纳为：多语法典（法律）平行文本对照及梳理、"译者注"助力法律评注，以及跟踪译文使用和通过回译提升翻译质效。此外，翻译技术的普及亦对法典翻译过程产生积极影响，需要译者和翻译发起机构以技术为导向适当调整翻译策略。

（一）多语平行文本对照及梳理

从法教义学的比较法视角出发，民法典英译准备阶段必然需要参照世界各国优秀法典原文及英译本。从大陆法系和普通法系（法典化运动）两条线索出发，整理如下：

---

[1] 吴苌弘、陈立群：《吴经熊的法学翻译实践对当代中国法学外译的启示》，载《上海翻译》2020年第5期。

表 1

1808 年路易斯安那州民法典 1822 年佐治亚州民法典 1823 年阿拉巴马州民法典 1825 年路易斯安那州民法典 美国西部 5 州（加利福尼亚、北达科他州、南达科他州、爱达荷、蒙大拿）民法典 1952 年美国统一商法典 1866 年（加拿大）魁北克民法典 2020 年波多黎各民法典 2009 年欧盟共同参考框架（DCFR） ……	1803 年法国民法典 1817 年奥地利民法典 1831 年巴西民法典 1866 年意大利民法典 1889 年西班牙民法典 1898 年日本新民法典 1900 年德国民法典 1912 年瑞士民法典 1922 年俄罗斯联邦民法典 1930 年中华民国民法 2004 年乌克兰民法典 ……

从法教义学视角出发，需要注意的是：

（1）现行有效法典与法典修订历史上各版本的区分。

（2）与我国民法典编纂渊源比较深的德国、法国、瑞士和日本民法典为重点。

（3）普通法国家形式性民法典与大陆法系国家实质性民法典的区分。

表 1 中列举的民法（典）文本并不能展现世界各国民事法律体系构建的全貌，但是对于民法典译者来说是精挑细选颇有价值的参考。如遇民法概念英文表述问题，可以重点参考左侧一列，因为这些民法典大多是以英文作为原文书写（包括 DCFR）。如遇民法术语渊源或多种近义译文无法确定之疑惑可重点参考右侧一列，以民法典经典之作的《法国民法典》和《德国民法典》原文或者英译本作为互文借鉴。

特别值得一提的是首次将 1900 年《德国民法典》全文译介到英语世界的王宠惠先生（1881—1958）。他以一己之力将《德国民法典》直接从德文原文翻译成英文在美国出版，并成为美国法学院一个世纪以来的指定教材（张生，2009）。[1] 作为法典译者，王宠惠先生是真正践行了法教义学的法学研究精髓与实质内涵。

---

[1] 张生：《王宠惠与中国法律近代化——一个知识社会学的分析》，载《比较法研究》2009 年第 3 期。

(二)"译者注"助力法律评注与法学研究

法典译者之所以"隐身",是因为一般我们所见的法典译本都是对法典原文的全译,格式体例上也严格与原文对照,译者主体性似乎无从谈起。时至今日,当机器翻译的法典译文和人工翻译的译文摆在眼前时,一般读者还是很难分辨。事实上,在国内众多民法典英译本中也有完全机器翻译的"译文作品",而且在一字不改的情况下直接推送给涉外律师群体,翻译质量和效率受到好评。可见"为生产译文而译"的译者发展空间已经受到挤压,译者有必要也有能力进行转型。

作为英译本的参考,中德法学团队联合推出的我国民法典德文译本处处可见正统法教义学的浸染。正文中均加入脚注,提示读者新旧法律规定异同,对修订或新增条款缘由给出诠释。译者主体性得到了充分发挥,目的是德文读者准确了解中国民法典条文与精髓,方便研究者以译者注为参照进行法律检索。上文提及的王宠惠先生英译德国民法典译文中同样增加译者注(脚注方式)以及对德国法律史的简介和附录。王宠惠版《德国民法典》的英译本可视为一种法教义学意义上的学术研究过程,译者本身母语为中文,但德文和英语造诣极深,加上其留学美国和游学欧洲的法科背景,无疑成为民法典的"理想型译者"。

作为翻译策略的法典译者注可以借鉴成熟繁荣的德国法律评注文化传统。但是译者注与法律评注仍为两类差别甚巨的文献类型,编写方式、目的和规范不同,服务对象和读者受众各异。译者注是译者角度出发,伴随翻译过程产生,有记录和注解翻译过程出现的难点和重点的功能,除了法教义学意义之上法学研究功能之外,也是对翻译过程进行研究的第一手实证资料。法典译文呈现也因有无译者注可以分为纯净译文版和译者注版,两种版本各有特色,针对不同目标读者,提供精准有效的译文服务。总体来说,"译者注"版译文对法律评注及法学研究都有助力作用。

(三) 跟踪译文使用和通过回译提升翻译质效

在当今互联网时代,法典译文生成发布往往借助机构官网,受众广泛,更容易收到及时反馈。以民法典英译本为例,在民法典正式生效的前一日,其英译本在全国人大常委会法工委的官方网站公布,随即通过网络和社交平台在民间迅速传播，引起广泛热议。这些现象都说明，民法典英译本得到了大众的关注，而翻译发起机构和译者在译文公布之后应该持续跟踪译文使用，特别是民法典英译本在域外的使用和传播，搜集反馈信息，在合适时机对译文进行修正和补充。

回译策略同样针对译文产出之后。"所谓回译，就是对译文进行再次翻译，把自己或别人的译文翻回原文，这种翻译方法在英语里被称为 back translation"（贺显斌，2002：45）。[1]在此定义中，回译被视为翻译方法，而在具体法典翻译的语境下，笔者将其列为翻译策略之一，是基于回译对立法文本译文质量检验与提升的特殊价值而言。在法教义学的传统中法律解释至关重要。法典英译本可视为法典原文的一种异语解释，将译文再次翻译回源语言而生成的版本肯定与法典原文有差别，而这些差别之处正是译者应该特别注意之处，往往也是译文中前后矛盾、词义不明、重复或者漏洞之处。

随着机器翻译技术的迭代和普及，译者运用回译策略发现和解决翻译问题的时候可以考虑利用机器翻译进行译文的回译，对多个版本的原文和译文进行比对，以期对译文进行修正和完善。这就涉及翻译技术融入翻译过程的问题。"法律翻译的机器翻译技术应用必须依托法律翻译专家、学者以及法律实务工作者的智慧与能力"（张法连，2020：58）。[2]除了主要针对普通用户的机器翻译之外，计算机辅助翻译软件主要针对专业译员而开发。译者可以通过机辅翻译软件中强大的记忆库和术语库功能，辅助平行文本查阅和译者注的编写。翻译技术固然强大而势不可挡，但其使用务必"以人为本"，以译员自觉自发为前提，避免增加译员的额外负担和工作量。最后，翻译发起机构应保障法典译者的待遇，"仓廪实则知礼节，衣食足则知荣辱"，对于这句古语，清末修律主事沈家本先生在网罗法律翻译人才时体会最深，不惜在修订法律馆采用薪资倾斜（甚至薪俸倒挂）作为激励的办法，使一线法律译者能够安心翻译细事，助力法律馆的

---

[1] 贺显斌：《回译的类型、特点与运用方法》，载《中国科技翻译》2002 年第 4 期。
[2] 张法连：《法律翻译中的机器翻译技术刍议》，载《外语电化教学》2020 年第 1 期。

事业。

四、法学教育中法律翻译教学的必要性

法教义学在法学教育中的地位举足轻重，特别是在中国和德国这样的大陆法系国家。本土法教义学的现实价值之一就是形成法律社会共识与现实价值体系，寻找中国当代政治-法律-道德的体系化，并对这种现实中的体系化正当性进行释义。法科大学作为法学教育的主战场和试验场可以肩负起法律体系融贯的重任，具体体现在中国与西方世界法律体系的融贯，以及中国国内不同地域和民族之间的法律与习惯的融贯，而法律翻译教学（语际、语内及符际）的作用不言而喻。

在法律翻译教学中法律英语（包括但不仅限于英美法）可以起到"知识枢纽"的作用，在我国法学教育中已经有较牢固的受众基础。正因中国是大陆法系国家，法学教育中更缺少的是对英美法这个参照系的精髓与司法实践的理解和借鉴。上文表1左栏列出的大多是普通法系国家的"民法典"（或法典化立法汇编），可以作为法律翻译教学的入门材料。教学实践中还应补充美国联邦最高法院的经典案例及判决（landmark cases of the Supreme Court of the United States）作为高阶阅读材料。此外，欧盟立法文本（英文起草）相关的法律翻译研习也同样具有法教义学之现实意义。虽然英国已经脱欧，但英语作为欧盟及其各职能部门工作语言的现状不会改变，而且欧盟立法使用的英语和英国国内的英语也存在差异。根据欧盟官方数字，在2013年80%的欧盟内部法律文本是以英文为第一语言起草的，而后是法语和德语。而1997年英语和法语作为立法文本第一起草语言平分秋色。可见英语在欧盟立法语言中的独大地位已经不可撼动。最后，法律翻译教学应鼓励使用多语平行文本对照的教学方法，以法律英语为枢纽，多语种（德语、法语、日语、西语等）翻译教学视学生国别区域背景及母语和外语能力循序展开。以上教学方式须以当前法学教育现实需求为导向，形成法教义学理念为指导的法律翻译教学课程体系，将其与现有法学教学体系中的相关课程（比较法、外国法律制度、美国宪法、民法等）进行深度融合，并适当增加翻译实践（口译和笔译）的比重。

五、结语

中国具有长久的法典编纂传统。但是现代意义上的民法典编纂及翻译（包括少数民族语言文字译本）仍需在摸索中前行，亟须方法论的指导和具体操作规范。法教义学历史悠久，是传统法学的思想内核，也经受了时间的考验，贯穿法学研究、司法适用和法学教育各个领域。虽然至今对其概念、适用和价值仍存争议，甚至引发论战，但概念的模糊并不能掩盖法教义学之"道统"地位，亦不妨碍其作为法典翻译的理论指导及现实路径选择参照的可行性。在法教义学视域下的法典译本并不是终极目的与价值。任何专业性和学术性翻译的价值更多是在为后继者和研究者减轻翻译带来的额外负担，也可以说是"为他人作嫁衣裳"。本文无意对目前民法典的各种译本进行评价与对照，因为任何一个已经可见的版本背后都有发布机构和译者（团队）的艰辛付出与专业考量，是一系列翻译策略作用后的结果，并成为客观存在。伴随一部法典的颁布、适用与修订，法典翻译也必然是一个动态过程，策略相关的探讨不会停滞，只会更加科学、理性和深入。受篇幅和笔者阅读深度所限，本文在诸多有趣且发人深思的细节之处未及展开（法典语内及符际翻译、回译及翻译技术等），可作为进一步研究之起点。笔者有幸从事法律翻译实践与教学工作，同时作为法典翻译事业的参与者，感受到更多的是大国自信与历史使命。

电影字幕翻译课堂教学中的重点和难点
——以电影《梅兰芳》字幕为例

刘建波[*]

一、引言

近些年来，中国电影向海外市场频频进军，在各大国际电影节上亦屡屡崭露头角。陈凯歌力作《梅兰芳》就是这样一部典型作品。且不论该片斩获了多少奖项、好评抑或责骂，它无疑是一部汇聚了众多中国元素、展现中华艺术精粹的力作，可谓是中国文化和元素的视觉盛宴。而如何能让西方观众全方位地理解、认可并接受我们的文化是翻译人员所面临的重任。仅从作品字幕翻译这一角度来看，《梅兰芳》这部电影所承担的中华文化传递功能是成功的。

本文基于课堂教学实践，同时结合纽马克"关联翻译法"以及通过和机器翻译对比的多重角度研究《梅兰芳》的字幕翻译，力求让学生掌握字幕翻译中值得借鉴之处，并总结出在电影字幕翻译实践中的一些基本原则和常用技巧。

二、电影字幕的特征及翻译难点

字幕翻译教学首要的是让学生知悉电影字幕的特征。电影的

---

[*] 刘建波，中国政法大学外国语学院副教授。

字幕（subtitle）指的是在电影屏幕下方或其上方显示的文本信息，一般用于显示电影中人物对话、背景说明或其他重要信息。电影字幕能够在瞬间帮助观众更好地理解电影中的情节、场景和人物关系。除此之外，电影字幕还用来进行语种翻译或者为简体与繁体字之间的转换进行服务，从而满足不同地区、不同民族或不同语言习惯的观众所需。它也是"用来指翻译电影、电视等大众音像交际类型时使用的两种方式转换的术语，包括语内字幕与语际字幕两种"。[1]没有字幕的助力，一部电影很难实现世界范围的推广。电影字幕通常所分有两种形式，即语内字幕（intra-lingual subtitles）和语际字幕（inter-lingual subtitles）。[2]前者指的在同一屏幕上呈现出的音频或视频剪辑的同一种语言字幕，与传统的外部字幕不同，它们通常不会嵌入图像中，而是会显示在视频或音频的底部，或者以其他方式融合到媒体中。语内字幕可用于许多不同的目的，但是其主要目的是为提高听力障碍者或非本族语人士的在观看影片时的可理解性，还可以为人工翻译和语音识别提供服务等。后者则是指在不同语言之间进行翻译的字幕，这种语际字幕一般会显示在视频或音频中，以帮助观众可以更好的理解不同语言之间的会话所需。并且，语际字幕可以通过手动创建、自动翻译或人工翻译等不同手段和方式快速制作完成。因为语际字幕主要用于跨语言交流，因此在运用手动创建语际字幕时，制作者需要了解源语言和目标语言以及两种语言之间的文化差异。因此，影视字幕研究学者或翻译人员的研究对象一般都是指语际字幕，而对于知名影视剧作，字幕制作单位一般都会邀请专门从事该领域的翻译人员来完成这项任务。

在字幕翻译教学过程中，除了让学生了解影视语际字幕所具备的上述特性外，还应着重分析译者在翻译时会受到哪些方面的限制或束缚。为此，课堂教学中，翻译课教师应该让师生知悉翻译时不得不在两种语言之间适度妥协，做出调整，最终在源语言向目标语言转化中寻求平衡。

（一）时空限制

字幕翻译教学首先要让学生区别一般文本和字幕文本的区别：一般文

---

[1] 杨士焯：《彼得·纽马克翻译新观念概述》，载《中国翻译》1998年第1期。
[2] 杨洋：《电影字幕翻译述评》，载《西南交通大学学报（社会科学版）》2006年第4期。

本翻译的目标是力求源语言和目标语言的一致性和对等性，在此基础上努力使目标语言变得更为通顺和流畅，并最终达到精炼和优美，这就是多年来翻译界所公认的"信达雅"原则；而电影字幕的翻译，也就是上述语际字幕的翻译，除了保证源语言和目标语言的一致性和对等性之外，还需要保证译文和视频中人物角色口型的一致、语言、动作和视频的同步以及观众在视觉效果方面瞬间实现可读性等。并且，影视作品"对白都是转瞬即逝的，而字幕的出现更是与对白同步，一句话随着人物的语言、表情、动作，通常在屏幕上出现短短几秒钟就消失了，如果观众不理解或没看清也只好放弃，否则会影响到对后续对白的接收"。[1] 鉴于字幕信息转瞬即逝，不像文本翻译可以通过脚注、尾注、括号等作进一步解释和说明，也没有文本翻译上下文背景的照应特性。因此，影视字幕的翻译存在明显的时空特性。

（二）文化差异

翻译从表面形式上来看仅仅是不同语种之间的转换，但实际上却涉及很多文化方面的内容，可以称得上是一种跨越语言之上的文化交流和沟通。也就是说，影视字幕翻译除了在单词、句式和语法方面实现语种的相互转化外，还是"文化传递的重要媒介，主要通过其字幕、声音和语言，向人们传递文化信息[2]"还需要综合考虑文化、习惯用语、象征意义等方面的差异。译者既需要将文化方面具有特殊性的词汇和习语翻译为目标语言相近似的意思，以使读者能够深刻了解影视字幕背后所反映的文化内涵；还需要给予简单明了的解释从而避免源语言译为目标语言后有可能引起误解的文化特性。影视剧台词中的文化翻译和传递既取决于两种语言文化本身，又取决于观众本身。翻译时既需要尽可能准确地反映源语言中所包含的文化（这样可能会造成目标语言国家的观众不理解或疑惑），同时又需要结合目标语言，平衡不同方面，反复权衡来制定适合目标语言观众理解和接受的翻译策略。因此，在某些情况下，两种语言之间不可避免的

---

[1] 席文茹：《功能对等理论关照下的影视字幕翻译——以美剧〈生活大爆炸〉为例》，载《太原城市职业技术学院学报》2014年第11期。

[2] 任华妮：《浅谈汉语电影字幕翻译的异化之路》，载《名作欣赏》2015年第30期。

产生了不对等。

(三) 交际性

字幕翻译教学中还应该注意它的交际性。交际性指的是语言背景、文化、社会环境和人际关系等方面对交流产生的影响和作用。电影字幕具有很强的交际特性，这是因为影视作品中的故事情节、人物关系以及主题内容都需要通过视觉语言和听觉语言进行表达，影视作品中的对话以及角色之间的交际互动是塑造人物性格和讲述故事内容最重要的手段。此外，电影还需要综合人物的行动、表情、画面以及音乐等一起讲述故事内容，展现人物情感，折射出深刻的社会思想。同时，在现代社会中，影视作品流传性很广，具有极大的观众群体。因此，电影字幕的翻译不仅需要考虑到角色之间的情感状态、社会文化背景和个性特点等因素，更需要注意交际方式、语气、语调等方面的细节，从而使字幕翻译符合角色之间的交流，符合现实情境和真实生活。

从电影字幕本身所有的鲜明特点，要让学生明晰字幕翻译绝非易事，一定有别于其他类型的文本。目前，字幕翻译已成为翻译领域的一个专门方向，和商务英语、法律英语、医学英语等一样，都属于实用英语的范畴。国内外的翻译公司都开始雇佣专门的字幕翻译人员而非一般翻译人员来处理影视剧中的文字翻译任务。像 Netflix 和 Amazon Prime Video 这样的视频流媒体服务公司，已经开始招聘专业字幕翻译人员，并且在进行字幕翻译之前还需要接受一定时长的培训和严格测试，这就证明字幕翻译有别于一般的文本翻译，并且具有很大的难度和极高的要求。

首先，要让学生知道字幕翻译应力争目标文本信息传达最大化，力求将影视源文本所要表达的东西最大限度地传递给观众。这不仅是字幕翻译的基本原则，更是所有翻译应该恪守的底线。

其次，学生应该注意字幕的时空特性要求译者需要根据剧中角色的语速、用词、环境，同时结合角色行为动作和画面颜色、空间等，适当调整目标语言用词的长度，以便两种语言在转化后能够实现语言和角色人物协调一致。

再次，考虑到字幕这种文本的交际性功能，要让翻译专业学生明白翻译时应注重目标文本最易理解化和通俗化。因此，作为译者应选择简单易懂的语言风格，使用通俗易懂的词汇和语法，以增强观众的瞬间理解和快速记忆。

最后，译者必须了解源文本中所使用的文化元素，包括政治、历史、传统、习俗、宗教等。并且在翻译过程中努力将这些元素和目标语言之间的文化和社会环境相结合，避免直译，使用目标语言中更自然的表达方式来传达原始文本中的信息，这样可以确保将正确的含义转移到目标语言。

三、字幕翻译的研究现状

字幕翻译课堂教学中，还应让学生详悉国内外对字幕翻译研究的现状。字幕翻译实践自建国初期就已开始起步，但是对字幕翻译的学术研究历史并不久远，最早的学术论文出现在 20 世纪 90 年代，自此之后该领域的研究如雨后春笋般蓬勃发展。

早期的字幕翻译研究主要集中在字幕翻译的基本原则和基本规范方面，重点关注字幕翻译的准确性和优美性，这种学术研究主要是针对翻译实践中的谬误提出解决策略，"大多是借用传统语言学或翻译学的理论，对字幕翻译的讨论比较零散，且多是个案研究，同质化倾向较重，亟须提高学科性理论和研究方法"。[1] 而后，这一阶段的字幕研究还集中在字幕转换时的文化差异。这是因为作为影视作品，影像媒介通常涵盖了特定文化的语言和习俗，因此翻译者需要了解源语言和目标语言之间文化方面的区别，并尝试制定应对这些差异的最佳解决方法。

第二个阶段的字幕翻译研究更多的是翻译理论的应用，这一领域的研究涵盖了不少翻译理论，研究角度也出现多样化的趋势，其中针对字幕翻译时的语篇理论、对等原则、目的论、贯通理论以及行为理论等方面研究颇多。在这一阶段，字幕翻译研究除了各种翻译策略外，还包括了分析语言学、音乐和绘画等方面的元素，力求通过理论研究为不同受众群体之间

---

[1] 林娜、席纪新：《视听翻译的理论体系及话题拓展——〈视听翻译：理论、方法与话题〉评介》，载《中国科技翻译》2016 年第 2 期。

制定最佳的翻译策略。

现阶段的字幕翻译研究重点关注的是技术工具的使用，这是因为翻译越来越依赖计算机技术，这促使字幕翻译研究进入了科技时代。随着互联网技术的飞速发展，人工智能也日臻完善。近期字幕翻译的关注点都是其技术如何准确地传达源文本含义、如何提高翻译效率以及如何应用最新技术等。其结果是，机器翻译技术已经可以部分或大部分取代人工翻译工作。例如，机器翻译就是使用计算机软件和算法自动地将一种语言的文本转换成另一种语言文本，这种翻译技术一般利用神经机器翻译，并且基于神经网络模型来处理源语言和目标语言之间的对应关系。但是，机器翻译不能代替人工翻译，仍然需要人工编辑校对和后期处理来确保翻译的质量。再比如，在线翻译技术是通过连接互联网，将一种语言自动转变为另一种语言。这种技术基于计算机技术，通过云计算形式实现翻译服务，它的优劣取决于数据库、词语库以及互联网搜索知识库的完备性等。由于机器翻译仍存在很多缺陷和不足，如无法完美识别英语词汇的褒义和贬义、英语词语的表面意思和深层意思、一词多义以及上下文错误等问题，因此它注定只能作为辅助工具，而不能完全替代人工翻译。因此，在这一阶段，技术工具和翻译软件成为实现质量和效率的一个重要因素。

我们不难发现，以上对电影字幕翻译的研究角度存在共同特点：它们多注重翻译的可接受性，以及影响翻译效果的各种因素，力求从最便捷途径到达目的语观众。很显然，这是符合前文提到的字幕翻译基本原则的。然而，值得引起翻译人员和翻译研究学者重视的一点是，对于富含中国文化和艺术色彩的国产电影，除了让西方观众理解并欣赏电影所传达的基本故事情节外，它还肩负着传播中国文化、讲好中国故事的责任。并且电影这种视频媒体可以更为直接地加强国家形象的宣传和塑造，提升国家软实力和国际影响力。所以影视翻译的研究有必要将关注点引向文化传播这一层面，这无疑也会加大其自身的意义。

四、翻译关联法

翻译教学中除了注重翻译实践训练，还应让学生掌握或一定程度了解国内外的翻译理论知识。其中，翻译关联法与影视翻译实践的对应程度极高，值得学生了解并用来分析翻译文本。

英国当代翻译家与翻译理论家彼得·纽马克，一向以短小精悍的理论学说著称。国内援引纽马克翻译理论的不在少数，足见其受重视程度不容小觑。其中，他率先提出的语义翻译（semantic translation）与交际翻译（communicative translation）在20世纪末受到学界的关注最多，而这也是纽马克本人早期最负盛名的翻译理论。语义翻译重点是关注文本间的语义或意义转化，它旨在有效地传达源语言和目标语言之间完整的信息。他指出必须将源语言中的词汇、短语和句子的意义精确地转换为目标语言中具有相同意义的对应物。而交际翻译理论是指将源语言内容转化为目标语言的行为，同时在不同文化间进行有效交流和转换。这两种翻译理论是其多年从事英德和英法翻译实践所得出的，但其基本原则还是没有离开翻译的传统二分法（即直译和意译）。后为避免被人误解，同时为了更好地服务翻译实践，纽马克对语义翻译与交际翻译重新审视后提出一个新的翻译概念——"翻译关联法"（a correlative approach to translation）。其完整表述为：原作或译出语文本的语言越重要，就越要紧贴原文翻译。（The more important the language of the original or source language text is, the more closely it should be translated.）[1] 纽马克指出这个翻译关联法并不排斥语义翻译和交际翻译，它强调在进行翻译过程中，根据上下文和语境来理解原文词句的含义，并根据翻译目标语言的语法和表达习惯，选用最合适的翻译方式。翻译关联法具体包括词义关联、上下文关联、类比关联、原则关联和国情关联。因此，翻译专业的学生应该明白：翻译关联法主要应用于涉及复杂语言结构和文化差异无法翻译时，它远比之前的语义翻译和交际翻译理论更为全面和完善。

五、电影《梅兰芳》的字幕翻译

在课堂教学中，还应给予学生大量生动、形象化的字幕翻译实践脚本

---

[1] 钱绍昌：《影视翻译——翻译园地中愈来愈重要的领域》，载《中国翻译》2000年第1期。

作为参照。本文所选的字幕为电影《梅兰芳》片段，该电影以人物传记的形式勾勒出京剧表演艺术家梅兰芳的传奇人生。影片留给人们最深刻的印象莫过于京剧这一艺术国粹的精彩呈现，以及从角色身上所展现的中国文化与精神风貌。如何将这一艺术形式清楚地展现给西方观众，字幕翻译无疑扮演着重要角色。《梅兰芳》字幕翻译的成功之处就在于它出色完成了字幕在语言转换的基本任务，并且还形象地介绍了京剧艺术，实现了字幕和角色的言行一致，画面、音乐和动作的协调。下面我们将通过纽马克的"翻译关联法"具体分析其翻译策略及其遵循的原则，并且指出现阶段机器翻译的问题所在。

在翻译课堂中，教师根据"翻译关联法"，首先需要将字幕语言系统归类并分出主次轻重。那么在本片中，重要程度由何决定呢？这理所应当是由电影所要表达的主题而定。以此为基准，笔者将电影中的字幕分为两类：一类是直接关系到主题表达的语言，一类是只起推动情节发展，与主题联系不紧密的语言。为便于讨论，本文将前者称为"重要字幕语言"，后者称为"次要字幕语言"。

（一）重要字幕语言的翻译

在翻译课堂，教师应重点介绍重要字幕语言的翻译。《梅兰芳》的英文片名为"Forever Enthralled"，其字面意思是"永远痴迷"或"一生情迷"。作为专有名词中的人名，在翻译界采用音译法较为普遍，这是因为通过音译可以保留源语言的发音和语音特点，从而减少视听障碍，易于理解，同时又能保证角色双语之间的口型一致性。但是该片却未采纳音译法直接将片名翻译为人名，其原因是：首先，梅兰芳作为京剧界的名人在国内家喻户晓，而在国外却并未有广泛的知名度。在这种情况下若采用音译法翻译电影名称则不能成功地捕获观众的心理，无法满足商业功能，不能产生预期的商业利润。毕竟作为电影，其字幕英汉文本的风格需要和品牌形象相匹配，其商业功能是"看懂产品信息，了解公司理念并能欣然接受,并产生购买该产品的愿望"〔1〕。其次,音译主要是为了追求两种语言之间发音的相似性,但却无法向观众传达出深层的文化意义和丰富的情感内涵,难以更好地理解或欣赏影片所传达的深层寓意。这也是纽马克在后期淡化其早期的语义翻译和交际翻译理论,转而推广和宣扬其翻译关联法之所在。

根据纽马克的翻译关联法,课堂教学中要强调学生对源语言文本进行深入的理解,找出其中的逻辑关系和语义关联,并在翻译过程中紧密保持这些关联,这就要求译者需要具备深厚的语言学知识和文化背景,以及良好的分析能力和判断能力。影片名称不仅仅是电影的命名,还可以让观众知晓电影内容和主题,或者引起观众的无限遐想和情感共鸣。并且,电影名称的翻译与其他任何体裁的翻译是不一样的。它不仅需要译者有扎实的语言功底,更需要文化层面的深刻理解。〔2〕因此,简明扼要而又富有吸引力的翻译既可以吸引更多的观众,还可以提高电影的票房。该片名改由意译,根据剧中情节定名为"Forever Enthralled"。这对仅看到海报宣传而未走进影院的观众而言充满了无限的遐想,这种痴狂,以至无法自拔,是对爱情、对舞台还是对其他?这一画龙点睛的片名翻译激发了观众的好奇之心,既推动了电影的营销,又让中华传统艺术中的京剧潜移默化中步入了西方人的精神世界。统观影片我们可以发现,与主题息息相关的语言主要是解释说明京剧这一艺术形式的字幕,以及某些表达影片主题的唱词。它们的翻译须做到纽马克所说的"紧贴",也就是相互关联。针对本片,字幕翻译应当尊重原语文化,更加强调影片所传递的信息内容,必要时还会出现超额翻译。由此看来,该类翻译更符合于纽马克的"语义翻译"。此外,他提出的"关联翻译法"的初衷是旨在缓和"意译"和"直译"之间的冲突,而非将两者对立。

在课堂教学中,让学生自己携带的笔记本电脑,安装相应的搜索和辅

---

〔1〕 钱绍昌:《影视翻译——翻译园地中愈来愈重要的领域》,载《中国翻译》2000年第1期。

〔2〕 金媛媛、龙璐:《浅析英文电影名称的翻译原则与技巧》,载《海外英语》2020年第22期。

助软件，并且对比理论指导下的译本和机器翻译可知：而基于计算机模式下的机器翻译却不能将字幕中的文化、语言、情感等方方面面进行融合，更无法进行创造，只能依赖其强大的搜索和计算能力。所以机器翻译无法实现意译，只能机械地将片名音译为拼音。

下面结合电影具体字幕翻译进行讨论。

例1. 为什么京戏里这扮相？
Why does makeup in Peking Opera?（电影版）
Why is this appearance in Beijing Opera?（机器版）
都得把脸绷起来？
Make facial expressions so rigid?（电影版）
Have to keep a straight face?（机器版）
那是得管着你脸上的表情。
It is to suppress the expression of emotion.（电影版）
That depends on the look on your face.（机器版）

这三句汉语字幕是影片中人物邱如白针对京剧所作演讲中的节选，对于观众了解京剧这一艺术形式起着至关重要的作用。根据纽马克的"翻译关联法"可知，这三句汉语字幕决定了对京剧的理解程度，因此这三句属于重要的文本信息。因此，课堂讲解中，应该重点启迪学生在字幕翻译时应当力求"紧贴"这三句的意思，甚至包括这三句中的每个标点符号、词素、汉字，等等。电影版字幕翻译准确表达出了原文的意思，尤其是一些关键词语，如"绷起来""管着"等都根据上下文作了细心的处理，目的就是让西方观众能够对我们的国粹了解得更加透彻，更加细致入微。

同时，鼓励学生运用自己手中各种电脑软件进行机器试译。通过比较会发现，机器版的翻译却稍显机械。"扮相"一词机器版用了较长的"appearance"明显不如"makeup"简洁和通俗，前者是指外在的长相和样子，后者则和京剧"扮相"更为贴近。并且该句机器版翻译用了较长的句式，这就使得角色人物的口型难以和画面、字幕达到一致；"连蹦起来"若按照机器版的"a straight face"则会引起歧义，到底是"面无表情"，还是

"一本正经",抑或是"不露笑容的脸"?因此,一味地追求速度而选择机器翻译是不可取的,而借助于机器翻译,辅以人工思考和翻译理论入脑则能够让译文更为贴切,能够让文本的衔接和连贯更为顺畅。

当然,有时候超额翻译的出现也是在所难免的。超额翻译顾名思义就是指译文中的信息明显多于源文本所包含的内容。具体如下:

例2. 这旦角往脸上贴片子为什么呀?
Female characters paste locks of hair over their cheeks,Why?(电影版)
Why do you stick a film on your face?(机器版)
是为了不让女人大笑。
It's to stop them from laughing heartily.(电影版)
To keep women from laughing.(机器版)
微笑可以。
A discreet smile is fine.(电影版)
A smile can.(机器版)

"片子"一词是指京剧演员固定头发的卡子,因此在电影版中翻译为"locks of hair",这样一来西方观众就了解了它们在京剧中的功能和作用,符合翻译关联法中源语言理解优先的原则,这一处理也是为了最大限度地减少翻译过程中原文化信息的流失和误解。很明显,在没有上下文背景的情况下,源语言中的"片子"一词意思甚多,简单的译为"film"会让人模棱两可,究竟是指"胶片"还是指"薄膜"?使用"film"一词无法和源语言中"片子"一致,不能准确地传达源语言的文化信息,也无法照顾到西方观众对中国传统的京剧艺术道具的理解力和接受力。此外,对于偏口语、俚语型的字幕,机器翻译能达到基本的正确性,却很难照应到剧中上下情景。例如字幕"微笑可以"在电影中指的是可以"稍微做出一点点高兴的表情"。机器版译文仅仅使用了微笑(smile),没有照顾到剧中情景,而电影版中加了"discreet"一词则体现这种微笑是为了避免尴尬而展示出来的、较为勉强的一种情感表达。

教学过程中,还应告诉学生,影片中大量精心挑选的京剧唱段,也是不可忽视的重要字幕语言。部分唱段的主题看似随意安排或仅作为背景衬托，实则是片中人物角色命运的真实写照，是京剧精神的完美体现。翻译时也同样需要慎重，综合考虑孰轻孰重。当然字幕翻译还必须照顾到字幕本身的时空局限性，因而对这些重要字幕的翻译关键是要翻译出揭示主题的核心语言内容。例如：

例 3. 质本洁来还洁去。
Pure of essence, pure they stay.（电影版）
Quality comes and goes.（机器版）
不教污淖陷渠沟。
Into dirt they must not fall.（电影版）
Do not teach dirt to sink into ditches.（机器版）
一朝春尽红颜老。
Spring goes, loveliness fades.（电影版）
Once the spring is over, she is old.（机器版）
花落人亡两不知。
People and flowers are lost to all.（电影版）
The flowers fall and the people die.（机器版）

上述三句汉语字幕是剧中人物的唱词，具有文言文性质特征，汉语文本简洁明了，实际上是对众多梨园戏子们命运归途的真实写照。可以说该唱段字字珠玑，饱含寓意，既折射出人物内心的高贵，又反映了他对当下所处境遇的无奈以及对人生命运黯淡的丝丝哀怨。鉴于源文本的语言特征和丰富的内涵，若仅仅翻译源语言表面的词句，也即使用交际翻译策略是很难传递源文本丰富的情感；而运用语义翻译则能更好表达源文本内容，但是却无法翻译出字幕背后所隐藏的历史背景、风俗习惯和价值观念等。因此，运用"翻译关联法"则能兼顾两者。比如，唱词"质本洁来还洁去"出自清代曹雪芹《葬花吟》，其大意是：花朵干干净净地落下，也希望像高贵的身躯一样，生来干干净净，死时清清白白。电影版的翻译手段属于"翻译关联法"的运用，将其中"质"的内涵包容在"essence"

词里。而机器版却机械地将其翻译为"quality",这就不能诠释出源语言中"身躯、灵魂"这种"质"。而在唱词"一朝春尽红颜老"中,电影版将"红颜"译为"loveliness"(漂亮,容颜),机器翻译只是简单机械地用代词"she"来进行指代。总之,汉语是一种蕴含丰富文化的载体,将其翻译为外文需要综合考虑方方面面,需要最大限度地将汉语文本中的每个字所蕴含的深层文化概念高效地传达给西方观众,以有助于他们领悟中华文化的博大精深。

在结合理论分析前,首先鼓励学生依据翻译实践比较译文优劣。其次,根据纽马克的"翻译关联法",结合前文所述翻译时候需要根据源语言中重要程度的评判为基准来衡量,这句唱词"你让人家失街亭,人家非要游龙戏凤"(you asked for lost battle. but she insists on frolicking dragon)有必要进行"紧贴翻译"。然而我们发现影片中的译文并未如此处理,对于能够产生双关效果的戏名"失街亭"与"游龙戏凤",译文采取了"缩减"这一常用的翻译策略。这主要是考虑到字幕本身的特征,该句字幕中的戏剧名目为次要信息,而非重要背景知识,过多的阐释和太长的翻译会直接影响影片欣赏的视觉效果。因此,采用意译简洁化处理就能成功传递出了该话语所要表达的主旨。倘若字字对译,缺少中国传统戏剧文学背景知识的西方观众反而疑惑不解,很难达其意、领其奥,且英译字幕会显得冗长,甚至有画蛇添足之感。

综上所述,我们可以发现语义翻译和交际翻译都存在明显的不足或片面性,这也是纽马克在后期提出"翻译关联法"的缘由。很多翻译人员在翻译实践中有意无意地运用了这一理论,并且通过上述分析也能看出该理论在字幕语言翻译中发挥了重要作用,但也不能就此草率断定它是这类文本翻译的唯一手段。

由此,课堂教学中应鼓励学生从上述分析中总结出影片在翻译重要字幕语言时所遵循的某些原则。首先,翻译字幕必须最大程度地传达电影所要表达的主要内容。其次,翻译字幕要充分考虑目标语言的表达习惯及目标语言观众的接受能力。再次,字幕译者还有必要考虑文本长度的限制。依据这些原则,我们就不难理解对以下重要字幕语言的翻译处理:"这明摆着教你怎么摆架子"译为"It shows you how to posture",删减了"明摆着";"备爷的战马爷好过关"译为"I'll ride beyond the wall",去除了"备爷的战马";"受了那么大的委屈"译为"they shouldn't have to suffer",与源语言字幕表面意思相比甚至已面目全非,但是仅存其意。

(二)次要字幕语言的翻译

除重要字幕外,翻译教学中还应解释清楚:次要字幕语言并非毫无重要性可言,只是在揭示电影主题方面没有直接得以表现或表现得不够鲜明。事实上,它们在保证影片的连贯性上依然发挥着举足轻重的作用,且占了全片字幕的绝大部分篇幅。基于此,该类字幕翻译会显得更加灵活,更加强调目标语言接受者即观众的情感反应。因此,欠额翻译(under-translation)的现象时常出现,因而这也更符合纽马克的"翻译交际法"理论。顾名思义欠额翻译是指"译文信息量小于原文的不充分翻译,将存在于原文而译文未译出的部分称为欠额翻译"。[1]鉴于次要字幕语言多是一些日常交谈,因此,欠额翻译频繁使用。具体如下例:

例 4. 您请我来。
You invited me here tonight. (电影版)
You asked me to come. (机器版)
这得多大面子。
You've honored me. (电影版)
It's a big shame. (机器版)
哪里哪里。
The honor is ours. (电影版)
There is nothing to pardon. (机器版)

在上述例子中,欠额翻译更适合这种日常对话形式的文本类型。而机器翻译却恰恰相反,这是因为口头语比较随性,包含的意思很宽泛,同一

---

[1] 张立庆:《基于社会语言学"立场"概念的中央文献标题欠额翻译研究》,载《外语研究》2022 年第 5 期。

词语能应用于不同的情况和场景，但是却表达的意思不同。比如"这得多大面子"强调的是"别人给面子"，而机器版却将其译为彻底相反的"耻辱""丢人"，南辕北辙，大错特错。

同时，教学实践中要让学生了解面对交际性较为强的日常用语，为达到特定的翻译效果，通常会使用一些小的翻译策略和方法。然而其目的只有一个，即保证目标语言观众即时、瞬间能够接受影片所表达内容。基于翻译理论的知识，翻译专业学生还应该了解如下的翻译策略：

1. 删减

在确保目标语观众理解剧情的前提下，对冗余信息进行必要的删减是传递最大信息值的有效方式。

例 5. 您得救命啊，救场如救火啊！

You've got to save me! Save my show!（电影版）

You have to help. You have to put out a fire.（机器版）

为了照顾目标语言观众的文化背景，"救场如救火"这一中国式短语只传达出"救场"这一层含义，但并不影响观众对剧情的理解。这充分说明有些表达在某一特定文化背景中是不言而喻、一目了然的。而若机械地转换为另一种文化却会令人费解，即便同一个词语或成语在不同的文化背景下也有着不同的文化含义。对于那些出现在画面或源语言中的，让目的语观众不可理解，甚至感到困惑的内容，如果将其去掉也不影响观众对剧情理解的话，那么这一部分就可以略去。[1] 而机器不具备人的抽象思维功能，不能对信息进行如此复杂的加工，因此仍然按照字面忠实的翻译，殊不知其中的比喻反而翻译成了事实，会让英语世界的观众误解影片内容，最终对电影理解前后矛盾，不知所云。

2. 替代

用目标语中相应的表达来代替原文中的文化特色表达，也是纽马克

---

[1] 吴益民、郑伟红：《论功能对等理论视域下的字幕翻译》，载《河南师范大学学报（哲学社会科学版）》2014 年第 1 期。

"翻译关联法"中所推崇的,更是译者在实践中经常使用的技巧,从而省去了过多解释或加注而造成字幕冗长的麻烦。

例6. 您那位朋友他敢情是个……棒槌。
That friend of yours, he's…a good-for-nothing.(电影版)
Your friend is a…stick.(机器版)

例7. 马屁哄哄,说事儿。
Enough ass-kissing. What's up?(电影版)
Suck up and tell stories.(机器版)

"棒槌""马屁哄哄"这些独具中国特色的语言表达在英译后很自然地被转换成目标语中的近义词语。如此一来,目标语言看起来简洁而流畅,观众理解起来也极为容易。在多数情况下,英汉互译时,原文和译文在词汇等诸多方面都是不对等的,为了使译文更加符合目标语的表达习惯,翻译时就必须进行英语和汉语之间的词类转译。而这类我国独特的借代性词汇表达是绝对不适用于机器翻译的,如"棒槌"一词实际是代指"头脑不够聪明的人",通过这一借代修辞手法可以增强汉语文本的表现力和艺术感染力,而机器翻译只能机械地翻译为一种工具,未能保持源语言中借代所产生的修辞效果。

3. 改编

当"源语言中提到的情况,在目的语言文化中空白"[1]时,可以用改编这一方法来解决。以下就是恰当运用改编的绝佳例子。

例8. 屁股蛋子还是青的,就敢跟您叫板。
Barely out of diapers and already challenging you.(电影版)
I dare to challenge you when my ass is still green.(机器版)

---

[1] 钱绍昌:《影视翻译——翻译园地中愈来愈重要的领域》,载《中国翻译》2000年第1期。

"屁股蛋子还是青的"这句在英语里不能找到和汉语文本完全对应的或一致的语言进行转换,因此该句字幕翻译通过使用改编这一技巧,忽略其表面意思,传达其文字内涵,巧妙地融合了目标语的意思与源语言谐谑、嘲讽的意味,堪称翻译的典范。值得一提的是,机器版的译文虽说做到了一一对应,但目标语言的观众未必能够理解,因此机器翻译可以说是不伦不类,令人费解了。

4. 直译

对于目标语言和源语言字面意思与内涵意义相同或相似的信息均可采用直译法,即"按照译文语言的语法规则翻译出原文的字面意思,仍保持原文的文体风格和文化特征"。[1]这也是本文所极力倡导的翻译策略,因为它并没有涉及深层的文化传递意义,只是文字表面意思。《梅兰芳》中很多这样的例子。

例 9. 他也是话糙理不糙。

His words may be unpolished but his logic is sound.

例 10. 人都有低头的时候,谁让咱们在矮檐底下呢。

One has to bow sometime, especially when living in a house with low ceilings.

通过翻译这种形式把中国文化无声而有力地介绍给西方世界是一种极妙的手段。或许这种方式也有望成为评价翻译质量的一个高端标准。就这一点而言,《梅兰芳》的翻译亦不乏可取之处。

六、结语

本文基于翻译课堂教学实践,从翻译关联法和机器翻译相互对比的角度探讨了电影《梅兰芳》字幕翻译的成功之处。通过对影片字幕的分类与分析,可以让翻译专业学生掌握电影字幕翻译中所应遵循的原则与选择的

---

[1] 陈亚明:《〈卧虎藏龙〉字幕翻译策略探析》,载《电影文学》2007 第 15 期。

策略。字幕本身所具有的特性决定了其在翻译时必须首先传达电影的主旨信息，在此基础上力求观众最大限度地接受和领会其文化内涵。字幕翻译能够恰当地做到这一点，并且恰当地向世界传达中国文化的信息，就不愧为好的翻译。

新时代法治文化专业本科教学*

李 驰**

一、引言

2022年10月16日，习近平总书记在中国共产党第二十次全国代表大会上作题为《高举中国特色社会主义伟大旗帜 为全面建设社会主义现代化国家而团结奋斗》的报告（以下简称《二十大报告》）。《二十大报告》把法治建设作为专章论述、专门部署，体现了对全面依法治国的高度重视。随着依法治国、法治中国建设的重要性逐渐凸显，法学学科建设和人才培养愈发重要。法治文化专业亦是如此。近年来，中共中央办公厅、国务院办公厅印发了《关于加强社会主义法治文化建设的意见》（以下简称《意见》），支持有条件的高校自主设立法治文化二级学科。法治文化人才培养和学科建设即将迎来繁荣期。作为法学目录外二级学科，法治文化专业在本科教学也积累了一定经验。未来，应在已有经验基础上，继续完善法治文化专业本科教学。

二、背景：作为目录外新兴法学二级交叉学科的法治文化

从学科建设的角度来看，法治文化是融合多种人文学科共同

---

* 中国政法大学"研究生精品课程"项目阶段性成果（项目编号：JPKC2110）；中国政法大学青年创新团队项目"犯罪预防时效性与制裁多元化"（项目编号：21CXTD09）。

** 李驰，中国政法大学人文学院讲师。

推动法治建设的目录外新兴法学二级交叉学科。

第一，学科性质上来看，依据2020年教育部学位管理和研究生教育司发布了《学位授予单位（不含军队单位）自主设置二级学科名单》统计，全国63所学位授予单位共自主设置法学二级学科128个，除去重复设置的二级学科后，目前目录外实际上设置的二级学科为56个。[1]法治文化是高校自主设立的目录外新兴法学二级交叉学科之一。截至2022年底，设有校内法治文化二级学科的高校有中国政法大学、华东政法大学、西北政法大学。其中，中国政法大学法治文化学科发展时间最长，积累最深。该专业是中国政法大学利用自身师资优势，结合学校优质资源创建的新兴法学二级交叉学科，下设"法治中国的理论与实践""中外法文化史"和"法治思维与法律语言"三个方向，并同时建设有硕士点、博士点和博士后流动站。近年来，华东政法大学、西北政法大学等政法类院校也相继设置法治文化学科。此外，四川大学、湖南省法学会法治文化研究会也关注到了法治文化学科建设的重要性，积极召开学科建设会议，取得了丰硕的成果。

第二，学科理论上来看。总的来说，法治文化是建设社会主义法治国家和推进法治中国建设的文化面貌。法治文化学科秉承以文化为视角研究法治，用法治来构造文化的理念。因此，法治文化学科发展有两方面任务：一方面，学科建设应注重发掘和发扬法学的人文学科属性，以拓宽法学既有之边界。另一方面，法治文化学科也应积极用法治来构建与人治不同的新文化。[2]

第三，学科实践上来看，法治文化学科发展目前已呈现出两种模式。其一，法学专业主导的发展模式。这是国内多数综合类院校选择的模式。"法学专业主导模式"是在理论法学（法律史、法学理论），特别是在法律文化研究基础上进行开拓和创新的结果。例如，四川大学法学院开设的《法治文化》选修课便是典型。这种模式可被视为对已有法律文化研究的发展和提升，是一种突破既有学科发展的新思路。其二，非法学主导的发展模式。这是多数国内政法类院校所选择的发展模式。例如，中国政法大

---

[1] 参见侯明明：《新兴目录外法学二级学科设置的现状、特征与未来展望》，载《学位与研究生教育》2022年第8期。

[2] 参见李德顺：《法治文化论纲》，载《中国政法大学学报》2007年第1期。

学人文学院综合文、史、哲、艺、法协调发展。在科研和教学方面进行交叉学科建设。[1] 又如，华东政法大学综合文学、哲学、新闻学等跨学科资源进行交叉学科建设。这种模式的思路是，法治建设是全社会共同参与的事业，那么必然需要各学科共同完成。在此背景下，依托包括法学在内的各种人文社会科学推动法治文化学科建设是题中应有之义。

三、现状：法治文化专业本科教学尚不受关注

目前，法治文化相关研究聚焦于理论搭建，也尚未能充分关注本科教学。

总的来说，法治文化理论研究已逐渐步入成熟阶段，国内外学者对此主题皆有阐述。在国内，学界对法治文化理论的阐释日益成熟，逐渐系统化。李德顺[2]、张文显[3]、李林[4]、常锋[5]、徐爱国[6]、刘作翔[7]、马长山[8]、刘斌[9]、龚廷泰[10]、蒋传光[11]、崔蕴华[12]等知名学者都围绕着法治文化的概念、体系和理论展开过分析，确定了其基本范畴，奠定了

---

[1] 参见中国政法大学人文学院：《法大人文 人文法大——人文学院扎根基础学科，培养卓越人才》，载《北京教育（高教）》2022 年第 5 期。

[2] 参见李德顺：《法治文化论纲》，载《中国政法大学学报》2007 年第 1 期。

[3] 参见张文显：《法治的文化内涵——法治中国的文化建构》，载《吉林大学社会科学学报》2015 年第 4 期。

[4] 参见李林：《社会主义法治文化概念的几个问题》，载《北京联合大学学报（人文社会科学版）》2012 年第 2 期。

[5] 参见常锋：《开启社会主义法治文化建设新征程——访华东政法大学教授何勤华》，载《人民检察》2017 年第 21 期。

[6] 参见徐爱国：《从法律文化到法治文化》，载《人民法院报》2012 年 2 月 17 日，第 05 版。

[7] 参见刘作翔：《法治文化的几个理论问题》，载《法学论坛》2012 年第 1 期。

[8] 参见马长山：《法治文化视野下公民精神与品格的"自觉性生态"转型》，载《廉政文化研究》2015 年第 3 期。

[9] 参见刘斌：《中国当代法治文化的研究范畴》，载《中国政法大学学报》2009 年第 6 期。

[10] 参见龚廷泰：《法治文化的认同：概念、意义、机理与路径》，载《法制与社会发展》2014 年第 4 期。

[11] 参见蒋传光：《法治文化的内涵及特点》，载李晓安主编：《首都法学论坛》（第 8 辑），知识产权出版社 2013 年版，第 26 页。

[12] 参见崔蕴华：《新时期以来法治文化的研究视域与中国语境》，载《中国政法大学学报》2020 年第 2 期。

良好基础。在国外，当代理论法学家不断更新对法治概念的理解，为法治文化研究提供了丰富的理论素材。此外，法律文化、法治人文主义、文化法治国等研究主题也为建构和完善法治文化理论提供了有益参照。目前相关研究总体上呈现出概括性、宏观性和一般性的特点，侧重于强调法治文化的思想基础、总体理念和基本精神。学界在法治文化教学理论方面也进行了积极探索，但尚未涉及法治文化本科教学。李德顺、崔蕴华、卢敬春、张彦、李璐、李驰等学者都对法治文化教学进行过理论探讨。[1]

遗憾的是，目前相关研究大多聚焦于绝大多数有关法治文化教学的理论思考都将目光聚焦在了硕士、博士培养上，并未能对本科教学予以足够关注。原因在于，在国内本科教学实践中法治文化专业所拥有的教学空间并不大。以中国政法大学为例。由于是目录外学校自主设立的法学二级学科，所以法治文化专业尚并没有本科专业。2007 年，中国政法大学在国内率先设立法治文化专业（法学理论专业下的"法治文化"方向）。2011 年，国务院学位办发布了《关于做好授予博士、硕士学位和培养研究生的二级学科自主设置工作的通知》，规定学位授予单位可在一级学科学位授权权限内自主设置和调整二级学科。我国法学二级学科设置模式从"审批制"向"备案制"转变。[2]法治文化专业在中国政法大学校内获批成为硕士学位点。2013 年，获批为博士学位授权点。2014 年，法治文化三级方向开始作为二级学科管理，由该校人文学院管理并纳入招生简章。2015 年，法治文化专业开始招收合作博士后，先后有十多名博士后入站。2019 年，成立法治文化研究所，负责统筹管理法治文化建设工作。直到 2021 年，法治文化专业才开设本科选修课《法治文化专题研讨》，初步形成了贯通本、硕、博的课程体系。因此，法治文化专业本科教学并不受关注。

---

[1] 李德顺：《法治文化的基本理论》，载崔蕴华主编：《法治文化专题讲演录》，黑龙江教育出版社 2018 年版，第 8~9 页。卢敬春：《依法治国亟须培养法治文化建设人才——专访中国政法大学法治与文化研究中心主任、人文学院院长文兵》，载《中国法治文化》2015 年第 2 期。张彦等：《论法律语言与法治文化的关系》，载《北京政法职业学院学报》2022 年第 1 期。李璐：《作为交叉学科的法治文化专业教学改革初探》，载《中国法学教育研究》2018 年第 2 期。李驰：《法治文化专业实践教学的体系化探索》，载《中国政法大学学报》2022 年第 2 期。

[2] 参见杨晨光：《把学科设置自主权交给大学》，载《中国教育报》2011 年 7 月 18 日。

此外，新设立法治文化专业的华东政法大学、西北政法大学也刚刚开始在本科教育中对法治文化给予关注。

四、经验：法治文化本科教学实践

笔者主要以中国政法大学开设的《法治文化专题研讨》课程为例进行说明。2021年，中国政法大学法治文化专业开设通识类选修课《法治文化专题研讨》。该课程16学分，每周3节，面向全校所有本科生，主要以讲授与社会主义法治文化建设相关的理论与实践问题。在课程规划上，大致分"舆情公案中的女性与法律""文艺作品表达法治困境的名与实"和"非常法律的得与失"等主题。根据开设《法治文化专题研讨》课程所积累的得失，笔者将在理论上研讨法治文化本科教学的经验与前景。

（一）本科教学的困境

法治文化本科教学面临着不少困难。作为新兴法学二级交叉学科，法治文化本身就存在一些理论与实践中尚未被解答的问题。这些问题往往也延伸到了教学活动中，在本科教学实践中又表现得格外突出。作为本科教学的"新人"，法治文化教学面临着学科知名度不高、学科定位较难、课程组织不易等问题。

1. 学科知名度不高

在本科教学中，法治文化专业尚不为学生所熟知，给展开相关教学活动造成了一定困难。主要表现有三方面：其一，少有学生了解法治文化。选择法治文化课程的学生并不多。开设《法治文化专题研讨课》的第一个学期（2021—2022年秋季学期），选课学生并不理想。真正参与课堂的同学仅有6人。这6位同学也都是第一次听说"法治文化"。他们本身对法治文化的概念、理论和方向都缺乏了解，基本上都属于"盲选"。其二，少有学生能准确描述法治文化。学生最常见的问题是法治文化就是"法律与文学"吗？二者有什么区别？这说明向学生介绍和描述法治文化学科本身就是本科教学的重点之一。其三，少有面向本科生的法治文化教学内容。法治文化专业在教学活动中积累了一定经验，提炼了一些模式。[1]遗憾的是，这些经验大多并非针对本科教学，而是面向硕士、博士阶段的学生。这导致本科学生了解法治文化的途径有限，无法系统了解、学习法治文化知识。这些现象在客观上给法治文化本科教学造成了一定困难。总之，作为新兴交叉学科的法治文化尚不为学生所熟知。未来，需要在本科教学中打开法治文化的知名度。

2. 学科定位较难

作为新兴学科，法治文化在既有学科体系、研究体系、职业选择中都难以被定位。这些现象都会给本科生认识法治文化、选择法治文化造成阻碍。其一，难以在现有法学学科体系中定位法治文化。法治文化属于高校自主设立的二级学科。以中国政法大学为例，法治文化最早属于法学理论学科的一个方向，后来独立为校内二级学科，并依托人文学院管理。[2]复杂的学科定位导致学生对法治文化学科属性的认识比较模糊。当然，这并非仅法治文化专业面临的问题，也是所有新设立法学新兴交叉学科面临的"通病"。[3]其二，难以在法学研究体系中定位法治文化。一般而言，人们乐于将当代法学研究分为政法法学、教义法学和社科法学三大类。[4]目前来看，尚无法将法治文化研究归属于上述三者中的任何一种。这导致在无法使法治文化在已有研究范畴内获得一个准确的身份。其三，难以在社会实践中找到对应职业。与法治文化最为相似的是与法治新闻、法治宣传教育相关的职业。[5]这些职业方向往往不是法学专业学生就业的第一选择。这也导致法治文化在学生群体中并不像民法、刑法、诉讼法等实践性较强的法学学科受欢迎。

---

〔1〕 参见李驰：《法治文化专业实践教学的体系化探索》，载《中国政法大学学报》2022年第2期。

〔2〕 参见中国政法大学人文学院：《法大人文 人文法大——人文学院扎根基础学科，培养卓越人才》，载《北京教育（高教）》2022年第5期。

〔3〕 参见马怀德、王志永：《完善中国特色社会主义法学学科体系的实践路径》，载《比较法研究》2021年第3期。

〔4〕 参见苏力：《中国法学研究格局的流变》，载《法商研究》2014年第5期。

〔5〕 卢敬春：《依法治国亟须培养法治文化建设人才——专访中国政法大学法治与文化研究中心主任、人文学院院长文兵》，载《中国法治文化》2015年第2期。

3. 课程建设不易

由于属于目录外学科，法治文化在本科缺少对应专业，课程建设存在一定挑战。其一，课程开设不易。由于知名度不高，法治文化本科课程在实践中往往遭受冷遇。在个别学期课程也会因选课同学不达标而被取消。这一方面固然有学生选择较多的原因，但也反映了"法治文化"在学生群体中并没有被广泛认识的情况。其二，寻找课程讲授的线索不易。由于法治文化研究方兴未艾，学界对其内涵尚没有达成共识。此外，作为一门新兴交叉学科，法治文化的学科交叉性并不局限于法学内部，还涉及与法治相关的历史学、文学、哲学等其他学科资源。因此，如何在错综复杂的理论资源中寻找能够贯穿始终的授课线索不易。其三，课程中兼顾理论与实践不易。法治文化属于理论与实践兼顾的方向，如何在课程讲授中既突出理论关怀，又兼顾现实关切就显得十分重要。特别是，在大多数学生本身对该专业不大了解的前提下，协调理论与实践就显得尤为困难。一方面，法治文化在理论上有较高追求，期待"从文化解读法治，用法治构造文化"；另一方面，法治文化在实践中又以十分具体的形象出现，如法治文化街道、法治文化广场、法治文化公园等各种法治文化设施层出不穷。如何打通理论与实践是摆在法治文化课程建设面前的又一难题。

(二) 应对困境的方法

1. 准确定位法治文化学科

法治文化本科教学有赖于学科发展。法治文化学科建设的发展和繁荣是打造优质本科教学的前提。各高校应当结合自身情况，推动法治文化学科建设。

第一，准确选择学科发展模式。法治文化学科建设有"法学专业主导"和"非法学专业主导"两种模式。前者主要以原有法学理论、法律史学科为依托进行完善和改进。后者主要以历史、文学、哲学、法学等学科融合为契机，实现多学科协同发展。各高校在开展教学实践时应根据本校实际情况择一模式发展。这样既有助于统一学科发展、课程建设、教学实践的思路，也有助于学生认识法治文化在法学知识体系中的定位。

第二，准确阐释学科发展基础。法治文化并不隶属于政法法学、社科法学和教义法学中任何一种脉络，应当重新为之寻找方法论资源。随着教义法学与社科法学的研究方法之争逐渐升温，导致学界在看待问题时往往会陷入非此即彼的二元思维中。实际上，应当跳出既有思维模式，重新审视法治文化的学术定位。法治文化教学应强调法学人文学科的属性，并以此为视角广泛地吸收历史学、文学、哲学等其他学科的学术资源，拓宽既有研究边界。

第三，准确探索学科未来前景。法治文化学科建设方兴未艾，仍有许多地方仍有待完善。法治文化学科发展应遵循学科发展的一般规律，时时查漏补缺。例如，法治文化专业目前尚没有独属于本学科的教材，教学实践仍沿用以往理论法学经典专著或教材作教学参考资料。因此，充分补足师资团队优势，是学科建设短板的当务之急。只有打牢学科建设的基础，才能使之行之长远。

2. 准确解释法治文化概念

准确解释法治文化概念是解决当下教学困境的根本办法。要做到这一点，应当明确两方面内容：一方面，明确三种语境。通过讲授使学生了解法治文化在当下语境中至少有政策、学术、学科三种语境并对应三种内涵。在政策上，法治文化往往与普法同义。法治文化最重要的功能是促进法治宣传教育达到良好效果。在学术上，法治文化是融合法学与人文学科的最新研究方向。区域法治文化、法治文化认同、法治文化与国家治理现代化协调发展都是该领域的前沿问题。在学科意义上，法治文化是学科目录外高校自主设立的新兴法学交叉二级学科。目前，教学实践中有不少围绕"法治文化"内涵产生的困惑实际上都是没有区分具体语境导致的结果。为了避免这一现象，应当首先将区分"法治文化"三种语境作为教学前提。另一方面，注意概念区分。引导学生区分与法治文化相似的概念，借此厘清其内涵和边界。特别是，法治文化应与法律文化、法治文明、法治思维、法治观念、法治方式、普法、法治宣传、法治宣传教育、法制宣传教育等概念相区分。

3. 系统阐释法治文化理论

使学生能够较好理解法治文化最主要的方法建构完整、系统的知识体系。现将法治文化的基本内容罗列于此,以供参考。

第一,明确目标任务。《意见》指出,社会主义法治文化是中国特色社会主义文化的重要组成部分,是社会主义法治国家建设的重要支撑。这意味着,法治文化本身肩负文化强国和依法治国两大时代任务。在新时代新政策的时代背景下,法治文化一方面应当继承和发扬社会主义先进文化、革命文化和传统文化,为文化强国贡献力量;另一方面也应当积极赋予法治社会建设,促进和完善人们法治观念的形成,最终保障依法治国、法治中国建设。

第二,澄清理论框架。结合《意见》精神以及最新研究成果,使学生了解法治文化的理论体系。总的来说,理解法治文化理论体系应分三个层次:一是社会主义先进文化、革命文化、传统文化是法治文化的理论渊源。二是传统法治文化、红色法治文化、域外法治文化和法治文艺是法治文化的理论构成。三是法治文化广场、法治文化街道、法治文化公园等各种文化现象是法治文化的理论实践。这些内容都构成了法治文化的理论体系。

第三,阐释具体主题。围绕与法治文化紧密相关的法学研究热门方向,确定等若干方向作为课程讲授的专题。依照现有经验,与法治文艺相关的主题较受学生欢迎。尤其是"法律与文学""法治影视""法治戏剧"等具体方向都成为了学生津津乐道的话题。这些主题在研究生课程中也曾取得了不错的反响。[1]结合理论和政策动态来看,未来法律与传播、法律与艺术等方向也应成为法治文化教学实践的重点。

(三)目前法治文化专业本科教学实践已取得的积极成果

除了面临的种种困难之外,法治文化本科教育也有不少机遇。一是有助于宣传法治文化学科。在本科阶段设置法治文化课程,有助于向学生介绍法治文化的理论与实践经验,使更多的学生认识法治文化,有意愿学习法治文化。通过授课教师在课程上的精彩呈现,能够使学生全方位、多角

---

[1] 参见李驰:《法治文化专业实践教学的体系化探索》,载《中国政法大学学报》2022年第2期。

度了解法治文化。这为打开法治文化本科教学空间奠定了良好的基础。二是发展本科教学有利于促进本、硕、博教学一体发展。长期以来，国内法治文化专业只有硕士点、博士点和博士后流动站，并没有充分的本科教学经验。法治文化本科教学有助于培养有志于从事法治文化事业的学生。教学实践活动应使他们能够成为法治文化硕士生、博士生的生源。例如，中国政法大学法治文化专业已响应学校要求有序推行"直博生""硕转博"项目，面向各专业招收有志于从事法治文化专业的本科生、硕士继续攻读博士学位。这也将有助于贯通法治文化专业本、硕、博培养体系。

五、前景：法治文化专业本科教学的未来

随着法治文化专业逐渐受到重视，法治文化专业本科教学势必将成为学科发展的下一个重点。

（一）宏观上：依托法治文化事业大发展的趋势

近年来，法治文化在政策语境逐渐成为高频词。其一，在政治语境中地位逐渐增高。例如，2017年，《决胜全面建成小康社会 夺取新时代中国特色社会主义伟大胜利——在中国共产党第十九次全国代表大会上的报告》作为大会报告，指出要"加大全民普法力度，建设社会主义法治文化，树立宪法法律至上、法律面前人人平等的法治理念"。以大会报告的形式强调法治文化的重要性，赋予了其较高的政策地位。其二，在法治建设进程中地位逐渐凸显。法治文化在依法治国、法治中国建设中地位也逐渐凸显。2014年，《中共中央关于全面推进依法治国若干重大问题的决定》指出要"强化道德对法治文化的支撑作用"。随后，《法治社会建设实施纲要（2020—2025年）》《法治中国建设规划（2020—2025年）》又对法治文化作了专门论述。其三，政策地位的独立性逐渐增强。2021年，随着《意见》颁布，法治文化在政策上得到了专门论述，拥有了更为独立的政策空间。

（二）微观上：优化法治文化专业本科教学方案

1. 纳入既有本科教学体系

未来，法治文化课程应当逐渐融入既有本科教学体系中。鉴于法治文化具有法学与文化的双重属性，纳入本科教学的路径也有两种：一是纳入法学本科教学体系，将法治文化作为常设的法学专业选修课或专业必修课。由于在综合类大学法学院中法治文化课程建设一般由法学理论、法律史学科负责，所以相关课程可纳入理论法学的教学计划中。授课内容可结合法学理论、法律史最新动态，运用文化资源来推动法治研究。二是纳入非法学的本科教学体系。例如，政法类院校中文学、哲学等非法学专业可将法治文化列入课程体系，以沟通法学和非法学专业之间的联系。课程建设有两种思路：一是可以运用文、史、哲等外部学科资源来重新诠释法学，探索以人文学科为视野建立的新法学。二是运用法治来构建文化，探索新型的文化理论。总之，将法治文化本科课程教学体系，教学活动常态化、制度化既有助于课程建设，也有助于学科发展。

2. 增强学科的认知度

无论是推广法治文化理念，还是完善法治文化本科教学，首先都应当提高法治文化辨析度。其一，推广法治文化概念。增加本科生对"法治文化"的认识。提升法治文化本科教学的前提首先是需要让学生认识法治文化。那么，应当举办贴近本科学生的活动，有助于使这一概念深入人心。例如，中国政法大学法治文化专业在这方面做出了积极尝试。例如，举办"中国政法大学法治微电影大赛""法治文化沙龙""全国法治文化青年学者论坛"等活动，通过组织活动在全国范围推广法治文化。其二，强调与既有概念的区别和联系。在法学研究中，法律文化已成为人们讨论法律与文化相关问题绕不开的概念。既然有法律文化珠玉在前，为何还要使用法治文化这一新概念？这是由于法治文化能够更好地回应国家治理现代化的时代需求。[1]除了法律文化外，法治文化学科建设和课程建设也应当以区分相关概念为前提。其三，强调与既有理论之间的区别和联系。法治文化作为一种融合法治理论和文化理论的新理论，应当主动为自身证明。总的来说，法治文化的理论功能有政策、学术、学科三个层面：一是在政策上

---

[1] 参见王曼倩：《回应国家治理现代化的概念变迁——以法律的文化研究术语为视角》，载《政法论坛》2022年第5期。

辅助法治国家、法治政府和法治社会建设。二是在学术上成为融合法学人文进路的最新理论。三是在学科上为融合法学与人文的新兴法学二级交叉学科奠基。

3. 灵活教学形式

由于法治文化本科教学尚处于起步阶段，可以变通形式，先塑立好良好的课程基础。其一，课程可采用接力授课的模式，由法治文化及相关专业多位教师出任授课老师。这样一方面有助于展示法治文化丰富的理论内涵，另一方面不同风格的教师接力授课有助于增加课程吸引力。其二，课程可组织实践调研。通过组织课程实践调研的形式，让学生深入法治文化建设一线，全面认识和深刻体会法治文化的实践意义。例如，中国政法大学法治文化专业已多次组织学生赴外调研，参观灵水举人村、爨底下村、大钟寺等文化单位，丰富了学生视野，也形成了一定理论成果。[1]其三，课程可组织学生活动。通过形式多样的学生活动，使学生参与到法治文化建设中来。例如，中国政法大学法治文化专业排演《十二公民》，利用戏剧形式寓教于乐，使学生深入了解法治观念，推广法治文化。[2]

六、结语

在新时代新征程的时代背景下，法治文化将迎来大发展。促进法治文化发展的重要途径之一是加强法治文化学科建设。目前，法治文化学科在硕士、博士、博士后培养上取得了不俗成绩，在所有高校自主设立的法学二级交叉学科中独树一帜。未来，加强法治文化本科教学是学科发展的重要方向。完善的本科教学体系将为社会主义法治文化建设源源不断地输送高质量人才。

---

[1] 参见李驰：《法治文化专业实践教学的体系化探索》，载《中国政法大学学报》2022年第2期。

[2] 参见李驰：《法治文化专业实践教学的体系化探索》，载《中国政法大学学报》2022年第2期。

对高校体育课程教学改革的初步研究

侯书健*

新中国成立以来，党的几代领导集体非常重视体育工作，特别是党的十八大以来，以习近平同志为核心的党中央高度重视关心体育工作，推动了体育事业的改革和繁荣发展。习近平总书记指出，要建立健全健康教育价值体系，加强学校体育教育，将提高青少年的体育素养和养成健康行为习惯作为学校教育的重要内容。[1]这为我国学校体育工作指明了方向并提出了更高的要求。作为高校体育工作者要认真学习，仔细研究体育教学中所出现的问题，不断深化体育教学改革，不断完善和优化体育教学内容，从而调动学生的学习积极性，在掌握体育的知识和技能的同时，养成终身参与体育锻炼的习惯，培养学生坚韧不拔，奋勇拼搏的精神，勇于面对失败和挫折，使学生形成正确的人生观和价值观，促进学生身心的全面发展。

一、体育课程教学改革的意义

改革开放以来，随着人民生活水平大幅度提高，体育运动走

---

* 侯书健，中国政法大学体育部副教授。
[1]《中共中央办公厅、国务院办公厅关于全面加强和改进新时代学校体育工作的意见和关于全面加强和改进新时代学校美育工作的意见》，载 http://www.gov.cn/xinwen/2020-10/15/content-5551609.htm，最后访问日期：2020年10月15日。

进了千家万户，各国运动健儿在竞技场上展现出来的身体之美、动作之美、拼搏之美给广大青年学生带来了巨大的视觉冲击和心灵冲击。体育明星已经成为青年学生心目中的偶像，广大青年学生渴望找到适合自己的体育运动，渴望在学习中提高自己的运动技能，掌握运动相关的理论知识，这就为我们高校体育工作者提出了现实的要求，如何激发学生的学习潜能，培养学生的学习兴趣，促进学生身心全面发展，养成终身体育锻炼的习惯。这时体育课程教学改革就具有现实的积极意义。

（一）有助于提高学生的身体素质和心理抗压能力

学生经过 12 年的基础教育，大部分精力都用在了文化课的学习上，忽视了体育锻炼，体育课的时间被其他学科占用，课上体育锻炼时间和课后锻炼时间严重不足，通过近年来学生体质健康测试的结果可以看出来，学生的体质健康不容乐观。高校体育课程教学目的之一就是要提高学生的身体素质，为健康工作 50 年奠定坚实的身体基础，用丰富的教学内容，灵活多变的教学方法激发学生的学习兴趣，使学生养成自觉锻炼的习惯，逐步提高学生的身体素质。让学生在课余时间走出宿舍，放下电子产品，投入到火热的运动场上来，用运动的汗水缓解学习的压力，心理的焦虑，谱写崭新的大学生活新篇章。

进入高校的学生都是以前班级的优等生，他们汇聚在一起，有的学生就不显得特别突出了，因此产生巨大的心理落差。学生离开家庭，独自处理与同学之间的关系，与老师之间的关系，对出现的问题找不到解决的办法，产生孤独感，害怕交流，造成严重的心理问题。通过体育教学释放学生的心理压力，缓解心理焦虑，通过体育教学培养学生不畏强手，敢打敢拼，面对失败永不言败的拼搏精神，通过体育教学可以提高学生的综合素质，让学生在提高身体素质的同时，提高个人能力开发，发挥自身潜能，增强自信心，提高发现问题解决问题的能力，同时培养学生的意志力、自信心，这对学生的身心健康发展有积极的作用。

（二）有利于增强学生集体主义观念形成团队意识

在当今错综复杂的国际环境中，如何使青年大学生形成正确的人生观、价值观，从而使其真正成为社会主义事业合格的建设者和接班人是我们每位教育工作者都应该思考的问题。高校必须加强对学生进行爱国主义和集体主义教育，学生有了较强的爱国主义、集体主义精神，就能统一行动，增强团队精神，从而能更有效地形成合力，朝着明确的目标前进，最终实现集体和自我的胜利。我们的生活离不开集体，家庭是一个集体，班级是一个集体，学校是一个集体，部门是一个集体，单位是一个集体，随着社会转型，社会价值观的结构变化，学生面临新的价值观念的冲击，他们缺乏对社会事务的观察和分析能力，受到西方价值观的影响，就会把利己主义放在首要位置，另外，现在的高校学生大多是独生子女，从小在众多大人呵护下成长起来，以自我为主，排他性很强，缺乏集体主义观念。体育教学中合理适当地安排集体项目教学比赛，通过比赛教学提高学生运动技能的同时增强学生之间的团结协作，让他们体会到集体配合的乐趣，通过集体配合协作才能实现最终的胜利，认识到集体的力量永远大于个人力量，永远把集体放在第一位。集体项目需要协作才能完成，对于个人项目体育教学也可以通过协作、分组比赛的形式将其转化为集体项目教学。利用多种教学方法，让学生协作起来进行集体间的相互竞争，才能形成良好的学习氛围，才能形成集体主义观念和团队意识。

（三）有助于学生养成终身体育锻炼意识

改革开放四十多年来，随着经济的高速发展，我国人民的生活水平大幅度提高，人们已经不能满足以前能吃饱、现在能吃好的简单要求了，随着中国老龄化社会的到来，人们希望能够健康长寿，希望能够看到祖国若干年后发展变化。要实现健康长寿的愿望靠什么？单靠吃营养品能解决吗？靠吃药更解决不了，只有通过合理的膳食，加上终身从事体育锻炼，保证一个健康的心理才能满足人们健康长寿的愿望。所以要满足人们对美好生活的向往，也是我们体育工作者的责任。要让所有人从小就养成终身参加体育锻炼的习惯。终身体育的核心是自我体育锻炼意识，只有树立自我体育锻炼意识，才能实现终身体育的目标。作为体育教师要转变传统的体育教学理念，体育教学不单单是教会学生简单的技术动作，更主要的是积极鼓励学生参与他们喜爱的体育运动，教会学生掌握自主锻炼的方法，培养自主锻炼的能力，使学生了解体育运动的科学知识，掌握锻炼的正确方法，为终身体育打下坚实的基础。在教学实践中教师通过激发学生的学习热情，培养学生对体育的兴趣爱好，针对不同的学生因材施教，充分调动学生的主动性和自觉性，不断丰富教学内容，通过灵活多变的教学方法使学生体会到体育运动带来的乐趣与快感，在心理和生理上得到极大的满足，养成锻炼的习惯，自觉地参加体育锻炼，进而养成终身体育的意识。

二、体育课程教学过程中存在的问题

(一) 体育课程教学理念陈旧、思想保守

在体育教学过程中，教师缺乏对体育课程的理解，习惯于师傅带徒弟式的教学，认为体育教学就是锻炼学生的身体，使学生掌握一定的体育知识和技能就可以了。这种陈旧的思想理念严重影响了体育课程的教学目的。体育教学要把握好两个要点，一个是教师的教，一个是学生的学，要正确处理好二者之间的关系，要转变思想，更新观念，不要总是把教师的教放在首要位置，要凸显学生学的地位和作用，在体育课堂上赋予学生更多的权利和责任，激发学生的独立性和创造性，从根本上改变教师的教学方式和学生的学习方式。教学改革是一场教育思想、教育功能、教育方式、教育行为的深刻变革，教师要从思想上积极转变，主动适应当代教育的发展方向，通过思想转变来指导实际行动，通过教师的教，使学生改变学习方法、学习习惯，转变学习方式，把学习变成学生的主动性、能动性、独立性，不断生成、弘扬、发展、提升的过程。体育课程教学不仅要使学生通过学习掌握体育知识和技能，还要培养学生不怕挫折，敢打敢拼，顽强拼搏的精神，通过学习还要培养学生的体育兴趣和爱好，养成终身参与体育锻炼的习惯。教师这种陈旧落后的思想观念不仅不利于教学，培养学生的兴趣爱好，更达不到体育教学的育人功能。

(二) 体育师资队伍参差不齐，有待加强

党的二十大为我们国家教育发展指明了方向，在全球化的背景下，高等教育的发展被国家提升到了前所未有的高度，中国高校正在向着世界一流大学阔步前进，高水平的大学必须要有高水平的师资队伍与之配合，师资队伍是高等学校高质量办学的核心要素之一，师资队伍的整体水平是高校高质量办学的重要标志，师资队伍建设是学校的重要基础建设。教师的教与学生的学共同构成的体育教学过程中，教师的水平及综合素质是提高教学质量的关键因素。现阶段高校体育师资结构不够合理，年龄处于断层阶段，普遍是年龄在 40 岁以上，年轻教师比较少，使得教师创新能力较差。近些年随着人事制度改革，高校对于师资队伍的建设非常重视，提高了入职的门槛，由于体育教师培养过程中的特殊性，使得体育师资的引进出现明显的瓶颈，运动技能高的，缺乏理论知识，达不到入职的学历要求；理论知识水平高，符合学历要求的，运动技能又达不到用人单位的实际需要。这种供需之间的矛盾导致了体育师资严重匮乏，教师疲于课堂教学，没有时间进行知识的更新和科研工作，导致体育教师职称较低，教授很少，普遍是副教授以下职称。

(三) 体育课程教学项目设置面广，缺乏重点

改革开放四十多年来，人民的生活水平大幅度提高，伴随着我国体育事业的快速发展，体育健儿在各类比赛中高奏凯歌，学校体育也迅速发展和壮大。各种竞技运动、休闲运动、极限运动也走进了校园，走进了广大青年学生的生活。广大青年学生希望了解和学习到更多的体育项目，因此，高校在体育课程的开设上加大了力度，项目设置上有十几个、二十几个甚至更多，这在一定程度上满足了不同学生的兴趣爱好，使学生能够了解不同运动项目。但是也存在一些弊端，学生大多选择室内和比较流行的运动项目，而对于室外和边缘项目很少涉猎，有的项目选课人数爆满，而有的则无人问津，这就造成了巨大的人员浪费和资源浪费。另外，教务选课系统没有对学生的选课进行必要的限制，学生每个学期可以任意选择体育课程，导致学生四个学期体育课，选了四门体育课程，每门课都学一点，每门课又都没掌握，这不仅加大了教师的教学难度，也忽视了知识技能掌握的延续性和可持续性，不利于知识的掌握，更增加了学生学习过程中对体育的畏惧心理，不利于提高学生的学习兴趣。

(四) 体育课程教学内容和方法枯燥和单一

教学内容是教师的教与学生的学相互作用过程中有意传递的主要信

息，它包括课程标准、教材和课程等。教学方法论是由教学方法的指导思想、基本方法、具体方法、教学方式四个层面组成，教学方法包括教师教的方法和学生学的方法两大方面，是教授方法和学习方法的统一。丰富的教学内容和灵活多变的教学方法是提高学生学习积极性，提高自主学习的关键。高校体育教学中普遍存在着教学内容枯燥，教学方法单一的实际情况。教学过程中教师的教占主导位，学生的学往往处于被动地位，在教学内容的安排上基本是围绕考试内容来进行，教学内容匮乏导致学生每堂课都重复练习考试内容，学生极易产生疲劳感，失去了对本门课的兴趣。教学方法上一直采取示范、讲解、练习等常规的教学方法，形式比较单一。教师在讲授完动作后，让学生反复重复同一动作会使学生产生厌倦感，从而对学习产生抵触情绪。教学方法单一导致基础差的学生难以短时间掌握技术要领，基础好的学生认为太简单了，没必要反复练习，使得整个课程失去了受众的学生群体，无法调动学生的学习积极性，无法高质量地完成体育教学，失去了体育教学的意义。

(五) 体育课程考核评价内容过于单一

体育课程考核是为了检验学生对课程的学习掌握情况，帮助教师不断总结经验教训，改进教学内容与教学方法，同时也是对学生的学习做出客观公正的评价，引导学生明确学习方向，逐步适应体育课程特点，最终起到夯实基础、强化能力的作用。[1]目前高校的体育教学评价多以终结性评价为主，终结性评价是在教学活动结束后进行的一次性评价，目的是考察学生是否达到了教学目标。终结性评价，注重的是教学结果，主要是判定最终的学习效果，做出成绩判定，以教师评价为主，主要以相关技能掌握程度进行评价，给予最终的分数。这会导致学生的多元化和全面性发展受到限制，使体育教学的意义和作用无法充分体现，学生的多元化发展与时代需求之间存在一定的偏差。由于评价的单一性，缺乏对学生的运动参与、运动技能、社会适应、学习态度、合作精神、拼搏精神的评价，使得

---

[1] 尹志华等：《新课标背景下体育与健康课程落实核心素养培养的思维原则与实践路径》，载《首都体育学院学报》2022年第3期。

无法全面客观评价学生的体育课程成绩,这严重地影响了学生的学习积极性,没有达到实际的教学效果。

三、体育课程教学改革的策略

(一) 转变教学理念,提高对体育课程的认识

人类进入 21 世纪,信息化高度发达,知识的更迭加快,原有的体育教学理念已经不能适应现代社会对人才的需求。我们要培养德、智、体、美、劳等全面发展的复合型人才,就必须与时俱进,转变教学理念,重新认识体育课程教学,改变过去以往体育课程教学中只重视基本的技术和相关理论,忽视体育课程的育人功能以及忽视对学生提高体育兴趣培养,忽视对学生终身参与体育活动习惯的养成。[1]转变教学理念,提高教师对体育课程的认识我们不妨从以下几个方面入手。一方面,组织教师定期进行集体备课。通过互联网及各种文献资料的查阅,了解本学科的前沿问题,增强教师的知识储备,通过相互学习,总结课程教学中出现的问题并加以纠正,共同学习提高。另一方面,积极和上级人事主管部门沟通,得到一定的支持。采用请进来和送出去的办法提高教师对体育课程的认识。请国内外知名的专家学者来校讲课,及时了解国内外本学科最新发展成果,学科发展动向等。还要把教师送到国际和国内体育教学开展好的高校做访问学者,开阔眼界,找到不足,弥补差距,全方位地转变教学理念,提高认识。

(二) 加强体育师资建设,提高体育教师综合素质

培养一支综合素质过硬的体育师资队伍,是体育教学保质保量开展的前提。当前许多高校体育师资队伍都面临年龄结构不合理,职称偏低,新鲜血液补充不上的实际问题,所以建设高水平的体育师资队伍是高校应该尽快解决的和完成的工作。一方面,学校人事部门要在体育教师的职称评定,人才引进等方面给予一定的政策倾斜,提高教师的职称和新入职教师

---

[1] 阮群:《多元视域下高校体育教学创新研究——以篮球专修课为例》,载《当代体育科技》2019 年第 13 期。

的数量。另一方面，根据现有的体育师资队伍情况，采用新老结合的团队模式提高自身的综合素质，资深教师可以把教学理念、教学经验传授给年轻教师，同时年轻教师把本学科的前沿知识介绍给资深教师，并教会资深教师使用和利用现代化的教学手段，丰富教学内容，从而达到取长补短，提高综合能力。最后，定期开展教师培训活动，了解国内外最新的本学科前沿问题，提高教学技能，给学生更专业的指导，还要定期进行业务提高，保证教学所需的良好体能及技战术水平。总之，体育师资队伍的建设对于提升教学效果和促进高校学校体育发展具有积极的作用，建设一支年龄结构合理，学历结构和职称结构合理的体育师资队伍是提高教学水平的关键。

（三）体育课程项目设置要精准，面不宜过大

我国体育事业快速发展，全民健身计划的大力实施，群众体育、学校体育工作大力开展为高校体育教学注入了强心剂。信息高度发达的当今社会，人们通过各种渠道能够及时获得各方面的体育信息，能够及时观看到各类比赛项目，获得了巨大的心理满足。面对种类繁多的运动项目，我们该如何选择适合青少年参与并且利于学校开展的运动项目，这是每位体育教师及授课对象所关心的实际问题。当前高校所开设的体育课程项目设置面广，种类众多，这对于学生根据不同的兴趣爱好选择不同运动项目极为有利，但是随着时代的发展，学生对运动的重新认识，一些弊端逐渐显现出来。学生在项目的选择上喜欢室内项目的较多，这样可以避免风吹日晒。喜欢当下比较流行的运动项目的较多，以便在未来走上工作岗位后能有用武之地。这就造成了巨大的人力物力浪费，没有被选课的教师无课可上，空下来的场地无人问津。为了保证每位教师有课可上，增加选课人数限制，相关部门硬性摊派到每位教师，这严重影响了学生的兴趣爱好，容易使学生对体育产生厌烦心理，不利于体育教学的正常开展。为了弥补这一弊端我们可以采用两种办法加以解决。一是精准摸排学生的选课心理，做到有的放矢。学期前发放调查问卷，初步掌握学生的兴趣爱好和选课心理，并根据现有教师的实际情况开设课程，避免人才和资源的浪费。二是加强交流与合作。与相邻高校开展优势互补、资源共享，学生可以根据自

己的兴趣爱好选择自己喜爱而本校的，而邻校开设的体育课程，这不仅能够满足不同学生的选课需求，也能最大限度地利用资源，同时也加强了校际的交流与合作。高校体育课程选择上必须依据学生的兴趣爱好，选择开设的项目，避免面广点多。这样才能提高学生学习的主动性，到达良好的教学效果。

（四）丰富和完善体育课程教学内容和方法

体育教学要不断丰富和完善教学内容，确保学生接受教育的整体性，促进学生身心全面发展，体育教师要合理安排教学内容和灵活运用多种教学方法，提高学生学习的积极性和主动性。丰富和完善教学内容可以从以下几个方面入手：一方面，利用翻转课堂教学，让学生充分利用互联网，以网络技术为重要辅助，通过和教师的课上互动给教师带来一定的启发性教学，给学生以清晰的动作表象。另一方面，请知名专家学者和体育明星不定期地开展讲座，利用他们的人格魅力及本领域所取得的成就，提高学生对体育的热爱程度，激发学生积极参与体育活动，并养成终身参与体育锻炼的习惯。最后，加强与其他高校的交流合作，实现体育课程共享制度，互修课程，资源共享，通过同一课程，让学生体会和了解不同的教学内容，不断丰富学生对体育课程认知程度。

合理、高效、灵活多变的教学方法是提升教学效率和保证教学质量的重要途径。对传统的体育教学方法进行优化和创新来调动学生学习的积极性，激发学生的学习兴趣是每位体育教师所应积极探索和尝试的。我们在体育教学中可以从学生的实际情况出发，运用多种行之有效的教学方法。比如，体验式教学：弱化教师主导作用，采用师生合作方式对学生进行指导，激发学生学习的积极性。分层教学法：依据不同体育基础将学生分成不同教学组，有的放矢地开展教学活动，能够激发所有学生的学习兴趣，保证良好的教学效果。游戏教学法：它是学生比较喜欢的教学方法，通过游戏不仅能提高学生的运动技能，更能培养团结协作的团队精神和公平竞争意识。

（五）建立多元化的考核评价体系

体育课程教学考核评价能够检验教师的教学效果，可以帮助教师发现教学中的不足及存在的问题并加以改正。当前高校体育课程考核评价多以结果性评价为主，以最终完成技术动作的优劣为评价标准，给予一定的分数。这种考核评价没有从学生的实际出发，没有尊重学生的个体差异，所以这种考核评价较为片面，不利于学生的学习兴趣和综合素质能力的提高。只有把教学过程中的形成性评价和教学结束后的终结性评价相结合，建立多元化的考核评价体系，把结果性评价和过程性评价有机地结合，才能真正达到考核的目的。体育课程教学考核评价应该把整个学期学生的学习态度、学习效果、提高幅度、合作精神等纳入考核范畴。其中技评达标占40%，合作学习占30%，平时成绩占10%，理论成绩占20%。技评达标环节中要体现学生的个体差异，依据不同基础层次的同学考核要有针对性。体育基础差的同学主要考核动作掌握程度，完成情况，主要是技评，达标作为参考。有一定体育基础的同学技评和达标都要考核，分数各占一半。体育基础好的同学就是以达标为主。合作学习过程考核，教师要制定标准，划分等级，每堂课都做记录，并向学生公开，做到公正、公平、公开，最后形成分数。平时成绩考核主要考查学生的出勤率、迟到、早退等。

四、结束语

综上所述，高校体育课程教学改革出现的问题主要体现在：体育课程教学理念陈旧，思想保守；体育师资队伍参差不齐，有待加强；体育课程教学项目设置面广，缺乏重点；体育课程教学内容和方法枯燥和单一；体育课程考核评价内容过于单一。根据出现的问题提出改革的思路：转变教学理念，提高对体育课程的认识；加强体育师资建设，提高体育教师综合素质；体育课程项目设置要精准，面不宜过大；丰富和完善体育课程教学的内容和方法；建立多元化的考核评价体系。高校体育工作者，只有转变思想观念，充分认识到体育课程教学改革的重要性，才能从实际出发，有的放矢地开展教学工作。

作为新兴与交叉学科的国际财政法学：
内生逻辑、法律渊源与法理体系

梁文永　胡慧玲 *

引　言

长期以来，国际法学一直被认为是法学一级学科体系中的一门二级学科，没有得到应有的重视。我国现行法学学科政策将国际法仅仅看作是一门法学二级学科，忽略了国际法是由一系列与涉外法治相关的国际法学子学科有机组合构成的"学科集合体"的本质特征，不能满足涉外法治事业发展的客观需要。习近平总书记强调，我们应该创造一个奉行法治、公平正义的未来。要提高国际法在全球治理中的地位和作用，确保国际规则有效遵守和实施，坚持民主、平等、正义，建设国际法治。[1]

提高国际法在全球治理中的地位和作用，首先必须提高国际法在法学学科体系中的地位和作用。近期，中共中央办公厅、国务院办公厅印发的《关于加强新时代法学教育和法学理论研究的意见》（以下简称《意见》）明确指出，要"优化法学学科体

---

* 梁文永，常州大学史良法学院教授，博士生导师，江苏财税政策研究院院长，博士、法学博士后、财政学博士后，民盟中央法制委员会副主任，中国法学会财税法学研究会副会长。胡慧玲，常州大学史良法学院硕士研究生，江苏财税政策研究院研究助理，中国政法大学国际法学院法学学士。

[1]　习近平：《携手构建合作共赢、公平合理的气候变化治理机制》，载《论坚持推动构建人类命运共同体》，中央文献出版社2018年版，第291页。

系"，强调要立足中国实际，推进国际法学等"更新学科内涵，更好融入全面依法治国实践。"值得注意的是，该《意见》明确了国际法学的一级学科地位，指出要"完善涉外法学相关学科专业设置，支持能够开展学位授权自主审核工作的高等学校按程序设置国际法学相关一级学科或硕士专业学位类别，支持具有法学一级学科博士学位授权点的高等学校按程序自主设置国际法学相关二级学科，加快培养具有国际视野，精通国际法、国别法的涉外法治紧缺人才"。

国际法是涉外法治人才在国际社会战斗的武器，加强国际法学科建设是重中之重。要加大国际法学科体系的建设力度，全面更新传统国际法学的学科内涵，加强国际法学科与国内法学的交叉融合，以习近平法治思想为指引，构建创新的、具有中国特色的国际法学科体系，为涉外法治工作提供法律基础和理论支撑。

基于对国际法学学科政策变革的上述认识，本文展开了对国际财政法及国际财政法学相关基本问题的研究。党的二十大报告提出"共建'一带一路'成为深受欢迎的国际公共产品和国际合作平台"作为我国新时期对外开放战略之一，这是"国际公共产品"首次在中国共产党的代表大会报告中出现。本文认为，国际财政法学是国际法学科体系中的一门新兴交叉分支学科，是在世界各国在国际公共产品供给的国际合作中产生和发展的，是国际公共产品供给领域的全球治理法治化的内在要求和必然结果。

一、国际财政问题的产生与国际财政法学的形成

（一）国际公共产品概念的提出

放眼全球，追溯国际公共产品的起源，就可以参考的文献来看，奥尔森在1971年最早使用了"国际公共产品"这个概念。他从国际公共产品的角度分析了提高国际合作激励的问题。金德尔伯格（Charles P. Kindleberger）也比较早地研究了国际公共产品问题。他认为在国际领域与国内开放的市场经济一样也存在公共产品。国际关系领域的公共产品主要有三大类：一是建立在最惠国待遇、非歧视原则和无条件互惠原则基础上的自由开放贸易制度；二是稳定的国际货币；三是国际安全的提供。虽然他不是

最早提出"国际公共产品"概念的学者,但他最早在文章标题中使用了这个概念。桑德勒(Todd Sandler)在其于1980年主编的《国际政治经济学的理论与结构》中也使用了"国际公共产品"这个概念并且主要从公共产品的角度讨论了相关的国际政治经济学问题如国际环境、卫生等。1997年他又出版了《全球挑战》一书讨论国际和全球层次上面临的环境、制度等方面的问题。在许多学者看来国际公共产品和全球公共产品所要解决的都是跨越国界的公共产品提供问题,二者并没有太大差别。

(二) 国际公共产品的特征

基于国际关系研究和全球性问题的根本特征,全球公共产品必然无法是经济学意义上的纯公共产品。德国柏林赫尔梯行政学院高级研究员英吉·考尔(Inge Kaul)和菲律宾雅典耀大学高级研究员罗纳德·门多萨(Ronald Mendoza)拓展了公共产品的概念,认为它实际上是公共的或是包容的产品,即产品如具有非排他性、非竞争性或两性兼有,便具备了公共性的特殊潜力。[1]在此概念的基础上,还需要对公共产品作进一步阐释。

首先,关于公共产品与私人产品的界限问题。公共性与私有性不是产品的固有属性,两者具有高度易变性和可延伸性。[2]如知识产权,可能在某一时期有严格限定,但随着时间推移或技术共享需要等原因而被放弃。其次,全球公共产品兼具公有性(非私有)和公共性(非某些特定国家所有)。受知识产权保护的某些产品曾经私有,一旦失去产权保护后,该产品允许非产权所有国生产,突破了其私有性和国家所有的局限。最后,考尔和门多萨对全球公共产品的定义包含"受益可延伸至所有国家和人民",指的是实现的可能性和对未来的预判。如暂时未能实现,也未必是产品本身的问题,可能受接收方主观意愿的影响,抑或是一种长期性目标。

因此,全球公共产品指的是其收益扩展到所有国家、人民和世代的产品,这包含三个方面的含义:其一,全球公共产品的受益者非常广泛,突

---

[1] [美]英吉·考尔等:《全球化之道:全球公共产品的提供与管理》,张春波、高静译,人民出版社2006年版,第19页。

[2] [美]英吉·考尔等:《全球化之道:全球公共产品的提供与管理》,张春波、高静译,人民出版社2006年版,第8页。

破了国家、地区、集团等界限。例如保护臭氧层，受益者不仅仅是美国或欧盟等发达国家，而且也能够使非洲的发展中国家得益。其二，全球公共产品的受益者包括所有人，任何国家的国民在从中得益时都是非竞争、非排他的。例如保护臭氧层也不仅仅使某些国家的一部分人得益，而是全部都能从中得益。其三，考虑时间因素，全球公共产品不仅仅使当代人受益，而且还必须要考虑到未来几代或数代人从中受益。[1]

(三) 国际公共产品的供给与国际财政问题的产生

公共产品不是突然出现的，需要经过较长时间的演进过程。将其置于历史维度下研究，可以分为三个阶段：产品私有阶段、潜在公共产品或俱乐部产品阶段、全球公共产品阶段。这三个阶段是逐步实现、层层递进的。这种划分方式有其合理性，但第二阶段不必然过渡到第三阶段。经济全球化的扩张和世界贸易的发展，公共产品的供给不再局限于单一主权国家范围内，发展到第三阶段的全球范围内公共产品的提供开始成为国际视野中的新议题。

与国内公共产品主要由政府提供不同的是，世界范围内并不存在一个凌驾于各国之上的世界政府，至少不存在一个与民族国家政府具有同等权威或合法性的政府。因而，全球公共产品只能通过其他方式提供。目前超国家层次上的公共产品供给主要通过霸权国家、国际组织或国际协定等各种合作方式得以提供，其中资金筹集是核心问题。同样地，全球公共产品亦存在国际外部性，常常表现为一国的经济活动通过与国际市场无关的渠道影响到另一国的福利，换言之，国际外部性会使得一国经济活动所产生的一部分成本或效益转归他国。跨国污染问题便是最能表现出全球公共产品国际外部性的例子。污染国的经济活动对他国福利造成损害，而这种损害并不构成污染国的福利损失。

因此，按照等价原则交换的市场机制无法解决国际外部性的问题，客观上需要多国财政或超国家财政的干预。在国际市场上，一个国家或国家集团可能拥有足够强大的市场力量，把某些商品的价格进行人为的哄抬或

---

[1] 李新、席艳乐：《国际公共产品供给问题研究评述》，载《经济学动态》2011年第3期。

压低,这就会导致国际垄断。这种国际垄断在对全球影响巨大的全球原材料和能源的垄断表现得最为显著,例如石油输出国组织(OPEC)的成立以及第三次石油危机爆发事件其根源都是为了争夺在全球石油领域的垄断地位。随着经济一体化进程的加快,国际垄断会破坏国际市场竞争机制,加剧国际贸易不平衡;国际垄断还会使经济力量过于集中,可能对某些国家的国内政治、社会造成负面影响;同时,垄断企业联盟必然阻碍全球的科技创新和技术进步。

(四)国际财政法(学)的产生是国际财政活动法治化的内在要求

总而言之,全球公共产品的供给需求、全球公共产品的国际外部性以及国际垄断三方面的交互作用,会导致全球范围内各类国际财政问题的产生,因而,需要各主权国家以外的国际组织机构在国际经济活动中稳定全球经济的发展、提供全球公共产品的职责。在世界范围内,联合国、世界银行、国际货币基金组织等国际组织在全球公共产品的供给中都起着极其重要的作用。例如联合国促进和维护世界和平的努力;世界银行减少全球贫困和疾病传播的努力;国际货币基金组织减少金融波动、促进金融稳定的努力等。在地区层次上,各大洲的复兴开发银行等都是为了供给地区公共产品而建立起来的。它们一方面是为了弥补全球公共产品提供的不足,另一方面也是为了解决单个民族国家不能够解决的问题。但是,国际组织的维持主要是依靠国家间的合作,其合法性和权威性有限。它们不能征税,不能侵犯国家主权,其经费主要依靠民族国家缴纳的会费和各种捐献。国际组织即便有提供全球或国际公共产品的动力,也可能会面临资金不足。[1]从各主权国家的角度而言,参与全球经济合作的内在需求必然导致一国主权范围内的财政政策受到国际社会的影响和约束,主权国家也需要研究如何平衡和利用国内财政政策受到的国际财政活动的影响。大国参与全球性公共产品的提供,在环境保护、气候变暖、反贫困等方面都必须有所作为。例如设立南南合作援助基金,减免不发达国家债务,增加对不

---

[1] 杨娜:《全球公共产品的属性探讨——兼论中国推动新冠疫苗成为全球公共产品的挑战及路径》,载《国际政治研究》2022年第4期。

发达国家的投资等重要举措，体现全球公共产品提供中大国的担当。而大国对外援助以及参与全球治理应在财政制度上有系统的安排，国与国之间也应在预算管理中实现良好的衔接。[1]

在国际公共产品供给需求的背景之下，为了满足各国参与国际经济活动的需求，在国际经济活动的各个领域必须建构调整国际财政关系、对缔约国具有普遍约束力的各项制度，国际财政因此迅速形成并得到了发展。然而，无论是国家参与国际经济活动的内在需求导致的世界市场失灵问题，还是如何防范多样化国际财政风险的问题，都可以归结为因国际财政行为产生的国际财政问题，这一系列问题使得国际法领域开始将目光投向如何确立调整国际财政关系、分配国际财政利益的国际财政法律规范，确立怎样的国际财政法律规范体系等一系列与国际财政相关的法律问题，国际财政法（学）可谓应时而生、顺势发展。

二、有了国际税法为什么还需要国际财政法？

（一）关于"财政法"与"税法"定义的简单回顾

在讨论国际财政法与国际税法的关系之前，我们不妨由熟悉的财政法与财税法的概念作为切入点。从语词的逻辑关系上看，财政与税收不是同一层次的概念。财政包含税收，但不限于税收，税收只是财政收入的一种，二者之间是种属关系。从这个意义上看，将统一的财政现象分割为财政与税收并不完全合适，直接用"财政"概念覆盖与之相关的一切收入、支出和管理更为精确。然而从历史的发展线索出发，自从经济学家关注财政伊始，税收就已经成为重要课题。经济学家研究财政时大多以税收作为切入点，税收学研究成果在财政学研究中占相当大的比重。从制度发展的轨迹看，现代意义上的财政法也是以"税收法定主义"为中心而发展起来的。目前，除了少数以石油资源充盈国库的国家，无论是自命为"无产国家"的资本主义国家，还是建立在公有制基础上的社会主义国家，税收在

---

[1] 杨志勇、樊慧霞：《全球财政治理：适应全球经济治理的需要》，载《经济研究参考》2016年第12期。

财政收入中都占有绝对比重，税法在整个财政法体系中格外引人注目。税法的特殊性不仅表现在法律规范数量多、覆盖面广，更主要地表现在它逐渐发展出相对独立的内部体系，如税法总则、税收实体法、税收程序法、税收处罚法、税收救济法等；税收实体法也分税种排列，有多少种税就有多少部法律。由于税的侵益性特点，与人民的财产利益息息相关，法学对财政的关注其实也是从税开始的，尽管时间上落后于经济学好几个世纪。从税收到预算，再到其他财政现象，这大致反映了财政法学兴起和发展的历史轨迹。由于税收在财政中的地位如此重要，由于税法在财政法中的相对独立性，也由于人们习惯于将税收与财政相提并论，我们将"税收"一词有意凸显出来，以财政税收法概括地称呼所有与财政收入、财政支出及财政管理有关的法律规范，将法学中专门研究这一领域的学科也称为财政税收法学，也可以简称为财税法学。

（二）国际财政法需要以一个"国际财政当局"的存在为前提吗？

立足国际法的视野，提出国际财政法这一概念，可能受到一定的质疑。传统的财政的概念是伴随着国家的产生而产生的，是在一国领土范围内的以该国政府为主体的国内分配关系。因此，早期有学者认为目前在世界上还没有一个真正有效的世界权力机构，不存在一个国际财政当局，也就没有国际财政这一概念可言。显然，这种观点是建立在世界或者说全球的角度来定义的世界财政或全球财政，是以世界性的公共权力机构或世界政府为后盾的。他们认为，由于不存在一个真正有效的世界权力机构，就不可能有一个制定、颁布和执行国际财政政策的"国际财政当局"，更不可能形成一个有效的世界范围的全球财政制度，目前国际上不可能制定出一部通行的国际财政法的法律规范，国际财政法的概念也就无从提出。

然而，依据同样的逻辑，为何不存在质疑国际税法存在合理性的观点？若从国际税法的本质来看，其调整的国际税收利益分配关系。对于国际税收的概念，学界虽持有各式各样的观点，例如，有学者认为，国际税收是两个或两个以上的主权国家或拥有相对独立税收主权的地区，在对跨国纳税人行使各自的征税权力而形成的征纳关系中，所发生的涉及国家或地区之间税收等直接利益和涉及经济发展等潜在的间接利益的分配关系，是两个或两个以上的主权国家或拥有相对独立税收主权的地区，由于对参与国际经济活动的纳税人行使税收管辖权而引起的一系列税收活动。还有学者认为，国际税收就是两个或两个以上国家的政府，在对跨国纳税人行使各自的税收权力而形成的征纳关系中所发生的国家之间的税收分配关系。但归纳其核心，还是国家作为税收主体对关涉本国的跨国税收利益的分配，更进一步而言，本质上还是一国国内财政收入法的延伸。

(三) 国际财政法与国际税法的逻辑关系

因此，可以认为广义上国际财政法的内容包含了国际税法的内容。而对于国际财政法存在合理性的质疑，可以从国际财政法的本质出发进行回应。有学者指出，国际财政是两个或两个以上的国家凭借各自的政治权力为协调两国或两国以上的经济交往过程中因分割经济利益所发生的分配活动及其所反映的分配关系。[1]同样地，笔者认为，国际财政不是各国国家财政的简单加总也不是国别财政，而是两个或两个以上的主权国家或拥有相对独立税收主权的地区在跨国经济活动中基于跨国财政利益形成的分配关系，国际财政法就是调整跨国财政利益分配的法律规范。因此，不能以没有一个统一的"国际财政当局"为由，忽略国际财政法本质上还是一国国内财政支出法的延伸。总而言之，国际财政法是调整国与国之间财政税收关系的法律规范的总和，广义上的国际财政法包含了国际税法，只是由于目前国际财政法学的研究还处于起步阶段，再加上国际税法学的独特性和内容的丰富性使国际税法常常被单独提出与国际财政法并列，国际财政法也常常被称为国际财税法。

三、国际财政法学的研究对象

(一) 国际财政法学的学理起点：国际财政法的定义

笔者认为，可以从不同角度阐释国际财政法的概念。从狭义角度看，国际财政法是调整国与国之间财政税收关系的法律规范的总和，这里的财政税收关系的主体必须是不同的国家，这种理解可以概括为是国际财政法

---

[1] 林品章：《国际财政若干问题的研究》，载《财政研究》1995年第1期。

的"狭义说"。从广义角度看,国际财政法调整的国际财政关系的主体还包括一国政府与跨国个人,因此国际财政法还包括一国国内的涉外财税法,这种理解可以概括为是国际财政法的"广义说"。另外,近年来随着从法学视角研究国际财政问题的学术发展,上述"狭义说"或"广义说"越来越不足以满足对国际财政问题进行相关法学研究的需要,为此,有必要从更广阔的视角理解国际财政法的概念,由此形成的规定可以概括为是国际财政法的"综合说"。我们认为,国际财政法调整的国际财政关系是国际财政税收协调关系,即两个或两个以上的国家或地区在协调它们之间的财政税收关系的过程中所产生的各种关系的总称,更具体而言,是指各相关主体在进行财政税收活动交互的过程中所产生的与财政税收有关的各种关系的总称。

(二) 国际财政法学的研究对象:国际财政法的调整对象

国际财政法的调整对象,简言之,为国际经济活动中相关主体形成的国际财政关系。国际财政关系,指的是国家与国家之间,一国与国际组织、他国居民之间财政分配关系的总和,包括了国家与国家之间的财政分配关系;国家与国际组织之间的财政分配关系;一国政府与他国居民之间的财政分配关系;一国与他国非政府组织(如公司、非营利性社团等)之间的财政分配关系。

由此观之,国际财政法调整对象实质上为财政分配关系,调整的主体既包含主权国家又包含国际组织与他国居民。从内容上看,这种国际财政关系包含了国际公共劳务、国际发展援助、全球经济稳定这三个方面产生的各类支出关系以及国际税收关系、国际债务关系、国家捐赠关系、国家援助关系、国际投资关系。详言之,国际公共劳务方面的内容主要为由致力于世界和平与经济开发、改善人类生活环境的国际性组织在各国对公共劳务的联合供应中开展相关业务活动,从而在国际公共劳务供应的各类支出关系中消除外部不经济,产生集体消费利益,最终实现国际资源的优化配置;国际发展援助方面的内容主要为由发达国家或高收入的发展中国家及其所属机构、有关国际组织、社会团体以提高资金、物资、设备、技术或资料等方式,帮助发展中国家发展经济和提高社会福利的各类具体活动；国际债务是一国居民所欠非居民的以外国货币或本国货币为核算单位的具有契约性偿还义务的全部债务，其中，主权债务则指一国以自己的主权为担保向外，不管是向国际货币基金组织还是向世界银行，还是向其他国家借来的债务；国际投资指的是各类投资主体，包括跨国公司、跨国金融机构、官方与半官方机构和居民个人等，将其拥有的货币资本或产业资本放到国外以实现价值增值的经济行为。至于国际税法的调整对象当然包含在国际财政法的调整对象范围内，于此不再赘述。

四、国际财政法的法律渊源

国际财政法的渊源，指的是国际财政法的表现形式。由于国际财政法的调整对象范围广阔，其表现形式亦呈现出多样性。具体而言，国际财政法的渊源主要包括国际财政规则、国际财政条约、国际财政惯例以及一国的国内法。

（一）国际财政规则

国际财政规则是指由联合国以及其他国际组织颁布的与国际财政有关的国际法，包括相对独立的国际法律规范以及国际法律规范中的相关条款。例如，联合国及其他相关国际组织颁布的旨在解决全球南北失衡问题的系列国际法律规范；又如，联合国以及其他国际组织与会费缴纳有关的规范性文件；再如，《国际复兴开发银行协定》中的相关条款、《世界卫生组织法》及其修正案中的部分条款、联合国开发计划署签订的相关协议，等等。其中较为典型的有：

1.《国际复兴开发银行协定》

《国际复兴开发银行协定》是在联合国货币金融会议通过的同联合国组织正式签订建立相互关系的协议，根据该协定成立了世界银行作为联合国的专门机构，1980年又对该协定进行修订并补充了《国际复兴开发银行协定附则》。该协定及附则对世界银行的宗旨、业务范围和组织结构等都作了明确规定，其中部分条约规定具有鲜明的国际财政规则特征。例如，协定第一条规定的世界银行的宗旨中就明确了"通过使投资更好地用于生产事业的办法以协助会员国境内的复兴与建设，包括恢复受战争破坏的经济，使生产设施恢复到和平时期的需要，以及鼓励欠发达国家生产设施与资源的开发"；"用鼓励国际投资以发展会员国生产资源的方式，促进国际贸易长期均衡地增长，并保持国际收支的平衡，以协助会员国提高生产力、生活水平和改善劳动条件"，等等。协定就世界银行对外贷款部分所作的规定中也明确了世界银行可以向会员国提供贷款，并强调，"会员国的主要城市地区因敌人侵占或战争而蒙受重大破坏时，为了有利于该国恢复和重建经济，银行在决定对该类会员国贷款的条件时，应特别注意减轻其财政负担和加速其恢复与重建工作的完成。"

2.《世界卫生组织法》

《世界卫生组织法》及其修正案中与国际财政规则密切相关的部分体现在其对世界卫生组织预算及支出的规定，包括明确规定了世界卫生组织的经费来源为"遵照本组织与联合国所签订协议的原则下，卫生大会应审查并批准预算，并应按照卫生大会所定的比例准则分配由各会员分别承担经费开支"，"卫生大会，或由执委会代表卫生大会，可接受并处理送给本组织的捐赠或遗产。但此项捐赠或遗产的附带条件必须为卫生大会或执委会所能接受并符合本组织的目的与政策。"同时，还规定了财政支出中具有特殊性的特别基金为"为应对紧急事项及偶然事故，应设立一项特别基金由执委会酌情使用"。

(二) 国际财政条约

国际财政条约同样具有广义和狭义的区分。广义上的国际财政条约指的是两个或两个以上的主权国家围绕不同国家之间的财政相互作用形成的国际经济活动所签订的确定、协调不同国家之间财政关系的书面协议或条约，它反映了签订主体在相互财政关系中的权利和义务。国际财政自身内涵的丰富性从根本上决定了国际财政条约表现形式的多样化，无法通过列举一一说明。当前，国际财政条约主要表现形式可以概括国际税收条约、国际债务相关的条约、国际援助相关的条约以及国际投资相关的条约，下文将举典例进行说明。

1.《欧洲经济货币联盟稳定、协调与治理公约》

欧盟除英国和捷克外的25个成员国于2012年签署的《欧洲经济货币

联盟稳定、协调与治理公约》是典型的国际财政条约，该条约旨在加强欧盟财政纪律（包括自动惩罚机制、加强预算监督等）和确保欧盟财政预算平衡，主要规定了六个方面的内容：一是缔约国政府预算必须保持平衡或者盈余并对结构性财政赤字进行了规定；二是各国减少自己债务的义务；三是签署各国的权利和义务；四是对出现过度赤字的缔约国，方案需得到欧盟委员会和欧盟理事会的认可和监督并应进行必要的结构改革的强制性规定；五是规定了一个国家的赤字如果超过了上限，将启动由欧盟委员会建议的"自动处罚"程序；六是明确规定只有签署该条约的成员国才能获得欧元区永久性援助基金（ESM）。

2.《非加太地区国家与欧共体及其成员国伙伴关系协定》

《非加太地区国家与欧共体及其成员国伙伴关系协定》，以下简称为《科托努协定》，该协定于2000年签订，于2020年更新。该协定由欧盟27国与非加太79个国家共同签订，侧重六个广泛领域：人权、民主与治理；安全；人类和社会发展；环境可持续性和气候变化；可持续增长；移民和流动性。在发展援助上，《科托努协定》一方面将欧非定义为经济伙伴关系，对缔约国贸易进口关税和出口税都进行了限制和调整，另一方面协定规定了欧盟为西非地区经济伙伴关系相关项目提供来自欧盟发展基金的援助。《科托努协定》有关欧非发展援助的一系列规定是全面而具有法律约束力的，是国际关系发展新时期南北合作关系的缩影。

3.《中华人民共和国政府和加拿大政府关于促进和相互保护投资的协定》

《中华人民共和国政府和加拿大政府关于促进和相互保护投资的协定》，以下简称为《中加双边投资协定》，涵盖了常规投资保护协定包括的主要内容和要素，囊括了国际投资协定通常包含的所有重要内容。除了包括投资定义、适用范围、最低待遇标准、最惠国待遇、国民待遇、征收、转移、代位、税收、争议解决、一般例外等条款外，该协定还对税收和金融审慎例外问题作出了专门规定，这是中国对外商签的投资协定中首次进行的专门规定，具体而言：与税收相关的专门规定主要包括了税收协定适用问题、对于税收措施的实体约束问题、对投资者就税收措施提出的质疑的解决措施几个方面的内容；与金融审慎例外问题相关的法律规范为明确了投资者与国家之间的国际投资仲裁庭不享有裁决金融审慎措施合法性的管辖权,而是将是否构成金融审慎例外交由缔约双方之间的专设仲裁庭处理。当然,协定中还规定了一系列投资者与东道国之间利益授予、争端解决等一系列与国际投资相关的法律规定。

(三) 国际财政惯例

国际惯例是指在国际交往中逐渐形成的不成文的原则和规则,包括国际习惯和通例。《国际法院规约》第 38 条规定了所谓国际惯例即作为通例之证明而经接受为法律者,指在国际实践中反复使用形成的,具有固定内容的,未经立法程序制定的,如为一国所承认或当事人采用,就对其具有约束力的一种习惯做法或常例。因此,国际财政惯例指的就是各相关主体在国际经济活动中处理财税关系逐渐形成的,为各主体普遍接受的,从而具有法律约束力的国际税收习惯和通例。例如,国际税法领域通行的无差别待遇原则、外交税收豁免原则。

(四) 国内法

国内法主要指的是一国的涉外财税法,即一国具有涉外因素的财税法,判断一国的国内法是否属于涉外财税法律法规以其内容是否调整国际财政关系为标准。在我国,涉外财税法指的是我国立法机关和行政机关颁布的涉外财税法律法规,主要包括涉外所得税法和涉外财产税法等。

另外,在适用国际财政法的渊源时应注意国际财政条约与国内法的关系,这也是国际法与国内法关系的一个方面,二者的关系主要取决于一国宪法或条约法的相关规定。在采纳法律体系一元化原则的国家中,如日本、美国等,国际财政条约被批准后,无须借助任何立法转化程序就自动生效成为国内法的一部分,国际财政条约可以成为执法部门和法院的直接法律依据;在采纳法律体系二元化原则的国家中,如加拿大、英国等,国际财政条约必须经过相应的立法程序,将其转换成国内法后才能生效,可能是作为涉外财税法的一部分也可能成为国内税法的一部分。执法部门和法院不能直接适用国际财政条约,而只能将国际财政条约经过转化成为国内法规则再行适用。

五、国际财政法的体系及其主要内容

(一) 国际财政法的体系

法的体系是法理学范畴的概念。国际财政法的体系是指对一国现行生效的所有国际财政法规范根据其调整对象之不同而划分为不同的法律部门而组成的一个有机联系的统一整体。国际财政法的体系是比照国内法的法律体系的划分而对国际财政法规范进行相应划分后所组成的一个体系。

在谈到国际财政法的体系时，总是要具体到某一个国家，比如中国的国际财政法体系、美国的国际财政法体系，而不能笼统地谈国际财政法的体系。因为，国际财政法的体系是对一国生效的国际财政法规范所组成的体系，不对一国具有法律约束力的其他国家之间缔结的国际财政税收协定就不是本国的国际财政法体系的组成部分。因此，我们这里所谈的国际财政法体系，实际上指的是中国的国际财政法体系。由于我国所缔结的国际财政税收协定的种类和数量都很有限，因此，本文所探讨的仍是理论上的国际财政法体系，而不局限于我国实际缔结或参加的国际财政法律规范。

(二) 国际财政法的主要内容

根据国际财政法所调整的国际财政税收法律关系，我们可以粗略地把国际财政法分为围绕着国际公共劳务、国际发展援助、国际税收、国际债务、国际援助、国际投资这几个分支形成的国际法律规范中涉及跨国财政利益分配的部分。具体而言，其内容包含：

1. 国际公共劳务

随着各国经济关系的不断加强，各国对公共劳务的联合供应，成为世界瞩目的问题。当前，国际公共劳务资源的配置主要存在两种途径：其一，国与国之间的国际公共劳务合作；其二，国际组织开展的国际公共劳务供应业务。

国与国之间的国际劳务合作从贸易的角度进行分类，可以看成是服务贸易，指的是劳动者在不同国家进行流动，通过在一些国家提供生产或非生产性劳动和服务，从而可以获得报酬的活动。具体而言，是指在生产领域拥有管理人员、技术人员与劳动力的国家或地区，向缺乏这些人员的另

外一些国家或地区提供所需要的人员去进行工作，以获得盈利的一种经济合作方式。主要有两类：一类是通过承包对方工程的形式向对方提供劳务，国际上称之为"国际承包工程"；另一类是通过派出劳务人员去为对方服务的形式向对方提供劳务，国际上称之为"劳务的输出与输入"。国与国之间的国际劳务合作对外劳务合作是劳动力元素在国际空间的流动，具有涉外性、国际性。国家间开展对国际公共劳务合作时，必须遵循国际劳工条约和通用惯例。另外，不同国家亦会在本国的国内法作出相关规定。在国与国的国际公共劳务合作法律体系中，劳工是最为突出的关涉对象。

致力于世界和平与经济开发、改善人类生活环境的国际性组织的成立及其开展的业务活动，如联合国、世界卫生组织等及其所提供的业务活动，其主要目的均在于消除外部不经济，产生集体消费利益，实现国际资源的优化配置。此类国际性组织开展配置国际公共劳务的业务活动，必然涉及国际组织的成本分担问题，这与国际财政法密切相关。主权国家主要借助政策决定机制和物质资源权力对国际组织施加影响，而财务和信息是保证国际组织功能发挥和保持自主性的重要因素。就联合国经常预算的筹措而言，其具体做法是按一定比例向会员国收取会费。这种经费分摊，对会员国而言实质上是一种税收分摊，通常做法为对个人所得较低的国家从低课征，对经济实力强大的国家则从高课征。例如，《联合国宪章》第17条规定，联合国组织的会费"应由各会员国依照大会分配限额担负之"。各国应缴纳的会费数额由大会根据会费委员会建议批准的比额表确定，主要根据每个国家的国民生产总值、人口以及支付能力等因素予以确定；《世界卫生组织组织法》第56条规定，世界卫生组织的经费开支由卫生大会"按照卫生大会所定的比例准则分配由各会员分别承担"，每一会员国缴纳的费用按本国的财富和人口状况计算。当前，财政紧张是众多国际组织面临的难题，例如，就世界卫生组织而言，就长期面临总体收支不平衡、会费收缴不齐和经费来源比例失调的问题。虽然评定会费是世界卫生组织财政的基本组成部分，督促各会员国履行会费义务，维持世界卫生组织基本的财务平衡和机构运转，保障其发挥基本功能，但是，世界卫生组织是拥有 7000 多名员工、6 大区域分支和 150 多个会员国代表处的超大跨国机构，成员国会费仅占全部预算收入的 16%，其余资金依赖各方自愿捐款，而大多数捐款往往附带条件或指定用途。2022 年 5 月，第 75 届世界卫生大会通过了增加会费的历史性决议，力争让会费在 2030—2031 双年预算中达到 2022—2023 双年预算水平（49.68 亿美元）的 50%，但即便这个决议能得到完全落实，世界卫生组织的预算规模也比不上美国一些大医院一年的收入。在今后相当长的时期内，自愿捐款仍将是世界卫生组织主要的资金来源。[1]因此，如何支持国际组织增强国际公共劳务配置中的领导力，拓宽其资金来源仍是当前国际公共劳务联合供应中的重要议题。

2. 国际发展援助

国际发展援助指的是发达国家或高收入的发展中国家及其所属机构、有关国际组织、社会团体以提高资金、物资、设备、技术或资料等方式，帮助发展中国家发展经济和提高社会福利的具体活动。联合国将官方发展援助定义为发达国家或相对发达国家的政府为促进发展中国家的经济发展和提高福利水平，向发展中国家和多边机构提供的赠款或赠与成分不低于 25% 的优惠贷款。分为双边援助和多边援助两类。多边援助是对联合国及其他多边机构提供、用于援助活动的捐款。联合国大会将官方发展援助的目标确定为占捐助国国民总收入的 0.7%。然而长期以来，只有少数几个国家，如丹麦、卢森堡、荷兰、挪威和瑞典兑现了诺言，达到了将国民总收入 0.7% 用于官方发展援助的目标，但大多数发达国家不但没有兑现目标，而且其用于官方发展援助的资金近年来还出现不断下滑趋势。

显而易见的是，在国际发展援助的相关法律文本中最关键的为对发达国家和发展中国家概念的界定。传统学理意义上发达国家是指经济发展水平较高、技术较为先进、生活水平较高的国家；发展中国家又被称作"欠发达国家"，是指政治上虽已独立，但经济上比较贫穷、工业基础薄弱、人均国民生产总值较低的国家，是与发达国家相对的概念。发达国家或高

---

[1] 徐彤武：《中国与全球公共卫生安全合作：挑战、原则和现实路径》，载《国际经济合作》2022 年第 5 期。

收入的发展中国家及其所属机构、有关国际组织、社会团体进行国际发展援助有其背后的驱动力。经济意义上，其一在于帮助落后国家和地区实现经济、社会发展，改善当地人民的生活水平；其二在于进行特殊的重建援助，帮助遭受自然灾害、人为动乱与战争祸害的国家或地区实现重新建设、发展；其三在于帮助稳定世界、地区经济，帮助受援国度过经济危机。政治意义上，可以扶植与本国经济政治制度相同的国家和地区，以巩固与本国密切相关的经济和政治力量，实现本国的国际政治和经济目的；同时，可以建立、巩固与扩大本国在某一国家、地区的综合影响，提高本国的国际政治地位；另外，国际发展援助可以作为挽救、扶植某国政权或改变某政权、国家性质的手段；最后，一些霸权国家还会通过国际发展援助实现某一直接的政治目的和利益。

从受援助国的角度而言，这种财政援助是指援助国或多边机构为满足受援国经济和社会发展的需要以及为解决其财政困难而向受援国提供的资金或物资援助。从方式来看，财政援助包括双边赠予和双边直接贷款两种，前者指的是援助国向受援国提供不要求受援国承担还款义务的赠款，赠款可以采取技术援助、粮食援助、债务减免和紧急援助等形式来进行；后者则指援助国政府向受援国提供的优惠性贷款，一般多用于开发建设、粮食援助、债务调整等方面。从性质上来说，多为发展型援助和人道主义援助。发展型援助从短期目标来看，以扩大出口、确保资源供应等对外经济利益为目的，把援助与本国的经济利益直接挂钩；从中长期目标来看，以获取更长远的对外经济利益为目的，注重以经济援助来促进发展中国家的经济发展。人道型援助是从帮助他国改善经济与社会条件这一较纯粹的援助动机之下，不以特定的对外利益为直接目的，不在援助上附加任何政治或经济条件的做法。如联合国儿童基金会（UNICEF）、国际红十字会（ICRCO）及非政府组织（NGOS）等提供人道主义援助和紧急救援，帮助相关国家的自然灾害和战争受害者。

目前的国际援助体系是一个包括三类提供援助的行为体的松散的聚合。第一类是主权国家。首先是发展援助委员会22个成员国，它们提供了国际援助的绝大部分。其中居前几位的是美国、日本、法国、英国、德国等。近年来,其他援助国的重要性也在不断加强。它们包括几类不同性质的国家:一是不属于发展援助委员会的经合组织成员国,如韩国、墨西哥、土耳其和几个欧洲国家;二是不属于经合组织的欧盟新成员国;三是中东石油输出国组织(OPEC)国家,主要是沙特阿拉伯、科威特、阿联酋;四是不属于前述几个国际组织的援助国,包括中国、巴西、印度和俄罗斯等世界和区域大国。相对于发展援助委员会国家,这几类国家援助量和援助条件等方面数据的可获取性比较有限,也缺乏与其他援助国援助政策的协调。第二类是多边援助机构。主要包括前述的国际开发协会,国际货币基金组织,联合国专门机构,以及区域性发展银行。作为一个特殊的多边组织,英联邦通过1971年设立的技术合作基金,向其49个成员中的发展中国家提供援助。第三类是一些非政府组织也提供一些人道和发展援助,如国际援助行动、基督教援助组织、乐施会、拯救儿童组织等。当前,减贫和发展治理已经成为国际援助制度的核心,并得到全球公民社会的广泛支持,援助机构在增加援助数额、改善受援国的治理水平和所要实现的具体目标等方面形成了基本共识。[1]国际援助的法律体系在国际财政收入法中主要表现为联合国、世界银行等国际组织对外援助的相关原则和规范、推动国际社会就贫困和发展相关的问题制定的规章、国际协定以及国际组织对援助资金使用的配套监管规范等。

3. 国际税收

国际税收的概念在前文已进行阐明,此处仅对国际税法中需协调的几大问题作简单的介绍:其一,协调有关国家之间税收管辖权的具体掌握和行使,避免国际重复征税的发生和扩大;其二,协调国际商品课税制度和所得课税制度,以促进国际贸易的发展、国际间资本的流动和世界市场的形成;其三,协调国际对跨国收入和费用的分配,以此协调对跨国纳税人的管辖,协调对跨国课税对象在各自国家的计算、分配和征收;其四,协调国际避(逃)税防范措施,防止国际避税和逃税的发生。

国际税法中存在以上需协调的几类问题,究其根本在于国际税收争议

---

[1] 丁韶彬:《国际援助制度与发展治理》,载《国际观察》2008年第2期。

的存在。按照国际税法学界的通说,国际税收争议也称国际税务争议。关于国际税收争议的定义,目前学界有两种认识:一种认为,国际税收争议仅仅是指有关国家在国际税收利益分配关系中对某项税收利益产生不同主张和要求而产生的争议,即狭义论。按照狭义论,国际税收争议就是国际法律争议,可以通过国际法上的争议解决方法予以解决。另一种认为,国际税收争议不仅是指有关国家在国际税收利益分配关系中对某项税收利益产生不同主张和要求的争议,而且还包括一国政府与跨国纳税人在税收征纳关系中对是否征税、如何征税等问题上产生不同主张和要求而导致的争议,以及国家间在纳税人税收待遇、防止国际逃税和避税、重复征税、避免双重不征税、税收行政互助等问题方面产生的冲突,即广义论。一句话来概括,就是指不同国家之间或一国政府与跨国纳税人之间在国际税收关系中产生的各种争议的总和。按照前文对国际税收的阐述,国际税收争议的定义应当与其保持一致采广义说,即国际税收争议不仅是指有关国家在国际税收利益分配关系中对某项税收利益产生不同主张和要求而产生的争议,而且还包括主权国家与跨国纳税人在税收征纳关系中对是否征税、如何征税等问题上存在的不同主张和要求而导致的争议,以及国家间在纳税人税收待遇、防止国际逃税和避税、重复征税、避免双重不征税、税收行政互助等方面产生的分歧。[1]无论是何种方法对国际税收争议进行分类,国际税收争议产生的原因并无不同。国际税收争议的成因,从表层看,不同主权国家行使税收管辖权的冲突以及反避税的客观需求使得国家与国家之间以反避税、避免双重征税为两大主要目的订立大量的税收协定,对这些协定解释和适用的不同引起了国际税收争议;从根本上看,任何国家的国际税收机制都是不同的,不同的国家之间一定会在意识形态等隐性制度,基本原则,规范和规则,决策、贯彻、协调程序四个层级中的一个或多个层级中产生分歧,具体内容本文不再说明。

4. 国际债务

国际债务指的是一国居民所欠非居民的以外国货币或本国货币为核算

---

[1] 廖益新主编:《国际税法学》,高等教育出版社2008年版,第331~333页。

单位的具有契约性偿还义务的全部债务。其中，主权债务指一国以自己的主权为担保向外，不管是向国际货币基金组织还是向世界银行，还是向其他国家借来的债务。国际债务成为当前国际资金融通、世界资源分配的主要形式存在其必然性。首先，对于大多数发展中国家来说可以利用国际债务弥合国内储蓄缺口，扩大投资规模以满足目标经济增长的投资要求，实现经济快速增长；从债权国的角度来看，以债务形式输资本也是有利的。其次，资源由富裕国家向贫穷国家的转移符合各个国家的共同利益。对于经济较为落后的发展中国家而言，可以得到急需的金融资源和实际资源，对于发达国家而言，可以使其国际收支状况得到改善，经济活动规模扩大。最后，国际资金流动的其他形式，如直接投资、股权投资，以及带有赠与性质的各种外援资金等都是相对有限的。

1956 年巴黎俱乐部成立是国际债务治理诞生的主要标志。20 世纪 80 年代发展中国家债务危机推动着国际债务治理开始经历重要转型。国际债务治理开始发生重大变化。债务治理的主导机制从巴黎俱乐部、伦敦俱乐部逐渐转向国际货币基金组织、世界银行等国际金融机构。债务治理的重点从主权债务谈判转向大规模的债务救助。通过"重债穷国倡议"（1996年）、"多边债务减免倡议"（2005 年）、低收入国家债务可持续性分析框架（2005 年）等倡议和机制，西方国家、巴黎俱乐部和国际多边金融机构逐步确立了在国际债务治理上的主导者地位。21 世纪第二个十年以来，发展中国家的债务形势的复杂化、债务治理主体的多元化和治理方式的差异化，正成为国际债务治理发展转型的新动力。目前，国际债务治理并没有建立一套机制化的债务治理机制，相反是采用了论坛化的或松散的治理体系。巴黎俱乐部主要负责双边债务相关问题，国际金融机构主要负责多边债务，并在国际债务管理的理念、规范和协调上发挥核心作用。巴黎俱乐部秘书处只是一个规模很小的会议联络机构，多边金融机构主要通过年度会议来讨论债务问题。然而，松散的机制并没有减弱传统债务治理的效力。相反，债务谈判的结果虽然只体现在会议记录、备忘录等非正式文件中，但往往却具有很强的政策影响力。从巴黎俱乐部到国际金融机制，两者的合作协调共同塑造了当前国际债务治理的基本模式。概括起来，国际债务治理主要包含四个核心功能：构建债务治理的规范和标准；主导债务管理的过程；协调债务谈判或救助；规范和引导其他债权人。

国际债务治理在应对发展中国家债务危机、塑造发展中国家债务管理政策以及推动国际合作协调上发挥了重要作用。截至 2020 年 8 月 13 日，巴黎俱乐部已经与 92 个债务国达成了 454 个债务重组协定，涉及债务金额达到 5870 亿美元。国际金融机构主导的"重债穷国倡议"和"多边减免倡议"使 39 个"重债穷国倡议"国家中的 36 个获得了债务减免，在解决欠发达国家的债务上发挥了重要作用。2006 年之后，重债穷国的债务可持续性指标大幅回落至合理区间，债务状况明显改善。然而，在长期的实践中，传统债务治理也暴露了诸多问题，面临着严峻的质疑和批评。尤其是在 2010 年之后，发展中国家的债务规模又开始出现较快增长，债务负担大幅增加，债务可持续性风险持续上升。当前来看，如何从债务问题的根源入手提高债务的良好治理，如何加强债务主体之间的协调合作，如何推动不同治理模式的优势互补，应是新型国际债务治理的核心议题和重点方向。由此，新型国际债务治理转型过程中应致力于搭建包容开放、高效的国际融资管理体系，应推动不同治理模式间的优势互补，应致力于真正解决发展中国家的债务问题和促进可持续发展。[1]

5. 国际投资

国际投资指的是各类投资主体，包括跨国公司、跨国金融机构、官方与半官方机构和居民个人等，将其拥有的货币资本或产业资本放到国外以实现价值增值的经济行为。主权财富基金是指一国政府在满足外汇储备必要的流动性和财政收支平衡条件下，利用超额的外汇储备和财政盈余建立的专门的主权投资机构，因其投资主体具有特殊性而成了国际投资中的特殊类别。一方面，主权财富基金为实现国内经济发展目标，受国家政策影响而采取相应的战略投资；另一方面，主权财富基金是市场化的投资主体，管理资本保值增值。

---

[1] 周玉渊：《转型中的国际债务治理：过程、功能与前景》，载《太平洋学报》2020 年第 12 期。

国际投资体制是国际财政体制的重要组成部分，具体是指协调国际投资活动的制度安排。国际财政法学的研究重点在于国际投资体制中的规制维度即国际投资协定体系，除了规制维度，国际投资体制还包括国际投资实践中形成的规范、原则和惯例等。[1]在当前的国际生产格局中，投资已经超越了贸易，全球现有 3360 个国际投资协定（IIA）包含了 2943 个双边投资协定（BIT）以及 417 个包括投资条款的协定（TIP）。2016 年，G20杭州会议上《G20 全球投资政策指导原则》获得通过，这是国际社会首次在多边机制下就全球投资规则的制订达成共识。《G20 全球投资政策指导原则》提出的九项原则涵盖了国际投资体制的所有核心要素及板块（包括投资准入、投资保护及待遇、投资促进与便利化、投资争端解决机制）并纳入了新一代国际投资规则的核心要素，为现行国际投资体制改革提供了政策指引，为未来全球投资体制构建了基本框架，填补了国际投资治理的空白，是多边投资规制的历史性突破。这九项全球投资政策指导原则可以概括为：反对投资保护主义；非歧视；投资保护；透明度；可持续发展；政府对投资的监管权；投资促进及便利化；企业社会责任及公司治理；国际合作。[2]

随后，大型区域国际协议不断涌现，包括《全面与进步跨太平洋伙伴关系协定》（CPTPP）、《区域全面经济伙伴关系协定》（RCEP）和《中欧全面投资协定》（CAI）。CPTPP 协定于 2018 年 12 月 30 日生效，投资章节分为 A、B 两部分，包括了投资定义、适用范围、投资者权利和义务以及投资争端解决机制的安排。在规则体系上，CPTPP 基本沿用了 2012 年美国公布的双边投资协定框架，提倡稳定、透明、可预见和非歧视的投资保护框架。区域全面经济伙伴关系协定谈判于 2012 年启动，2020 年 11 月 15日签署，包含以改革为导向的投资章节，纳入完善的投资定义，提出投资促进和便利化要求，提出分阶段实现以负面清单承诺为基础的行业开放规

---

[1] 潘圆圆、张明：《资本充裕度与国际投资体制的演变》，载《世界经济与政治》2022 年第 2 期。

[2] 詹晓宁、欧阳永福：《〈G20 全球投资政策指导原则〉与全球投资治理——从"中国方案"到"中国范式"》，载《世界经济研究》2017 年第 4 期。

则,体现了在现代化与高质量的投资规则要求下亚洲国家渐进式投资管理制度改革的原则和方向。CAI 在 2020 年 12 月 30 日达成,投资章节专门讨论投资自由化,规定投资者及所涉企业在若干情形下享有设立和经营方面的国民和最惠国待遇。CAI 是传统双边投资协定的升级版,投资议题覆盖领域宽、规则水平高,不仅体现国际投资规则新趋势,而且发挥了以中国为代表的发展中国家和以欧洲国家为代表的发达国家投资制度融合的示范效应。CPTPP、RCEP 和 CAI 这些大型区域 IIAs 很大程度上引入了《G20 全球投资政策指导原则》的理念、原则和要素,同时也对各成员国发展阶段进行了适应性调整,包含符合发达国家发展水平的高标准投资规则和符合发展中国家发展阶段特征的包容性措施。CPTPP、RCEP 和 CAI 是大型区域 IIA 的代表,它们是在广泛的国家群体间签署的经济协定,具有整体、重大的经济影响力,体现和影响着未来国际投资规则。[1]

小 结

国际财政法学是国际法学科的新兴交叉分支子学科,其概念体系与理论逻辑等基本问题仍值得推敲,但无论如何都应当看到国际公共产品供给领域的国际法律合作与法治斗争的客观存在,应当看到国际公共产品供给活动法治化的发展趋势,应当看到人类命运共同体思想背景下中国政府参与国际公共产品供给活动国际规则制定的内在需要。退而言之,不论是否确认国际财政法学作为国际法学科体系中的子学科地位,不论是否接受国际财政法作为国际法体系的子部门身份,甚或不论是否认可国际法作为一级学科的学科属性,都必须认识到,国际公共产品供给以及与此相关的国际财政活动中的冲突与矛盾,是全球治理体系建设必须面对的新问题。

---

〔1〕 张娟:《区域国际投资协定规则变化、成因及全球投资治理的中国方案》,载《世界经济研究》2022 年第 2 期。

人工智能与法学教育融合创新研究[*]

周 鑫 赵晶晶[**]

人工智能与法学并非完全没有关系的两个事物，它们应当互相促进。在人工智能蓬勃发展的今天，"人工智能+"发展方兴未艾，已然成为了一种新的趋势。当前智能AI程序已经能够替代法学领域的部分重复性工作和服务，而且国家现在对创新型、复合型、应用型人才的需求不断扩大，现在法学教育已经出现了与社会发展不相适应的苗头，现存的法学教育存在普及程度较低、覆盖面较窄、法律技能培训"缺席"等问题，都表明了我国法学教育的创新能力不足。对此现状，法学教育不得再故步自封，必须进行创新。那么在人工智能的助力下，法学教育领域有了新的突破。通过灵活的教学手段、海量的教学案例资源，极大地提高了法律教育的质量，拓展了法律教育的新领域，为法学教育的创新发展注入了新的动力，为培养更多创新型人才精英提供了发展空间。但是，随着法学教育与人工智能的深度融合，也不可避免地会产生一些"化学反应"，需要我们能及时有效地解决这些问题，同时也要高度重视。

---

[*] 2021河北省社会科学基金项目"人工智能民事侵权责任研究"（项目编号：HB21FX003）。
[**] 周鑫，廊坊师范学院副教授；赵晶晶，廊坊师范学院2018级本科生。

一、人工智能与法学教育初步融合之不足

在 20 世纪 70 年代末，我国才开始人工智能的研究，从那以后人工智能的研究逐渐兴起。现如今大数据时代，智能信息技术已经向全社会渗透。而法学教育，作为人文社会科学的重要学科，虽然与智能技术已经有了一些新的联系，但也仅仅是刚刚开始，人工智能在法学教育中的运用还很有限，还处在法学教育的辅助阶段，人工智能与法学教育的交叉学科之间还存在着一些问题，呈现出了"复而不合"的尴尬局面。[1]另外，人工智能技术很难突破传统法学教育教学的桎梏，"人机合作"的效用并不明显，阻碍了法学教育的智能化。毕竟，人工智能法学是一门全新的法律学科，在融合的过程中，难免会出现一些摩擦冲突。

（一）智能法学新课程设置封闭僵化

人工智能法学是一门新兴交叉性学科，就是把人工智能的相关知识与法学教育结合到一块，突破传统单一学科的局限，处于刚起步的阶段，在知识储备上还未能实现很好的结合，呈现出初步融合但还存在分歧的尴尬境地，各学科之间的融合交织也较为固执死板。如现在大部分高校内的法学专业确实设有社会学、经济学、会计法学等学科，但是和计算机技术、大数据算法等人工智能知识并没有实现很有效的融合，也没有进行国际化的交流合作和经验借鉴。总体上看，当下国内法学院对人工智能的应对并不充分。相比之前的法学专业课程只设置法学核心课程，目前国内法律学院开设了人工智能法律专业的选修课，主要研究人工智能的发展历史、人工智能法律伦理以及人工智能法律的一些实务应用，但很少有人能够将人工智能技术运用到法律实践中去。尽管也有一些大学试图将人工智能与法律相结合的前沿课程，例如"大数据分析导论"等一系列交叉学科，但它们往往落后于传统的教学模式，更主要的是，缺少专业的个性和创造性。[2]的确，在人工智能法律项目上，他们将人工智能法律专业和程序设

---

[1] 冯果：《大数据时代的法学教育及其变革》，载《法学教育研究》2018 年第 2 期。
[2] 王渊：《"互联网+"时代法学教育变革研究》，载《高教探索》2019 年第 7 期。

计融入了这个项目中,但法律基础课程却没有任何变化。人工智能技术和法律尚不能实现进一步有效的融合,那么在应对现实生活中的诸如网络虚拟财产纠纷、网络契约等问题上就会措手不及,也难以从法律知识中找到答案。

(二) 人工智能在法学教育领域应用有限

目前的人工智能,还处在弱化的人工智能时代,人工智能的发展还停留在感知智能的发展阶段,而任务类的人工智能才是最重要的。在法学教育中,人工智能的运用仍然十分有限,主要就是发展在学校教育中,且主要应用于日常教学、学生学习和学校管理上,还没有形成全方位的、整体性的应用系统。像大学生 MOOC 这种开放的网上资源共享平台,可以让所有的学生都有一个不受限制的时间和空间,用户可以通过注册账号,在网上随意挑选来自世界各地著名大学的学习资源,实现随时随地的自主学习。[1]同时,许多网络教学平台也为教师组织教学活动、指导作业、分析学情等传统教学工作提供了有力的支撑。利用大数据及云计算技术,可以实时监测学生的学习访问量、视频观看时间、讨论参与程度、作业完成情况,促进教学模式和学习模式的交互变革。

目前,人工智能与法学教育只是初步融合,而人工智能则是辅助型教学工具,它在教学活动中起着精准、高效的帮助作用。另外,大学生 MOOC 虽然流行,但应用范围有限,技术应用滞后,其本质也就是一种网络教育工具,很难实现真正的教学效果。法学教育在实践中不太受人工智能技术的影响,相当一部分只是教学方式发生了一些改变,并没有实质上将法学教育与人工智能技术很好地融合,也没有扩展到法学教育的其他方面,所以到目前人工智能在法学教育这一领域的应用非常有限,一直以来都还是拘束应用在仅有的几个方面,并没有突破新的适用领域。

(三) 教学过程中"人机协作"效果不佳

古往今来,教学都是老师们教,学生们学,这种教学模式从未改变过。但有了智能技术的加入后,这种局面便被打破,部分智能机器开始可

---

[1] 王利明:《人工智能时代提出的法学新课题》,载《中国法律评论》2018 年第 2 期。

以替代老师做一些重复性的工作，教学过程的每一节点几乎都会有智能技术的参与，学校的管理也开始应用人工智能新技术。对于那些思想比较保守传统、未能及时地接受新技术的老师们，这些智能机器取代他们的部分工作是难以接受的事实。人工智能发展太快，人们还跟不上它的步伐，老师们依旧是按照传统的讲课方式给学生们授课，他们不会认为一台机器就会给孩子们讲好课，所以智能技术很难融入老师们的教学过程中，"人机合作"就很难实现。[1]此外，由于疫情的原因，很多学校无法进行线下授课，于是像大学生MOOC、学习通等教学平台应用火爆。现在大多高校都是线上线下结合上课，这种方式很好地解决了教学难题。但老师们缺少这类智能教育服务系统的培训，也出现了很多教师不会操作线上教学辅助系统的现象，或多或少地会对教学进度产生影响，一学期下来教学效果也不是很好，从而拖延法学教育智能化的进程。

二、人工智能法学教育初步融合不足之原因分析

弱人工智能时代的智能法学教育融合尚有缺陷，有多方面的因素制约其发展。一方面法学教育自身一般，它的教学模式、授课内容和法律人才培养目标比较落后，依然采用传统的教育方法，对人工智能能够辅助教学有一种"不信任感"。新时代要求培养多学科交叉复合型人才，而法学教育这样的现状显然不能很好的适应，一再守旧的发展模式、有关政策资源支撑有限等因素导致跨学科发展背景师资匮乏，教学效果不达标，法学毕业生就业难等问题层出不穷。另外，国内的人工智能还没发展到世界科研前列，未达到一个较为顶尖的阶段，核心技术尚不算成熟，这也是人工智能突破不了传统法学教育这一关的关键原因。此外，如果没有国家政策的支持和科研投入以及社会其他各界的支持，将来智能法学教育的发展也会是前途渺茫。

（一）人工智能技术应用储备不足

中国的人工智能发展到今天，还停留在人工智能的低端阶段，AI和AI

---

[1] 伍卫东、孙立夫、陈柳：《人工智能融入法学教育的实现路径》，载《法治与社会》2019年第36期。

技术人员还远远不够。的确，由于我国的人工智能发展相对于发达国家来说比较滞后，缺少可供参考的历史经验，在发展之初也没有主动打开国门学习国外先进的 AI 核心技术，才导致后来人工智能领域学科建设不完善、人才培养机制不健全、人才储备不足等诸多问题。由于我国传统的人才培养模式比较单一，很少涉及交叉学科的人才培养，因此，目前国内的人工智能领域的科研人员大多数都是单纯的有计算机和理工科专业的知识背景，严重缺少人文社会科学交叉学科背景的复合型人才。而且，国内的顶尖人工智能科学家和团队也仅有几个，也都是在谷歌、Facebook 等国际知名巨头企业下工作的人员，根本不可能涉及学科建设之类的东西，这个领域的资深学者寥寥无几，创新人才更是凤毛麟角，政府也没有把资金投入在这个方向上，缺乏技术支持，因此很难再有什么突破。

目前国内对人工智能的研究与应用大多停留在实际应用阶段，并未充分关注智能机器的基本知识，而侧重于深度学习的就更少了。我国的人工智能发展，忽视了对智能技术的深入研究，只依靠少数企业的基础技术，导致人工智能的发展过于依赖国外的智能技术，无法从根本上提高自身的创新能力。截至目前，世界上拥有人工智能研究的高等院校约 367 所，美国有 168 所，而在中国，只有 30 所大学集中在人工智能技术的研发上。美国有 71.5% 的资深人工智能从业人员，中国只有 38.7%。[1]外部条件是如此，那么就其内部而言，本身法学教育发展至今就还一直固守传统的教学方法，在这样的情况下人工智能就更加难以突破法学教育的坚硬壁垒，很难让智能技术辅助到法学教育教学，实现两大领域融合也将遥遥无期。

(二) 跨学科教育背景师资匮乏

现在人工智能与法学教育两者之间的交流只是达到了初步融合的状态，实际上法学教育到现在依旧沿袭传统的教育思想、教学模式，并未因智能技术的加入而有任何大的改观。随着法学教育的发展，大多高校的法学院任课老师的专业背景都是以文科为主，他们更擅长于理论方面的教

---

[1] 程威俊、涂英桥：《人工智能对高等教育结构的颠覆性影响》，载《现代教育科学》2018 年第 10 期。

学，而对于人工智能这一更偏理工科的领域，他们很少涉足，更别说精通了。因此，这对于人工智能与法学教育的融合并不是一种有利的环境，这将导致"人工智能+法律"人才培养的滞后。传统的法学教育老师是教学的主导者，学生被动接受，现在人工智能加入后，能提供丰富的教学资源，甚至可以代替一部分老师的工作，那么就造成了一部分教师对自己的角色定位出现了偏差，"敌视"人工智能技术，把它当作替代教师职业的洪水猛兽，于是在教学中便渐渐松散，甚至是教学工作完全是由人工智能来完成，以至于法学教育一味地盲从技术的号令，不利于学生的法律思维能力和学习技能的塑造。[1]虽然人工智能看起来可以通过分析所有的法律来做出公正的裁决，但人工智能却没有"良心"，在尚不完善的法律法规面前，各种解释都可能会让它"死机"，而且，它的主人也不会相信人工智能的裁决，这会让它的权威受损。高校对跨学科教育没有提供一个良好稳定的平台，也没有一套完整的关于建设跨学科教育师资队伍的体制，即便是有着不同学科、不同专业背景的教学人士，他要单枪匹马地完成人工智能和法学教育交叉型人才培养的工作也绝非易事，所以需要整合各方力量，形成合力，为智能法学教育的发展搭建一支优秀、先进、开放的交叉型学科的教师队伍。

(三) 开发智能法学教育的科研投入不足

从目前的情况来看，中国的人工智能发展前景并不是很好，无论是硬件还是算法，都是软肋，这也是中国在人工智能领域发展不占优势的原因之一。还有一个很明显的现象：中国人工智能发展本身起步就比很多发达国家要晚，当今世界经济全球化发展已趋近于顶尖态势，国家间的科研技术交流愈演愈烈，我国想要掌握更多核心科研技术但不得不面临着内部科研准备还大有不足的现状，导致在研究突破人工智能核心技术层面难免会有些盲从。所以我们国家现在大部分的科研投入都在培养顶尖人才和基础研究方面，那其他领域的投入就相对比较少，导致人工智能与法学教育融合的支持力度不够。

---

[1] 梁洪霞、杨自意：《人工智能时代的法学教育》，载《高等教育评论》2019年第1期。

中国幅员辽阔，不同民族、不同地区的经济、政治、文化发展程度也不尽相同，因此，"人工智能+法律"的发展并不完全，中国各个地区的智能法学教育发展仍旧是处在一种发展不均衡、政策资金投入不足、基础设施不够完善、智能机器普及率较低、互联网传输存在较大障碍等危困状态，相当一大部分的教学机构的智能基础设施都不够完善，与基础智能教育不匹配，这些都会是智能法学教育创新发展的障碍。另外，中国在发展人工智能方面，也缺少长期的规划与布局。在发达国家，人工智能已经成为了国家发展的重要战略，并且已经制定了未来的发展方向。当然，中国也在积极地为人工智能技术的发展普及营造良好的环境。虽然我们国家目前在"互联网+"、先进制造业等领域都已经提及了人工智能，但至今还未完整地出台一项专门针对发展人工智能技术的国家战略规划，人工智能在我国未来怎么发展、如何实现与其他领域的交叉融合创新等一系列问题都还未知，这不利于人工智能的全面创新推进。

三、人工智能与法学教育深入融合创新的路径

未来世界里，必定是人类与智能机器共生共存，那么在法学教育当中，也会是人与智能技术共同实现"教"与"学"。在人工智能时代，我们要做的不单单要紧跟这个时代的步伐，更重要的环节是能够成为引领和创新这个时代法学教育的"领头羊"。智能时代的法学教育发展，需要智能技术和法学教育同心合力，共同推进。这不仅要求更好更快地把智能技术运用到实际中去，而且还要求法学教育的教学理念、教学模式以及法学教育的相关人员的主动跟进和转变。除此之外，也需要其他与人工智能法学教育发展相关的领域业界的支持和帮助。

（一）人工智能法学教育需要整体发力

运用大数据技术指导法学教育智能化发展，并将其运用到实践当中去，推动法学教育的改革和创新，是未来人工智能法学教育发展的大趋势，也是人工智能时代法学教育实现创新发展不可多得的重要契机。国家政策的大力扶植尤其重要，这是智能法学教育发展的中坚力量，是坚强有力的后盾和重要保障。此外，各个教育教学单位也应该积极地投身到智能

化教育当中，将其列为重点发展的事项。从目前来看，人工智能技术的应用发展是大局，智能型教育教学模式是历史发展的必然，也是我们现在面临的大趋势，我们不能坐以待毙、故步自封，不如大胆地往前走，积极地投身到智能教育的建设当中。中企顾问网发布的《2022—2028年中国人工智能行业前景展望与投资战略研究报告》中对人工智能领域的重点企业进行了运营分析，还对未来的发展趋势和投资前景展开详细分析。现在就应该充分调动社会各方的力量，整合各方面可以利用的有用资源投身到人工智能法学教育的应用与开发上，充分利用一切资源和力量促进人工智能教育的发展。此外，应把更多的资金和精力放到发展智能法学教育上，合理地分配，不需要在传统的教学模式上投入太多的精力和财力，毕竟依目前的发展状况来看，人工智能法学教育的融合发展必定是会颠覆、推翻大部分传统的教学模式、管理办法等，投入太多都是不必要的。

校企联合是在发展智能法学教育的过程中起到关键性作用，是近些年国家开展继续教育的一个有效途径，这是产生于学校跟校外企业两方之间的一种把课堂教学与实际工作相结合的教育方法。在这个时候，学校不能再自称"教育界老大"，必须要尽可能地持开放的态度向外拓展，积极与企业合作，抓住智能时代法学教育的发展机遇。现如今，全世界将近700所高校都在使用因特网提供的数以千计的课程，每年有五千万的学生在学习，由此可见，教育信息化发展越来越快、越来越普及。[1]所以，实现校内校外资源的合作是人工智能法学教育融合创新的大潮中激流勇进的关键举措。

(二) 法学教育者要做好角色定位转型工作

想要更好、更快地适应人工智能时代的法学教育变革，法学教育工作者及时调整自我角色定位做好转型也很关键。法学院的教学人员、教学工作管理者和教辅相关人员要清楚地认识到法学教育智能化的改革现实，并积极地投身到变革与创新当中去，努力地处理好自身的角色转型工作，要

---

[1] 杨学科：《论人工智能时代的法学教育新挑战、新机遇和新模式》，载《法学教育研究》2018年第4期。

对自己有清醒的认知；相比之下较为落后于时代发展的教学工作者，面对有可能是最早被智能时代淘汰的教学模式和教学内容，要更早一步做出改变，投身到更加有创造性的教学活动中。虽然在教学工作当中还是会有一些带有重复性的工作，法学专业的授课老师们还是要结合自己的经验，再加上应用人工智能技术，更高效率地完成法学课程的设计，无一例外，教育部门和辅导员也是如此，不要因为智能技术代替了一部分重复性的工作。

具体来讲，对法学教育工作者而言，首先，并不是要学习人工智能的那些技术，而是要深刻了解并意识到这些智能技术应用到法学教育当中会对法学教育产生什么样子的影响，并且要从其中悟出未来的法学教育的新形势是什么样子的。只有这样，作为新形势下的法学教育工作者才能在新的环境下对自己的定位、角色认识上取得新的突破，做好全方位的准备。其次，要积极参与法学教育的改革，将自己的成功经验和智能技术相结合，促进法学教育的智能化发展，这也是法学教师们自我能力提升实现角色转型的必然经历。教师要能够掌握智能技术的一些基础性操作，把相对简单、重复性的教学工作留给人工智能，并在此基础上，学会运用人工智能技术对教学进行实时监测，使教师有更多的时间和精力去培养法学生的法律思想与法治情感。

智能法学教育的改革，并不意味着传统法学教育的终结，它将使法学教育工作者在精神和肉体上得到更大的解放，从而使法律思维的深度和广度得到极大的提高，从而形成更具科学价值的法律学术研究成果。人工智能时代应该是一个具有开放性、包容性的时代，新时代的法学教育工作者肩负重担，我们不能故步自封，不能因循守旧，不能随波逐流，要以一种开放、宽容、理性的态度，以不同的姿态审视人工智能对法律职业、法学教育的影响，并以人工智能技术推动现代法学教育的创新升级发展。

（三）深度研发人工智能法学课程

高校要培养"人工智能+法律"的复合型法律人才，应把人工智能技术与法学教育相结合，在基础法学教育学科之上拓展与人工智能相关的专业教学内容，为国家培养一批优秀的具备法学素养且熟悉人工智能技术理论原理的新型复合人才。这不是简单地将人工智能与法律学科结合起来，更重要、更关键的是相互渗透。所以目前我国这类课程的开发还远远不达标，需要再进一步地深度研发。首先从课程教学模式角度来看，依照我们人工智能法学新课程的内容设置和特性，课堂上采取集中研讨这种方式比较适宜。在这种课堂教学模式下，老师和学生会一起围绕一个主题进行集中和更深层次的讨论交流，这可以让学生有独立思考的锻炼，相互交流沟通可以了解不同人的想法。这是因为，人工智能与法学教育融合是当下以及未来我们都必须一直需要深度探讨的话题，是关乎我们人类命运的，值得商榷的。而这种探讨交流不应该只局限于法学专家学者们，是所有人都应该积极参与进来的，尤其是我们在校的法学生们，这种方式对法科生解决人工智能引发的新的法律问题能力和跨学科思维的培养都很有利的，毕竟，在人工智能大数据时代背景之下，科技的更迭日新月异，但一步步地伴随人工智能技术的深度嵌入以及在社会各界广泛的应用，也相继地出现了许多新的法律问题。在这一新型的学习方式中，首先，教师可以随时将新的课程内容导入到课堂中，并组织学员就最新的问题进行讨论，使他们的知识库不断地更新。其次，它对学生法律思维的培养也有很大的促进作用，培养学生的法律思维能力是现代法学教育的根本目的。

在研究班教学中，学员们就与人工智能有关的法律问题展开讨论、辩论、交流，这不仅是对他们的法律思考能力的一种考验，同时也是对其进行训练和提高的一个过程。此外，当前法学专业的课堂上学生上课的积极性普遍不高，哪怕是新增了人工智能类的课程，课堂上也依旧不活跃，尤其是大学生们课堂上玩手机不听讲的现象特别严重，到期末专业课考试只是一味地应付，根本不在意自身知识能力的提高。但我认为研讨课是可以有效地改变这一现状的，它能有效提高学生上课的专注性，课堂能够活跃起来。在研究班教学中，通过课堂辩论、课堂讨论、主题演讲、报告写作、资料搜集等多种方式，使学生充分地参与到知识的获取和创造中，不但使他们的学习积极性得到了极大的提升，同时也使他们的社会适应能力得到了提高。除了新研发出的课程模式之外，一定的科研支持、高校充分开发自身资源实行校企联合以及组建跨学科教师团队等都是深度研发人工智能法学新课程不可或缺的动力。

(四) 创新运用教学方法和手段

改变传统的"重知识而轻实践"的教育观念，通过网络媒介实现"虚拟"与"现实"的连接，突破时间与空间的限制，实现"深度"与"智能"的学习。首先，老师应教会学生法律知识整体的逻辑框架分析，即智能机器人无法代替执行的隐性法律知识，要克服形式化的局限性；同时，要充分掌握并运用现代互联网、大数据等智能新技术，以模拟法庭、典型案例分析、法务实践为一体的实践教学模式，以班级法务、社区法务为"案源"；在典型案例模型的"演习"和"实战"中，利用智能大数据媒体技术，对真实案例进行通常性的分析、跟踪、法庭"演习"和"实战"以及判决后全员及时进行总结判断。[1]在教学方法的变革、过程的构建和监控、服务的改进、教育体验的更新、教学效果的评价等各个方面都离不开人工智能技术的应用。通过这种方式与智能技术结合，使学生能够更好地解决法律问题。未来的教育，将会是人机共生，相互合作，很多工作是机器人无法取代的，而传统的教学模式，也会因为人工智能而发生翻天覆地的变化，让法学教育更上一层楼，培养出更多优秀的法律人才。

(五) 拓宽人工智能法学教育的应用空间

深入挖掘人工智能技术在法学教育中的应用价值，扩大应用范围，使之更好地服务于法学教育。从目前人工智能的发展趋势来看，我国应该建立一个人工智能法律服务平台，具体应用人工智能信息技术把全世界相对优质的教学资源聚集过来，相关法条检索可以实现智能化、全方位的检索，有需求者一键输入要检索的信息，就可以查询到更全面的、更优质的资源，几乎可以满足学习者的各种需求。再设立一个智能法学教育管理平台，实时记录并分析学习者的需求和爱好，有利于发展个性化学习。除了应用在普通的法学教育当中，还可以应用到尤其针对特殊人群的教育需求中，人们现实最迫切需要的就是人工智能技术，特殊教育、职业教育中通

---

[1] 贾引狮：《人工智能对法律职业的影响与法学教育面临的挑战》，载《法学教育研究》2018年第3期。

过最先进的智能技术为他们提供更加方便的服务，使人工智能技术尽早突破法学教育的障碍，使法学教育与智能技术有效结合，促进法学教育的转型和升级。

综上所述，文章分析了人工智能与法学教育融合的不足及其产生的深层次原因，并提出了未来的发展方向。也许这篇文章的讨论与构建对现在的各法律系而言还很遥远，特别是一些法律系在面对智能技术到来时，还没有做好充分的准备，做出的变化往往会慢一些。但必须要强调的是，现如今人工智能已经在迅速普及，更新速度日新月异，正火热应用于社会各个领域当中，当然法学教育已经和人工智能有了初步的融合趋势，但融合的深度和广度都极其有限，长此以往，高校培养出来的法学毕业生就很难适应时代的需要，这会让法学教育陷入危机。所以说，人工智能法学教育融合必须打破传统、实现转型升级。这个艰巨的任务不仅需要我国人工智能技术过硬，而且法学教育领域也要顺应时代合理地改变自己，革新落后的教学模式、教学方法以及相应的教学内容，构建明确具体的人工智能法律人才培养目标、计划等，积极地拥抱人工智能时代的到来，此外，还离不开国家政策的支持、科研的投入、合理利用校内外教学资源等社会各方力量的支持，人工智能法学教育的融合创新是属于时代的"大工程"，是我们从现在开始就需要努力携手创造的美好未来。

教育评价

Jiao Yu Ping Jia

论我国大学教育评价的新进阶：
从"缺位"逻辑走向"耦合"逻辑

胡晓东 *

评价是主体对客体监督、控制、纠偏的重要管理活动之一，在此过程中，主体要将"愿景、使命、价值观"目标化，为使得客体保质保量完成目标，需要对其进行评价，同时客体则会受到评价活动的牵引，完成主体目标并接受评价，当客体有目标偏移或游离时，主体通过评价予以纠正，这是评价原理，同时也可以看出，评价在管理中起着重要的作用，承担着重要的角色，在我国对大学教育的评价也遵循此规律。大学的使命在于人才培养，其人才培养质量的把控主要依靠大学教育评价，在评价中，大学教育的愿景、使命和价值观得以贯彻到大学的人才培养中，因此，人们常视"评估是高等教育发展的指挥棒"。[1]那么，从另外一个角度来看，如果评价"指挥棒"所指目标偏移大学的人才培养方向，则会背道而驰、北辙南辕，这也是我国传统教育评价应该向现代教育评价转变的根本原因。

新中国成立以来，已经执行了多轮本科教育评估，学科评估和社会评估，使得我国的大学教育有了长足的发展，培养了许多社会主义的优秀人才。但随着评价的不断深入，大学间竞争的加

---

* 胡晓东，中国政法大学政治与公共管理学院教授。
[1] 叶祝弟：《对高等教育大众化的反思和展望——著名教育学家潘懋元教授访谈》，载《探索与争鸣》2009 年第 2 期。

剧，社会期望的不断提高，传统大学教育评价开始出现了些许的问题，"五唯"现象便是集中体现，"唯分数、唯升学、唯文凭、唯论文、唯帽子"也被习近平总书记视为顽瘴痼疾。[1]在学界，许多学者[2]对"五唯"问题进行了研究，发现传统大学教育评价是"五唯"问题产生的根本原因。教育部基础教育质量监测中心副主任辛涛认为[3]："近年来，我国教育评价体系逐步完善，但是，教育评价的功能仍未得到科学地、充分地发挥。这一问题突出表现为以分数和升学率为唯一依据来评价学生、学校和教育从业人员，以文凭、论文和帽子为唯一依据来评价人才。"在传统大学教育评价体系下，大学只要出论文就是好大学，教师只要出论文就是好老师，这显然背离了大学本质。中国教育报刊社党委书记、社长翟博具体分析[4]："'唯论文'评价教师，忽视了教师教书育人的本质；'唯帽子'评价学科，忽视了学科建设的本质、职责、使命和作用，不利于推进人才称号回归学术性、荣誉性本质。我们认为，传统大学教育评价的问题主要表现在大学人才培养方向与评价目标指标上的断裂，并不是评价工具本身的问题。"潘懋元也指出[5]，"我不反对评估，评估是好事，但是现在评估的做法确实需要改进，这包括评估的标准、评估的主体"。因此，需要我们重新审视我国大学教育评价的问题，将评价目标指标等核心要素引导到人才培养的方向上来，形成多元协同的治理格局。

---

[1] 《坚持中国特色社会主义教育发展道路 培养德智体美劳全面发展的社会主义建设者和接班人》，2018年10月习近平总书记在全国教育大会上的讲话。

[2] 叶祝弟：《对高等教育大众化的反思和展望——著名教育学家潘懋元教授访谈》，载《探索与争鸣》2009年第2期。陈先哲：《"五唯"的制度根源与根本治理》，载《光明日报》2019年10月8日，第13版。赵婀娜：《教育部将启动第五轮学科评估，强化人才培养，破除"五唯"顽疾 高校学科建设 将迎全面"体检"》，载《人民日报》2020年11月4日，第12版。

[3] 赵婀娜、吴月：《专家解读〈深化新时代教育评价改革总体方案〉用好教育改革的指挥棒》，载《人民日报》2020年10月20日，第12版。

[4] 赵婀娜、吴月：《专家解读〈深化新时代教育评价改革总体方案〉用好教育改革的指挥棒》，载《人民日报》2020年10月20日，第12版。

[5] 叶祝弟：《对高等教育大众化的反思和展望——著名教育学家潘懋元教授访谈》，载《探索与争鸣》2009年第2期。

一、传统大学教育评价的框架理路：从职责框定到质量把控

大学教育的价值在于人才培养，对于一个人才的成长来说具有阶段性特点，因此，大学教育承担着人才培养阶段的重要职责和使命。考察世界各国的大学教育，都把教学和科研当作实现人才培养使命的重要进路，而衡量大学人才培养的结果和质量，则通过评价来完成，同时，评价也在推动大学教育质量的提升。

（一）大学教育的职责框定

大学教育是人才成功培养的重要阶段之一，但需要注意的是，人才的成功不仅需要大学教育的培养，还需要后期的努力、机遇、环境等许多主客观因素的综合作用，因此，大学教育对于人才培养来说，只是人才培养过程中的一个阶段，而不能把大学教育的价值过于扩大化。爱德加·薛恩给出了充分的阐释，他把个人发展与人在组织中的角色紧密联系起来研究，他认为，人的成长与成功，取决于进入组织前知识、技能、能力、素质的储备，以及进入组织后的多种变量因素的制约，以至于人在组织中的发展会经历职业发展的不同周期，提出了在组织发展领域著名的职业周期十阶段[1]，即成长探索、进入工作世界、基础培训、早期职业资格、职业中期、职业中期危机、非领导角色、领导角色、衰退、退休。伴随着职业周期的推进，人之前学习的知识、技能、能力和具备的素质将会在不同周期表现出不同的特征，也起到成长与成功的调节作用。他继续提出，人在组织中的成功会在不同阶段呈现出不同的特征趋势，如从成为一名组织成员、到成为一名有效的成员、再到承担部分责任、再到承担全部责任、再到在组织中需要确立一种明确的认同，成为人所共知的人、再到成为一名良师，学会发挥影响，指导、指挥别人、对他人承担责任、为组织的长期利益发挥自己的才干和技能、学会接受权力、责任和中心地位的下降等。从姚裕群主编的《职业生涯规划与发展》中可知，大学对人才的培养

---

[1]【美】施恩：《职业的有效管理》，仇海清译，生活·读书·新知三联书店1992年版，第42~27页。

处于人才整个职业生涯的基础阶段，也是后期人才成功的关键阶段。人才的成功需要人才本身具有的知识、技能、能力和素质，甚至价值关键，而这些知识、技能、能力和素质的获得，主要来源于大学教育，详细内容见下图1所示。

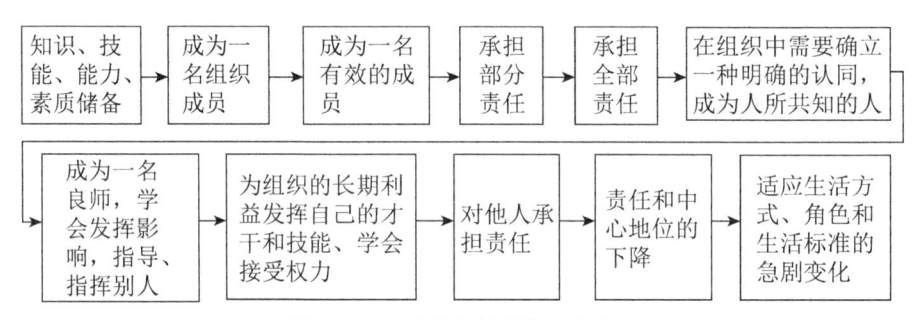

```
知识、技  →  成为一名  →  成为一名  →  承担      →  承担      →  在组织中需要确立
能、能力、    组织         有效的       部分         全部         一种明确的认同，
素质储备      成员         成员         责任         责任         成为人所共知的人

↓

成为一名  →  为组织的长期利  →  对他人承  →  责任和中  →  适应生活方
良师，学     益发挥自己的才      担责任       心地位的     式、角色和
会发挥影     干和技能、学会                  下降         生活标准的
响，指导、   接受权力                                     急剧变化
指挥别人
```

图1 组织成员成长周期（部分）

（二）大学教育的实践进路

大学教育对人才处于大学阶段的教育承担着重要的职责和使命，对培养人才在大学阶段掌握需要的知识技能、树立价值观责无旁贷，这些也就成为大学教育人才培养的目标。能否在大学阶段培养学生应该掌握的知识、技能和能力，以及需要的价值观念将是大学人才培养成败的关键所在。从世界范围来看，实现大学教育的目标主要依靠教学和科研等手段，第一，教学在人才培养中的功能和作用。在1978年，全国高等教育在学总规模228万，截至2017年，全国各类高等教育在学总规模为3779万人。1978年，高等教育毛入学率仅为2.7%，2017年，高等教育毛入学率达45.7%，高等教育已经由精英教育转向大众化教育，并在向普及化迈进。[1]改革开放初期，人才奇缺。1978年高校毕业生人数仅为16.5万。截至2017年，普通高等学校毕业生人数735.83万，也为国家和社会输送了各类建设人才。我国也从人口大国成为名副其实的人力资源大国，并逐步向人力资源强国转变。第二，科研在人才培养中的功能和作用。围绕着社会需求，科研成果是大学贡献给社会的科研产出，有些科研成果直接转化为

---

[1] 《改革开放40年来我国高等教育之变》，载 https://www.sohu.com/a/283548196_559502。

现实的生产力。我们无法直接统计出满足社会需求的科研成果绩效，但从一些大学学科建设方面的间接数据可以看出一些特点。例如，在《博士硕士学位授权点申请基本条件（试行）》中可以看到，关于"工商管理博士学位"的申请条件中，有关科学研究的要求，需要整体学术水平、科研能力在国内同学科中处于先进行列，在一些学科方向上达到本省本地区先进水平。近五年来科研成果较为显著，为国家经济建设、社会发展和科学技术进步做出重要贡献。近五年，获省部级及以上科研奖励至少4项，以现单位名义在国家自然科学基金委管理科学部认定的A类期刊目录和SSCI期刊上发表不少于10篇高水平学术论文；出版与本学科相关的专著不少于5部。研究生参与纵向科研项目的比例不低于50%。

（三）大学教育的质量把控

通过教学和科研来实现大学教育的人才培养目标，让大学生掌握更多的知识、技能、能力和价值观，但如何才能确保这些知识、技能、能力和价值观被大学生所掌握呢？大学的人才培养质量是一个大学的生命线，把控人才培养质量，从现有研究和实践来看，主要有三种形式的大学教育评价。

1. 大学本科教学质量评价

自20世纪80年代开始，我国已组织举行过多次本科教学评估。1985年，原国家教委颁布《关于开展高等工程教育评估研究和试点工作的通知》，一些省市开始启动高校办学水平、专业、课程的评估试点工作。经历了评估立法阶段、评估持续阶段和评估战略阶段。在评估立法阶段。1990年，原国家教委颁布《普通高等学校教育评估暂行规定》，就高教评估性质、目的、任务、指导思想、基本形式等作了明确规定，这是中国第一部关于高等教育评估的法规。1994年初，原国家教委开始有计划、有组织地实施对普通高等学校的本科教学工作水平评估。从发展过程来看，高等学校本科教学工作评估相继经历了三种形式[1]：合格评估、优秀评估

---

[1]《新一轮本科教学评估：资源观"荣退"增值观"上位"》，载 https://news.sciencenet.cn/sbhtmlnews/2012/6/259565.shtm。

和随机性水平评估。2002年,教育部将合格评估、优秀评估和随机性水平评估三种方案合并为一个方案,即《普通高等学校本科教学工作水平评估方案》。在评估持续阶段。2003年,教育部在《2003—2007年教育振兴行动计划》中明确提出实行"五年一轮"的普通高等学校教学工作水平评估制度。为了保证对大学评估的持续性,2003年,教育部针对高职高专院校制定了人才培养工作水平评估方案,开始对26所高职高专院校进行试点评估。2004年8月,教育部高等教育教学评估中心正式成立。建立五年一轮的评估制度及成立评估中心,标志着中国高等教育的教学评估工作开始走向规范化、科学化、制度化和专业化的发展阶段。在评估战略阶段,2010年,时任国务院总理温家宝主持召开的国务院常务会议,审议并通过《国家中长期教育改革和发展规划纲要(2010—2020年)》。2011年,教育部印发了《关于普通高等学校本科教学评估工作的意见》,确定了以学校自我评估为基础,以院校评估、专业认证及评估、国际评估和教学基本状态数据常态监控为主要内容的高等教育教学评估顶层设计。2012年初,教育部发布了《普通高等学校本科教学工作合格评估实施办法》《普通高等学校本科教学工作合格评估指标体系》,新一轮评估方案基本确定。

2. 大学专业学科评估

现代教育评价肇始于美国,也主要发展于美国并成熟起来。学术界较有影响的教育评价模式主要有泰勒模式、CIPP模式、目标游离模式、应答模式、反向评价模式、构建模式和发展性评价模式等。[1]大学专业学科评价主要针对大学的专业、学科的发展,集中于对科研成果的评价。我国主要经历了四个阶段的学科评估:第一阶段的"211"工程院校评估。211工程是指面向21世纪、重点建设100所左右的高等学校和一批重点学科的建设工程。1995年11月,经国务院批准,原国家计委、原国家教委和财政部联合下发了《"211工程"总体建设规划》,"211工程"正式启动。2002年9月,经国务院批准,原国家计委、教育部和财政部联合发布了《关于"十五"期间加强"211工程"项目建设的若干意见》。第二阶段的

---

[1] 罗华玲:《西方主要教育评价模式之新解》,载《昆明学院学报》2011年第1期。

"985"工程院校评估。1999年,国务院批转教育部《面向21世纪教育振兴行动计划》,"985工程"正式启动建设。2004年,教育部、财政部印发《关于继续实施"985工程"建设项目的意见》。第三阶段的"2011"计划。2012年,教育部、财政部联合发布了《关于实施高等学校创新能力提升计划的意见》,同年,联合制定了《"高等学校创新能力提升计划"实施方案》,并开展"2011协同创新中心"的认定申请工作。中央财政设立专项资金,对批准认定的"2011协同创新中心",给予引导性或奖励性支持。"高等学校创新能力提升计划"(简称为"2011计划")以协同创新中心建设为载体,协同创新中心分为面向科学前沿、面向文化传承创新、面向行业产业和面向区域发展四种类型。第四阶段的"双一流"院校评估。2019年11月28日,教育部已将"211工程"和"985工程"等重点建设项目统筹为"双一流"建设。

3. 非官方的大学教育评价

主要表现为大学排行榜,主要有三种来源:一是来自某些高校,如人民大学版、武汉大学版。二是来自民间组织机构和学术团队,如CNUR版、武书连版、校友会版、软科最好大学版等。三是国际教育组织机构所做的世界大学排名中的入榜中国高校排名,如世界公认影响力最大的U. S. News世界大学排名、软科世界大学学术排名、泰晤士高等教育世界大学排名、QS世界大学排名。其中,武书连版的大学排行榜是国内最具影响的大学排行榜,它是中国管理科学研究院自1993年开始每年发布《中国大学评价》,武书连版排行榜包括综合实力、专业实力、教师平均学术水平、教师绩效、本科毕业生质量、新生质量等分项排名。综合实力排名体现学校整体实力,专业排名体现学科实力,而教师学术水平和绩效排名则体现师资的真实水平,从新生质量排名和本科毕业生质量排名的对比中,还可以看到大学人才培养资源转换的效率。

二、传统大学教育评价的"缺位":重数量、轻质量

大学教育评价具有时代性特征,传统教育评价的道路、方式、工具可

能不适应新时代的要求和期许,谢维和提出,[1]中国教育发展的新阶段及其新任务,需要新的评价体系与原则方法进行导航,它直接关系到科学的教育观、人才的成长观、社会的选人用人观。马陆亭也认为,[2]分数、学历、论文等可量化指标有其合理性的一面,"五唯"在精英教育时期不仅构不成社会问题,而且让人信服,但在各级各类教育全面走向普及的过程中和质量水平普遍提高后,问题就凸显了出来。我国传统的官方大学教育评价表现出以下特点:其一,使用替代性指标来衡量大学教育质量。如张晓秋认为,[3]人才产出变量的质量衡量是一个比较困难的问题。因为要衡量一个高校培养出的学生为社会创造了多大的价值、做出了多大的贡献,这需要很长的一个周期才能检验,同时,日后的成就也与该学生踏入社会后的继续学习和工作积累有很大的关系,不能完全定义是在校期间培养的成果。王善迈提出,[4]以直接影响产出质量的投入质量来替代产出的质量,使人才培养的质量因素在一定程度上得到体现。因此,在度量教育产出的变量时,常常用合格毕业生数、就业率、在校学生数、学生学时数。其二,通过对大学教育的路径目标评价来实现。从世界上的通用做法来看,一般都是通过对大学的教学和科研评价来实现,我国也不例外。例如,我国对大学本科教学质量评价和专业学科评价。这种特征具有精英教育的时代特征,在新时代却产生了相应的问题。

(一)大学教育评价的现实表达

我国传统大学教育评价主要分为教学与科研评价,对大学教学的评价分为定量和定性两类评价,而对大学科研的评价则多采用定量评价。

1. 教学评价

第一,对教学的定量评价。在实践中,一般采用对教学工作量的评价方法,把教师分为三类,如教学类、教学科研并重类,科研类的教学岗

---

[1] 谢维和:《专家解读〈深化新时代教育评价改革总体方案〉》,载 http://www.chinanews.com/gn/2020/10-20/9317406.shtml,最后访问日期:2020年11月3日。

[2] 马陆亭:《破"五唯"立在其中》,载《光明日报》2019年3月26日,第13版。

[3] 张晓秋等:《部属高校人才培养效率综合评价与影响因素分析》,载《高等工程教育研究》2009年第3期。

[4] 王善迈:《教育投入与产出研究》,河北教育出版社1996年版,第134页。

位，然后，设定不同类别教师的岗位工作量达标指数，详细内容如下表1所示，某高校教学科研岗教师的年工作量达标指数。

表1 某高校教学科研岗教师达标指数

一级岗（教授）	二级岗（副教授）	三级岗（讲师）	四级岗（助教）
144	160	192	256

第二，对教学的定性评价。在实践中，主要集中于对课堂教学效果的评价，一般分为四个部分。在我们对某高校的调研结果如下，首先，专家测评。按年度进行，期间组织专家（院教学督导委员会成员）深入课堂，对每位任课教师进行现场评估。测评的重点是教师教学的基本功及课堂教学过程、教学效果等。每年度保持对任课教师不少于三位专家的测评，取专家评分的标准分为专家测评分，专家测评的权重为30%。其次，学生测评。按学期进行，在每个学期的后半段要求学生对本学期所有任课教师做出评价。取所有学生的平均值为学生测评分，学生测评的权重为50%。体育课学生测评的权重为80%。再次，管理测评。按年度进行，每年度末由教务处及教学系部的教学管理人员针对教师的教学辅助工作、参加系部及学院教研活动等情况进行测评，取测评人员的平均值为管理测评分，管理测评的权重为10%。最后，院系同行测评。按年度进行，每年度末由各教学系部组织。系部教师在互相听课的基础上进行互评，取测评人员的平均值为同行测评分，同行测评的权重为10%。

2. 科研评价

传统大学教育评价中，学校会将大学教育评价中的某些科研指标，如项目、课题、论文、专著等，按照数量、质量的要求，通过目标分解到每位教师，然后，将目标通过科研考核制度、职称评选制度、人才遴选资格加以固化，以形成大学的科研评价体系。详细内容如下表2所示，为某高校教学科研岗教师科研考核标准。

表 2　某高校教学科研岗教师科研基本工作量标准（单位：分）

岗位级别		教　授	副教授	讲　师	助　教
标　准	核心期刊论文分值	10	7	5	3
	其他分值	5	5	4	2
	总分值	15	12	9	5

有意思的是，在对大学的调研中，有教师称，"科研评价是客观的，因为在大学外部已经有一个对期刊的等级评价系统，国内外都有，因此，我们还是比较认可这个评价规则的"。于是，大学可以将教育评价中的指标与学校评价中的指标在数量和质量上，通过客观分数进行了"完美"划分等，这样，科研考核在学校、管理者和教师中达成了高度的一致。详细内容如下表3所示，某大学的论文分值表。

表 3　某大学的论文分值表

论文发表、索引、收录和转载、转摘情况	分　值
权威期刊 A	10 分/篇
核心期刊 B	4 分/篇
核心期刊 C	3 分/篇
一般期刊	2 分/篇
科学引文索引（SCI）、社会科学论文索引（SSCI）收录	5 分/篇
艺术与人文社会科学论文索引（A&HCI）、工程索引（EI）收录	5 分/篇
中国社会科学引文索引（CSSCI）和中国科学引文索引（CSCD）收录	3 分/篇
新华文摘转载	5 分/篇
中国社会科学文摘转载	5 分/篇
高校文科学报文摘转载、人大报刊复印资料全文转载	3 分/篇
其他报刊转载、转摘、转登	2 分/篇

(二) 大学教育评价的"缺位"问题

对各种各样教育评价问题的批评逐渐集中在批评现行教育评价所使用

的指标偏离了评价对象本身，不能反映评价对象的根本特性上。[1]大学的使命在于人才培养，人才培养的主要手段是教学和科研，在传统大学教育评价中过度强调了科研的作用，弱化了教学的作用，与人才培养方向发生相左，造成了人才培养的"缺位"，我们用如图2表示。

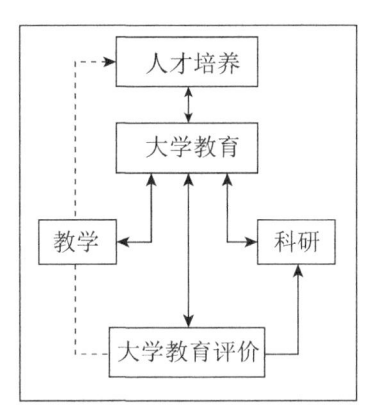

图2 传统大学教育评价与人才培养关系图

1. 大学教育科研评价与人才培养的"手段目标化"

科研评价本质上是一个自为管理模式，如果说，教学必须依靠学生来实现目标，那么，科研则可以不与学生发生交流而完成工作，这种自为管理模式强化了人才培养的"手段目标化"。从目前我国各大学的科研评价指标来看，论文数量和质量是科研的主要评价目标，这些目标原本是人才培养的手段，但在自为管理模式中，手段本身可以成为目标，远远背离了人才培养目标。在调研中，有教师称，"老师做科研，需要学生的参与，诸如，协助老师收集资料，整理数据，参加调研等，这些都为学生日后进行深入研究提供了实践经验"。如果从学生参与科研课题研究来看，这种形式确实可以提升学生科研能力，甚至加深对教学知识和技能的理解，但教师后期论文的构思、分析、写作，则完全可以脱离开学生，由教师自己完成。由此可见，学生的科研能力也只是停留在科研基础能力训练阶段，

---

[1] 石中英：《回归教育本体——当前我国教育评价体系改革刍议》，载《教育研究》2020年第9期。

没有本质的提升,与人才培养中提升学生的科研能力相悖,形成了科研评价与人才培养的"缺位"。

2. 大学教育教学评价与人才培养的"手段单一化"

第一,大学教育评价与人才培养理念的"缺位"。目前,大学教育领域受到经济学、管理学、新公共管理理论的影响,形成了"投入与产出"的管理理念,呈现出明显的教育领域"经济化"表现。即将经济领域的投入产出思路迁移到教育领域中,张晓秋等认为,[1]在高等教育领域,人才培养是涉及多项投入和产出的复杂系统。国外也有学者这样研究,高校投入一般认为是与人才培养相关的人、财、物的投入,其产出一般引用Esttele James 的"学术产品",简单划分为教学和研究两项,[2]如果使用"投入—产出"的管理理念来管理教育,那么,必然会使人们千方百计地寻找"产出",那"产出是什么呢?"最终,找到的是教学工作量和科研数量,这两个变量是完全可以量化的,也是客观的,更是人们可以接受,达成一致的。其实,教育领域是区别于经济领域的,它们具有完全不同的性质,教育领域是公益性组织,具有公共性特点,而经济领域具有排他性和经济性特征。另外,应该充分树立一种观念,即大学教育职责是有限的,只是承担了人才成长过程中处于大学阶段时需要培养的职责,这样也就找到了大学教育的边界,在边界内,可以制定大学教育的目标和要求,在此框架下,大学评价自然有的放矢,教学、科研也可回归本位。

第二,教学评价与人才培养的"缺位"。从目前大学教学评价的主体、内容、过程和效果来看,教学评价的主体包括了专家、督导、管理人员以及院系的负责人,还有学生,评价的内容集中于对教师教学内容、过程和效果的评价,其前提假设是只要教师教学效果好,那么,大学生的知识、技能培养就应该是绩效优的。实则不然,学生的培养不仅包括课堂教学,还应包括课前预热,课后复习,引导,开阔视野和知识面等,这样,才能

---

[1] 张晓秋、李华、蒋华林:《部属高校人才培养效率综合评价与影响因素分析》,载《高等工程教育研究》2009 年第 3 期。

[2] E. James, "Product Mix and Cost Disaggregation: a Reinterpertaion of the Economics of Higher Dducation", *Journal of Human Resources*, 1978, 13 (2): 157-186.

对学生在人才培养中的知识、技能和能力加以巩固、完善和提高，所以，教学评价应包括课前、课中、课后的评价。如果教学只集中于课中评价，显然，是对人才培养目标的不完全反映，这种衡量目标的指标"缺位"现象会影响人才培养的质量。

(三) 大学教育评价问题的溯源

1. 数量指标的易操作性

以科研为重点考核，结合了考核数据的容易获得性、发表论文的难度性、结果比较的可衡量性，魏丽娜等也提出，[1]大学尽可能将考核指标转化为可量化操作的数据，使考核结果容易比较和评价，并设计具备可操作性和可测量性的评价指标体系。冯玉萍等认为，[2]大学绩效评价中科研绩效评价相对于教学绩效评价容易些，科研绩效评价指标容易量化，具体而明确。周光礼也提到，[3]世界大学排行榜的一个突出特点是重视大学规模和数量指标，轻视大学内涵和质量指标。无论是 ESI、U. S. News，还是 THE、QS，无一例外都重视大学组织的规模和整体水平，对大学的办学质量和效率关注不够。

2. 科研指标的客观性

从评价角度来看，科研指标易于教学指标，因为它的客观标准，而得到大家的认可。这种客观性主要体现在论文、课题、奖项的外部客观性上。

第一，期刊评价。目前国内有七大核心期刊（或来源期刊）遴选体系，如北京大学图书馆"中文核心期刊"、南京大学"中文社会科学引文索引（CSSCI）来源期刊"、中国科学技术信息研究所"中国科技论文统计源期刊"（又称"中国科技核心期刊"）、中国社会科学院文献信息中心"中国人文社会科学核心期刊"、中国科学院文献情报中心"中国科学引文

---

[1] 魏丽娜等：《激励学术创新：亚利桑那州立大学交叉学科教师绩效评估体系及其经验启示》，载《高教探索》2020 年第 7 期。

[2] 冯玉萍、王曼：《高校教师绩效评价中教学与科研的合理关系》，载《教育观察》2020 年第 13 期。

[3] 周光礼、袁晓萍：《聚焦"四个评价"深化教育评价机制改革》，载《中国考试》2020 年第 8 期。

数据库（CSCD）来源期刊"、中国人文社会科学学报学会"中国人文社科学报核心期刊"、万方数据股份有限公司正在建设中的"中国核心期刊遴选数据库"。国际三大索引，如《科学引文索引》（Science Citation Index，SCI），《工程索引》（The Engineering Index，EI），《科学会议录索引》（Index to Scientific & Technical Proceedings，ISTP）国家或社会的期刊评价将期刊进行了相对划分，形成从高到低的客观排序，论文发表在不同的期刊将会被认定为哪一个级别的论文。

第二，课题评价。目前高校的科研课题主要来源于国家社会哲学科学规划、国家自然科学基金规划、各省（市）社会哲学科学规划、各省（市）自然科学基金规划以及各行业主管部门设立的专项研究规划等。这些项目课题由于来源的机构具有明显的行政级别特征，大学管理者将科研项目课题根据来源地行政级别的不同归为不同级别。

第三，对科研奖励的评价。目前，科研成果奖主要分布在国家（省）（市）（部委）科学技术奖，高等学校科学研究优秀成果奖（自然科学和人文社会科学），省哲学社会科学优秀成果奖。高水平论文奖（包括被Science/Nature研究性论文，ESI 0.1%和1%高倍引论文），国家哲学社会科学成果文库入选作品，中国社会科学全文，新华文摘全文转载，人民日报、光明日报、求是理论文章、人民网、光明网置顶理论文章等。这些评奖机构具有较高的行政级别或较广的社会影响力，教师的科研成果被不同类别的评奖机构选中，将被认定为不同级别的科研成果。

3. 教学指标的难操作性

人才培养指标多集中于教学模式的探讨，很难形成对人才培养效果的评价指标。张晔[1]研究校企合作人才培养模式可持续发展及效果评价，需要研究教学方法、调整课程设置、开展教学质量评估和组织教学效果评价。刘静平[2]科教融合培养模式能有效提升人才培养质量：融合类学生

---

[1] 张晔：《论校企合作人才培养模式可持续发展及效果评价》，载《继续教育研究》2017年第12期。
[2] 刘静平：《"科教融合"人才培养效果实证分析——以通化师范学院外语专业学生为例》，载《中国高校科技》2017年第6期。

的学习目标和对专业前景的了解更为清晰；融合类学生的知识与能力的整体增长速度均比非融合类学生高出许多；横向比较评价中，融合类学生对自我知识与能力的评价、对学校的满意度以及对在校所接触到的教师评价也更高。

4. 社会关注的效率化

第一，从投入经费上看。Abbott 等人认为，[1]科研经费能够反映所从事的科研活动的市场价值，或者代表了政府部门愿意购买的有效的大学科研成果数量，第二，科研的成果多于研究教学的成果。近 20 多年来，高校创新能力与科研效率评价问题在世界范围内引起了广泛关注。[2] Worthington 提出了[3]诸如综合投入产出法、生产函数法、数据包络分析和随机边界分析等效率测度技术与方法。De Groot 等人从本科生教学、研究生教学和科研等不同方面对美国大学的效率进行了评价。[4] Avkiran 对澳大利亚的大学的整体技术效率和规模效率进行的分析。[5] Cherchye 等人对荷兰 8 所大学的经济学院和工商管理学院的科研投入产出效率进行了研究，他们认为对科学研究效率的分析，应该从微观角度而不是宏观角度出发。[6]

三、现代大学教育评价的"纠偏"："目标—行动"耦合框架

我国大学教育评价"缺位"问题直接导致"五唯"现象，为了解决这一问题，在 2020 年 10 月，中共中央、国务院印发了《深化新时代教育评

---

[1] Abbott, M. & Doucouliagos, H. ," Research Output of Australian Universities", *Education Economics*, 2004 (3): 251-265.

[2] 陆根书等：《教育部直属高校科研投入产出效率及其发展趋势分析》，载《大学教育科学》2013 年第 1 期。

[3] Worthington, A. ," An Empirical Survey of Frontier Efficiency Measurement Technique sin Education", *Education Economics*, 2001 (3): 245-265.

[4] De Groot, H., McMahon, W. & Volkwein, F. The Cost Struc ture of American Re searchUniversities [J]. *Review of Economic and Statistics*, 1991 (3): 424-431.

[5] Avkiran, N. K. Investigating Technical and Scale Efficiencies of Australian Universities Through Data Envelopment Analysis [J]. *Socil-Economic Planning Sciences*, 2001: 57-80.

[6] Cherchye, L. and Abeele, P. V. On Research Efficiency：A Micro-Analysis of Dutch University Research in Economics and Business Management [J]. *Research Policy*, 2005 (4): 495-516.

价改革总体方案》，其精神在于从根本上解决大学教育评价"缺位"问题，避免科研"手段目标化"和教学"手段单一化"，杜绝"五唯"现象。在理论界，学者们对大学教育评价问题认识和解决机制有两种观点，一种观点认为，大学教育评价"缺位"直接导致"五唯"现象，这属于评价技术问题，得优化评价技术才能解决，如蔡三发认为，[1]评价应长周期、多维度和过程性。我们认为，评价教师的本质属于组织（大学）对个人（教师）的评价，而大学作为一个组织，其绩效目标需要教师完成，如果大学绩效目标没有做出根本性转变，只是在对教师的评价技术、方法、手段进行修正，对于大学的内涵式发展仍然无济于事。另一种观点认为是大学教育评价制度建设问题，应加强制度建设，如陈先哲认为，[2]"五唯"问题的本质是制度问题，并从大学治理的角度提出了，重树教育观，改变教育资源分配方式。减少教育领域的评比和竞赛。改变教育评价机制，增加绿色评价等建议。我们认为，"五唯"问题是组织系统管理问题，需要从大学战略的设计与实施，组织制度的优化与改进，教师绩效的形成与评价等方面，从国家、大学、教师，甚至学生维度进行"面"治理，而不只是从单一维度进行"点"治理，需要构建"目标—行动"的教学与科研的"耦合"框架。"耦合"原本是工程领域的一个名词，它是指两个或两个以上的电路元件或电网络的输入与输出之间存在紧密配合与相互影响，并通过相互作用从一侧向另一侧传输能量的现象。在大学教育中，人才培养、教学科研、教育评价应存在一种耦合关系，即人才处于大学阶段在成长过程中，大学承担了对人才知识、技能、能力，甚至价值观的教育，其主要手段是教学和科研，其目标是人才培养。而教学与科研处于相互联系，相互促进的密切关系之中，在人才培养方面发生耦合关系，以提高人才培养质量。对大学通过教育手段实现人才培养目标的标准、结果，通过测量和评价来完成，详细内容可见下图 3 所示。

---

[1] 蔡三发等：《"双一流"建设背景下学科可持续发展度评价指标体系构建》，载《复旦教育论坛》2020 年第 2 期。
[2] 陈先哲：《"五唯"的制度根源与根本治理》，载《光明日报》2019 年 10 月 8 日，第 13 版。

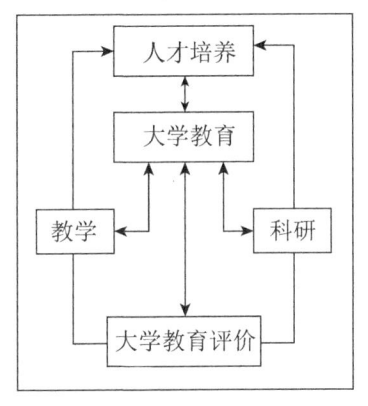

图 3　现代大学教育评价与人才培养关系图

（一）"目标—行动"耦合：大学教育应通过教学、科研实现教育功能

人才培养是大学教育的目标，评价也应该始终围绕人才培养而实施，其中，不仅应该包括数量指标，还应包括质量指标。客观上，大学人才培养的质量难以测量，因为，人才培养质量应该包括大学生知识、能力、技能和价值观的掌握或具备，这些也可以被视为大学教育的产出或结果，但这些产出是储藏在大学生身体内的知识、能力、技能和价值观，无法用测量工具直接衡量。另外，大学生知识、能力、技能和价值观必须在日后转化为行为是否能被观测到，如果没有观测到大学生日后的行为，也无法测量大学的人才培养质量。但绩效管理学告诉我们，当绩效目标无法直接观测或即使可以观测到，但其结果无法用衡量质量的工具进行测量时，可以转向对行为过程测量，如果行为过程中的表现或结果能够被精确测量，也可以认为组织目标的达成，也正如西蒙的"目标—行为"理论也阐释了同样的道理。因此，在理论上，可以使用科研和教学作为管理手段，来实现对人才培养目标，但始终要将人才培养嵌入科研和教学中，充分发挥科研对人才培养的价值和教学对人才培养的价值，这样"目标"即人才培养，"行动"即教学和科研，才能实现"目标—行动"真正的耦合。

（二）"教学—科研"耦合：大学教育评价应基于人才培养的教学和科研

2020年10月，中共中央、国务院印发了《深化新时代教育评价改革总体方案》,被称为是我国第一个关于教育评价系统改革的文件,也是指导深化新时代教育评价改革的纲领性文件。其中涉及六个关键主体,党委和政府、学校、教师、同行、学生、社会用人单位。其背景是教育评价改革针对就是当前教育评价问题集中体现的"五唯"现象,反映了过去不科学的评价导向。我国将通过《深化新时代教育评价改革总体方案》来推动教育评价走向科学化、理性化,其中,大学教育评价将纠正以往不合理的"唯论文""唯帽子"的人才评价方式,以树立培养社会有用之才的教师评价方式。我们认为,构建基于人才培养的教学和科研评价体系应着重做好三点:第一,基于人才培养的教学评价体系。由上文可知,对人才的培养不仅包括知识、技能、能力和价值观教育的课堂教学,还包括课前引导、课后复习巩固,因此,教学评价主要应该评价教师在课前、课中、课后的行为表现以及行为结果,是否达到了预期的人才培养目标。可以设置基于人才培养质量的教学类评价指标,如课程教学质量、出版教材质量、在校生代表性成果、学位论文质量、学生就业与职业发展质量、用人单位评价等。第二,基于人才培养的科研体系。培养人才的科研能力也是大学的职责所在,也是社会有用之才的能力体现,因此,应着重强调教师要引导、指导、传授给学生相关的科研知识、技能和能力,学生成为科研主体,提高学生的科研创新能力,因此,科研评价就应该通过学生的科研能力来评价教师的工作绩效。可以设置基于人才培养的科研类评价指标,如科研育人成效、学生科研质量等。第三,基于教师教学和科研的耦合体系。有许多证据表明,教师的教学与科研有着相互促进、相互补充的作用,因此,大学教师的教学和科研仍需要进一步加强,但应强调教学和科研质量的耦合体系建构。可以设置评价指标来实现这种耦合关系,如学术论文质量、学术著作质量、专利转化情况等,同时,设置学术论文转化教学的转化度,教学转化为科研的转化度。

(三)"目标—评价"耦合:大学教育评价始终围绕人才培养目标

将测量"目标"用测量"手段"的替代性衡量方法具有一定的技术难度,但不是不可以使用的。从理论上看,当测量"手段"时,也会产生许多指标或维度,这些指标或维度不一定都反映"目标"的达成,需要从中找出与"目标"高度相关的指标或维度,以运用关键绩效指标对"手段"的测量。例如,对"教学"的测量维度可以是"教学量""教学科目""课堂满意度""知识掌握度""能力具备度""技能水平""价值观能级"等,在这些测量维度中,只有"知识掌握度""能力具备度""技能水平""价值观能级"等测量维度与人才培养目标高度相关,而"教学量""教学科目"与人才培养目标低相关度,"课堂满意度"与人才培养目标无相关。再如,测量"科研"时,也会产生许多指标或维度,这些指标或维度也不一定都反映"目标"的达成,需要从中找出与"目标"高度相关的指标或维度,以运用大对"手段"的测量中。例如,对"科研"的测量维度可以是"学生参与度""发表科研论文的数量和质量""学生申请课题数""教师科研的数量和质量",在这些测量维度中,"学生参与度""发表科研论文的数量和质量""学生申请课题数"等与人才培养目标高度相关,而"教师科研的数量和质量"则表现出低相关度。

综上,尽管有学者提出,大学嵌入于多重制度场域中,大学职能随着社会制度的变迁而不断演变,大学逻辑也在不断发展。[1]但大学的人才培养职责是亘古不变的,也只有构建出促进人才成功成才的大学评价机制,才是大学教育评价的真谛和价值。

---

[1] 陈锋正、苗彦恺:《多重制度逻辑视角下我国高校绩效管理存在的问题及策略选择》,载《教育发展研究》2019年第Z1期。

高校教师对代表作评价制度的认知与思考
——来自高校教师的调研报告*

杜学亮 杨 科**

中共中央、国务院《深化新时代教育评价改革总体方案》明确提出，高校教师科研评价要"突出质量导向"，要"根据不同学科、不同岗位特点，坚持分类评价，推行代表性成果评价"，使代表作评价再次成为关注的热点并一直持续至今，研究成果数量也需不断上升。其中既有理论层面上的探讨，也有实证方面的研究。但根据笔者了解的情况，该制度在高校的实施情况并不是很理想，定量评价在高校科研评价中还占有重要的位置。2019年，笔者曾发表《代表作评价制度的困境与出路》一文，对代表作评价制度的现状与问题进行了梳理与思考。时隔四年，代表作评价制度面临的困境与问题并未从根本上解决。在这种情况下，全面而深入地了解被评价者（以高校教师为主）对代表作评价制度的认知显得尤为必要，这也许是全面认识代表作评价制度在高校的实施现状、推进代表作评价在高校落实的另一条路径。为此，笔者组织了一次问卷调研，以期充分了解高校教师对代表作评价制度的真实认识，为推进代表作评价制度深入研究提供依据。

---

* 本文为中央高校基本科研业务费资助项目"教育评价改革背景下代表作评价制度的完善与实施保障"阶段性研究成果。

** 杜学亮，中国政法大学科研单位党委，研究员；杨科，中国政法大学科研处，助理研究员。

一、调研目的

本次调研主要的目的是全面而真实地了解高校教师对代表作评价制度相关问题的认知，以充分认识代表作评价制度在高校学术评价中的重要地位以及相关的理论与实践问题，全面了解代表作评价制度在高校的实施现状与存在问题，从而为深入研究代表作评价制度、构建科学的代表作评价制度体系提供理论与实践依据。

二、问卷设计

本次调研主要采用问卷调查法，或采用教师座谈会、个别访谈等形式。

为了识别不同调研对象对代表作评价问题的认识与倾向，本次调研的对象按年龄结构、岗位类型、职称分成三类。在调研内容上，按照调研目的和代表作评价制度体系，包含五方面内容：代表作评价制度的整体认识与时代意义、代表作评价制度的内涵与应用、代表作评价的组织、代表作评价的保障、代表作评价存在的问题与完善对策，力争全面反映代表作评价制度包含的相关问题及对高校学术评价的影响程度。

三、调研总体情况

本次调研，以不同学科、不同年龄、不同岗位的教学科研人员及管理人员为调研主体，充分利用各类社科研究、管理群，邀请了全国范围内不同高校及科研机构内不同学科、不同职称、不同年龄的专任教师及管理人员共同参与，具有一定的普遍性与代表性。

本次调研以问卷星和纸质问卷相结合的形式进行，共发放问卷180份，最终回收有效问卷177份。

在有效问卷中，按年龄统计，60岁以上人员9人，占总数的5.08%；46至60岁人员64人，占总数的36.16%；36至45岁人员59人，占总数的33.33%；35岁以下人员24人，占总数的25.42%。

按岗位类型统计，教学科研岗人员120人，占总数的67.8%；科研岗人员26人，占总数的14.69%；教学岗人员12人，占总数的6.78%；管理岗人员 19 人，占总数的 10.73%。

按职称统计，正高级职称 78 人，占总数的 44.07%；副高级职称 50 人，占总数的 28.25%；中级职称 49 人，占总数的 27.68%。

四、调研结果分析

(一) 代表作评价制度的整体认识与时代意义

高校教师对代表作评价的整体认识，可以全面反映代表作评价制度在高校学术评价中的地位，充分认识该制度在推动学术高质量发展中的时代意义，这是代表作评价制度在高校能否顺利实施的重要基础。

1. 对代表作评价制度的整体认识

对代表作评价的整体认识，首先要明确高校教师对代表作评价制度的了解程度。根据调研情况，14.69% 的被调研者表示非常清楚，54.80% 的被调研者表示比较了解，29.38% 的被调研者表示不太了解，1.13% 的被调研者表示没听说过，且被调研者对代表作评价制度的了解程度与群体年龄成正比，详细内容如下图 1 所示。

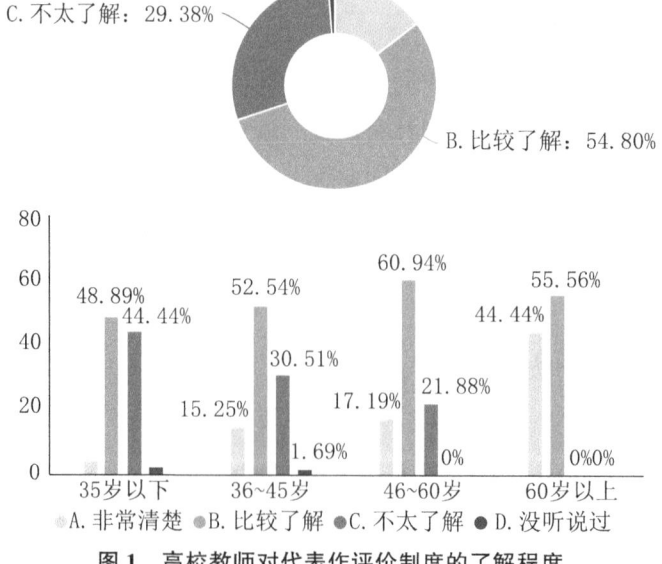

图 1　高校教师对代表作评价制度的了解程度

对于高校推行代表作评价制度的态度，45.76%的被调研者认为非常必要，35.59%的被调研者认为有点必要性，10.17%的被调研者觉得没必要，8.47%表示不好判断。总体上被调研者对高校推行代表作评价的必要性是认可的，且职称越高的被调研者对这一制度的认可程度越高，详细内容如下图2所示。

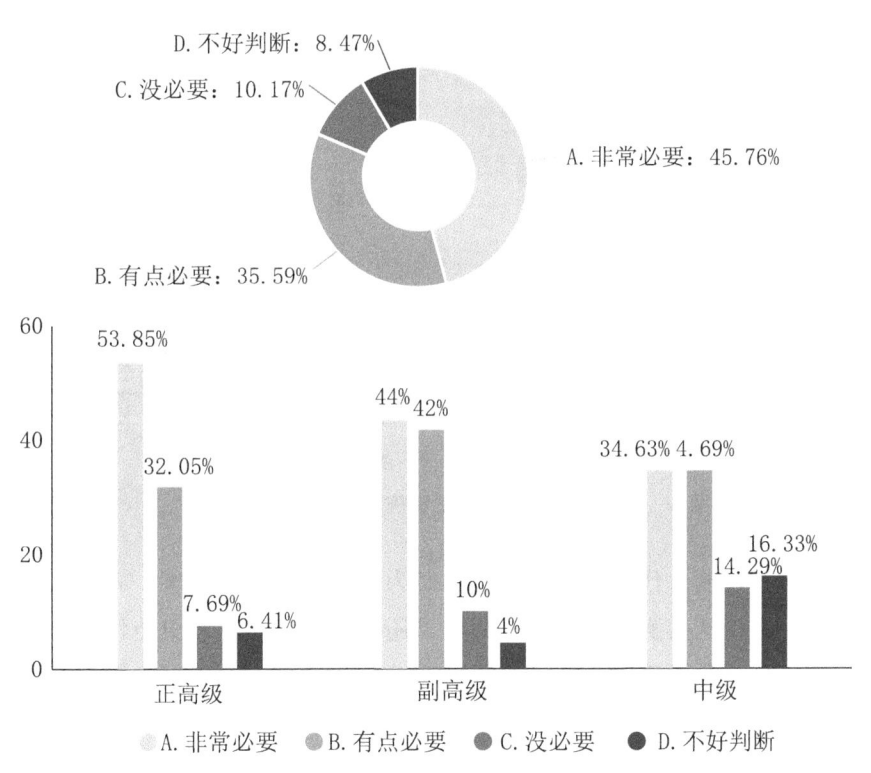

图 2　高校推行代表作评价制度的必要程度

对于代表作评价制度在高校的实施现状，2.82%的被调研者表示非常满意，22.60%的被调研者表示比较满意，57.06%的被调研者表示一般，17.51%的被调研者对代表作评价制度的实施表示不满意，而且被调研者对代表作评价制度的满意度与年龄成正比，但总体上满意度较低，部分教师对代表作评价制度的作用还存在怀疑，详细内容如下图3所示。

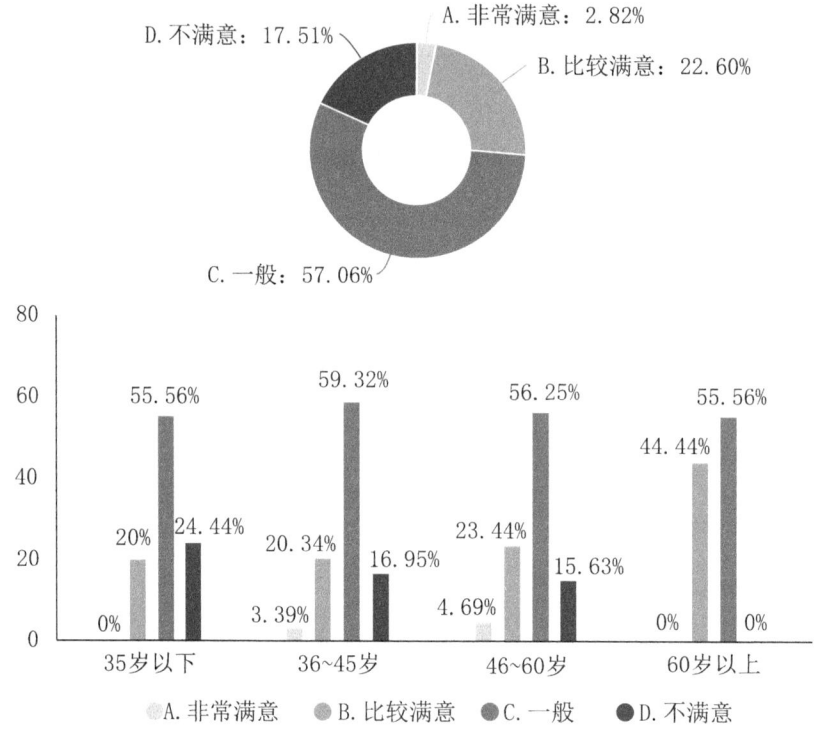

图 3　高校代表作评价制度实施现状的满意程度

以上数据说明，代表作评价制度已经为大部分教师所了解，有大力推行的必要性，但从其实施现状看，其结果还不是很理想。要想使代表作评价制度真正成为教师普遍认可的评价制度，在高校学术评价中发挥积极的作用，还有很长的路要走。

2. 代表作评价制度的时代意义

要使代表作评价制度在高校真正落实，成为被广大教师真正认可并自觉践行的评价体系，充分认识代表作评价制度的时代意义至关重要。

代表作评价作为定性评价的重要方式，它的作用早已被高校所认识。关于代表作评价在高校学术评价中能够起到多大作用，我们将定性评价与定量评价的作用进行了比较调研，13.56%的被调研者认为代表作评价能取代定量评价，63.84%的被调研者认为二者应该结合并行，22.60%的被调研者认为代表作评价不能取代定量评价，这也表明大家在充分肯定代表作评价制度作用的同时，还认为不能忽视定量评价等在构建科学评价体系中的作用。

代表作评价制度的作用显而易见，但其能否公平公正评价成果质量，8.47%的被调研者相信这一制度完全能公平公正地评价成果质量，46.33%的被调研者表示这一制度一般情况下能公平公正地评价成果质量，23.16%的被调研者觉得不好判断，22.03%的被调研者表示不认可其公正性。在被调研者中，职称越高的人员更为认可这一制度的公正性，职称较低的人员表示怀疑的比例比较高，这与前面提到的被调研者对代表作评价制度的满意度与年龄成正比的趋势相似，说明大部分教师关心代表作评价制度能否公平公正地评价成果质量，未来的改革方向也应当更加注重公平公正性的保障，并且努力摆脱"唯职称"问题的影响，详细内容如下图4所示。

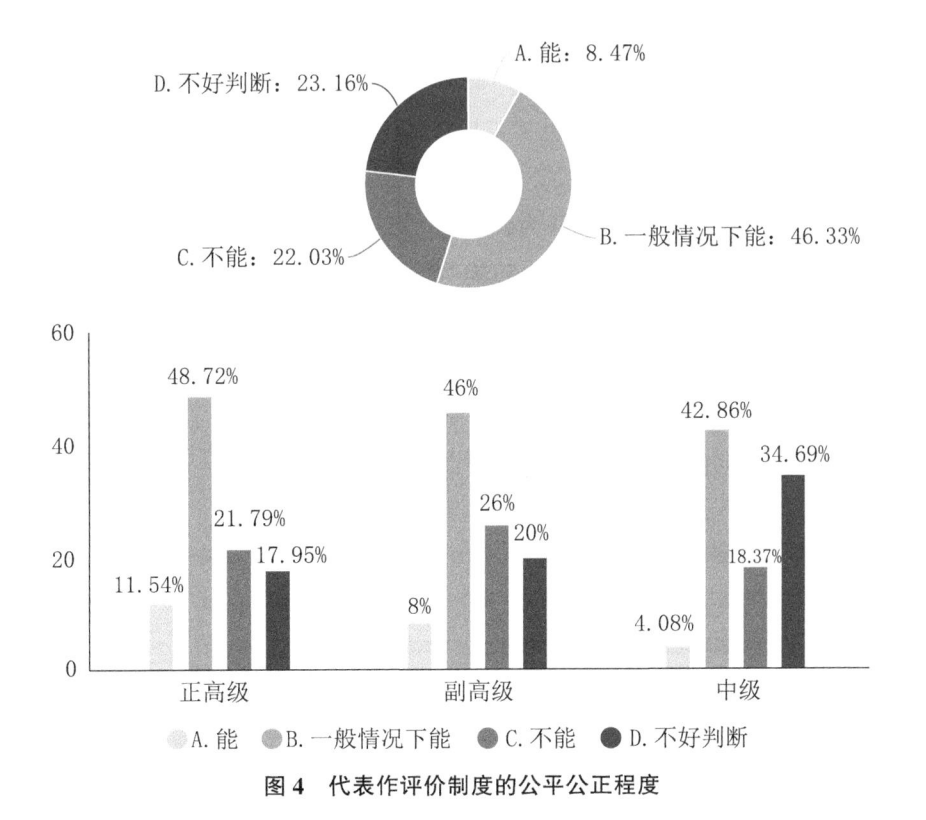

图4 代表作评价制度的公平公正程度

在解决时代问题方面，我们对代表作评价制度的积极作用进行了调研。对于代表作评价制度是否能达到学术评价中"破五唯"的目的，虽然只有 4.52% 的被调研者认为完全能解决"五唯"问题，但 66.10% 被调研者认为能解决一部分问题。认为代表作评价制度解决不了"五唯"问题的占 22.03%。这说明在高校教师心目中，这一制度可以被视作解决"五唯"问题的方法之一，详细内容如下图 5 所示。

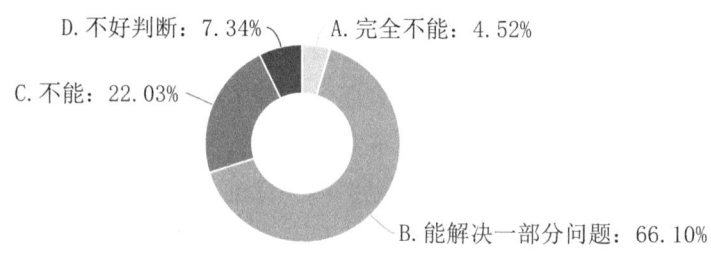

图 5　代表作评价解决"五唯"问题的程度

具体到代表作评价可以解决"五唯"中的哪些问题，61.02% 的被调研者认为代表作评价制度解决了"唯论文"的问题，40.11% 的被调研者认为解决了"唯帽子"问题。认为解决了"唯奖项""唯职称""唯学历"问题的被调研者分别占总数的 39.55%、35.03%、27.12%，也有 25.42% 的被调研者认为"五唯"问题没有一项由于代表作评价制度的推行而得到解决。这也表明被调研者多数认可代表作评价制度在一定程度上解决了传统定量评价造成的问题，尤其认可这一制度很大程度上解决了传统科研评价中"唯论文"的问题，详细内容如下图 6 所示。

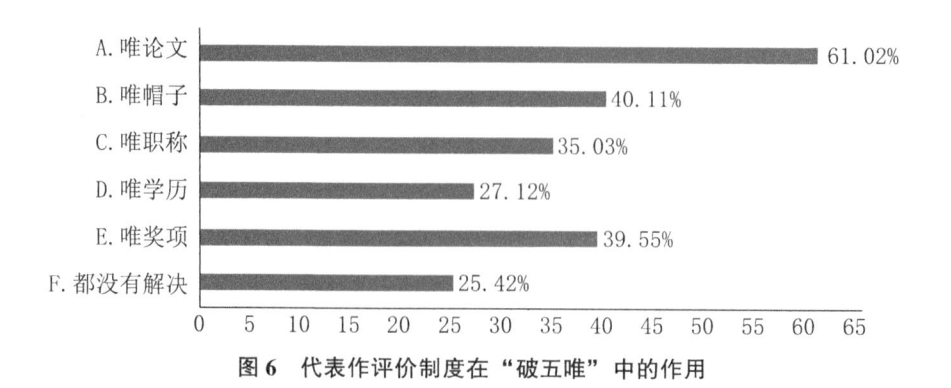

图 6　代表作评价制度在"破五唯"中的作用

关于代表作评价制度的时代意义，我们设定了几个选项，66.10%的被调研者相信它是构建科学评价体系的重要组成部分，42.37%的被调研者认为它是新时代推动教育高质量发展的必然要求，33.33%的被调研者相信它是科学评价成果质量的最好方式，28.25%的被调研者认为它是实现科研评价公平正义的最有效方式，23.73%的被调研者认为它是彻底解决"五唯"痼疾的最好评价制度，部分被调研者还表示这一制度"打破只看数量和层级的评审标准的一种考核模式""部分解决唯C刊问题"，能够"进一步增强社会科学研究动力"。这充分表明，代表作评价的时代意义被大部分教师所认可，这也是代表作评价制度在新时代的生命力之所在，详细内容如下图7所示。

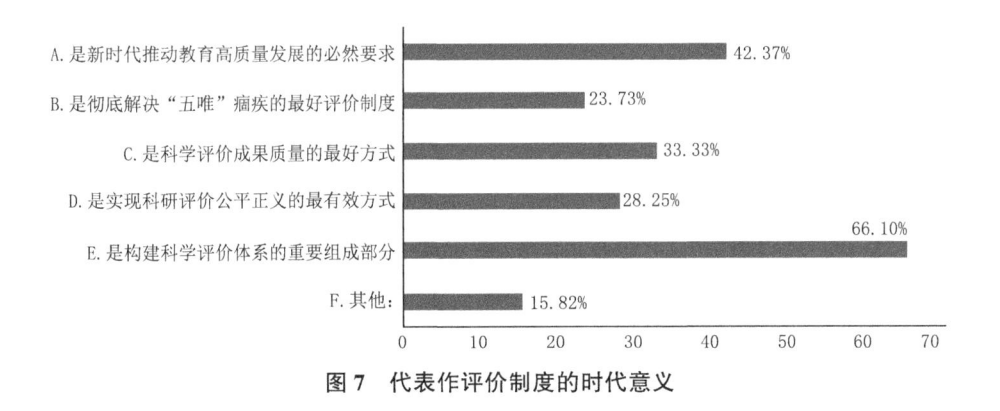

图7 代表作评价制度的时代意义

（二）代表作评价制度的内涵与应用

代表作评价制度提出多年，之所以在推行过程中困难重重，其原因之一是对代表作评价的诸多基本问题存在不同认识，尤其是其基本的内涵与应用，一直都处在探索之中，深入了解广大教师对代表作评价内涵与应用问题的认识对于充分认识代表作评价的本质与时代价值具有重要的意义。

1. "代表作""代表性成果""代表性学术成果"的区别

在讨论代表作评价制度中，涉及"代表作"这一基本概念的说法问题，无论是在政府部门文件中，[1]还是学者的研究中，[2]说法不尽相同，大体主要有"代表作""代表性成果""代表性学术成果"三个概念。关于三个概念的区别，44.07%的被调研者认为"代表作""代表性成果""代表性学术成果"是同义语。笔者也持相同观点，这三个概念从内涵上可以被看作是同义语。"代表作"可以看作是"代表性作品"的简称，"作品"和"成果"，作品的内涵更广泛一些，成果更倾向于学术研究的结果。从创作的主体上，"代表作"更倾向于个人创作的作品，"代表性成果""代表性学术成果"更倾向于在学科评价、机构评价中的作品集合的表达，如"法学学科代表性成果""知识产权研究基地代表性成果"等，而不说成"法学学科代表作""知识产权研究基地代表作"。与此相似的概念还有"代表作制度""代表作评价制度"，其内涵应该是一致的。

2. "代表作"的基本内涵

关于"代表作"的基本内涵，学术界意见并不统一。笔者选取了一些代表性的意见征求被调研者对其的认可态度，结果如下表 1 所示。

表 1 "代表作"基本内涵观点一览表[3]

内涵表述	调研人数	赞同人数	赞同比例
能够体现和衡量科研人员学术水平的代表性成果（叶继元）	177	100	56.50%

---

[1] 如中共中央、国务院印发的《深化新时代教育评价改革总体方案》中提出"推行代表性成果评价"，2020 年科技部发布的《关于破除科技评价中"唯论文"不良导向的若干措施（试行）》中提出"对论文实行代表作制度"，中共中央办公厅、国务院办公厅 2018 年印发的《关于深化项目评审、人才评价、机构评估改革的意见》中提出"推行代表作评价制度"等。

[2] 学者们关于代表作内涵的表述参见苏金燕：《政策视角下代表作评价制度分析》，载《扬州大学学报（人文社会科学版）》2021 年第 1 期。

[3] 表 1 内所列观点参见：俞吾金：《"代表作"制度改变了什么》，载《解放日报》2012 年 6 月 9 日，第 5 版；叶继元：《有益遏制学术评价形式数量化》，载《中国教育报》2012 年 3 月 28 日，第 3 版；姜春林、赵宇航：《代表作评价：探索之路与完善之策》，载《甘肃社会科学》2016 年第 3 期；中国社会科学院语言研究所词典编辑室：《现代汉语词典（第 7 版）》，商务印书馆 2016 年版，第 249 页；全国科学技术名词审定委员会公布：《图书馆情报与文献学名词》，科学出版社 2019 年版；王世鹏等：《"代表作"制度的理论研究综述》，载《情报工程》2022 年第 2 期。

续表

内涵表述	调研人数	赞同人数	赞同比例
最能代表自身学术水准的一到几部作品（姜春林、赵宇航）	177	86	48.59%
对个人而言，代表作是最能反映其学术研究水平、能力、风格的重要作品；对其他被评价主体而言，代表作是最能反映被评价主体学术水平、学术成效、学术影响的一系列作品的集合	177	86	48.59%
某一科研人员或个人的技能水平、科研能力以及学术成果的衡量标杆（王世鹏等）	177	69	38.98%
最能显示作者素养、造诣、水准和个人风格的作品（《图书馆·情报与文献学名词目》）	177	56	31.64%
在相应的研究领域里，对前人和同时代人已有的研究成果做出实质性的推进（俞吾金）	177	47	26.55%
具有时代意义的或最能体现作者水平、风格的著作或艺术作品（《现代汉语词典》）	177	42	23.73%

从以上数据可以看出，每一种关于代表作内涵的表述都获得了一定数量的被调研者的支持，说明高校教师在这一概念内涵理解上的不一致性。"能够体现和衡量科研人员学术水平的代表性成果"表述获得半数以上被调研者的认同，说明学术水平的高低是衡量作品是否具有"代表性"的重要指标。实际上，因为代表作评价应用的广泛性，笔者更倾向于第三种表述。在笔者看来，"代表作"相对于个人和集体（可以把学科和机构看作被评价集体的代表）要求不同，内涵也必然有所区别。为此，笔者在第三种表述的基础上，将代表作的基本内涵做如下表述"代表作、代表性成果、代表性学术成果系同义语。对个人而言，是指能够体现和衡量其学术研究水平、能力、风格的高质量作品；对其他被评价主体而言，是指能够体现和衡量被评价主体的学术水平、学术成效、学术贡献的系列高质量学术成果的集合"。

3. 代表作的构成

代表作作为最能反映被评价者学术水平的高质量作品，由于学术成果的复杂性，在现实评价中，在成果类型、数量、质量上均有一些不同的要求，因为理解的不同，高校教师也给出了不同的答案。

（1）在成果类型要求上。什么类型的成果能成为代表作，51.41%的被调研者认为学术论文、学术专著、智库成果均可以成为代表作，42.37%的被调研者认为代表作只能是学术论文或学术专著，认为代表作只能是学术专著的仅占3.39%，认为代表作只能是学术论文的仅占2.82%。此外，被调研者还表达了对成果类型是否有限制的看法。高达90.96%和89.27%的被调研者认为学术专著必须是"正式出版的学术专著"，学术论文必须是"公开发表的学术论文"。35.03%的被调研者认为"被省部级以上机构采纳或领导批示的智库成果"才可以被视为代表作。由此可见，学术论文、学术专著可视为代表作的基本成果类型。在高校社会服务职能日益凸显的新时代背景下，智库成果的地位得到了提升和认可，是代表作成果类型的重要补充。通过对比分析还可以看出，或许受学校科研发展战略影响，管理岗位认为"被省部级以上机构采纳或领导批示的智库成果"可以作为成果参与评价的人超过六成，而实际被评价的三类人群对此类成果的支持率仅占两到三成。由此可以推断，专任教师对智库成果作为代表作认可度不高，详细内容如下图8所示。

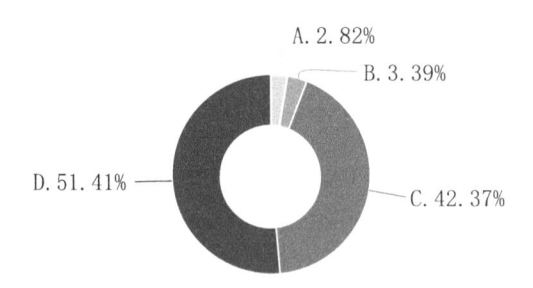

- A. 只能是学术论文 —— 2.82%
- B. 只能是学术专著 —— 3.39%
- C. 只能是学术论文或学术专著 —— 42.37%
- D. 学术论文、学术专著、智库成果均可 —— 51.41%

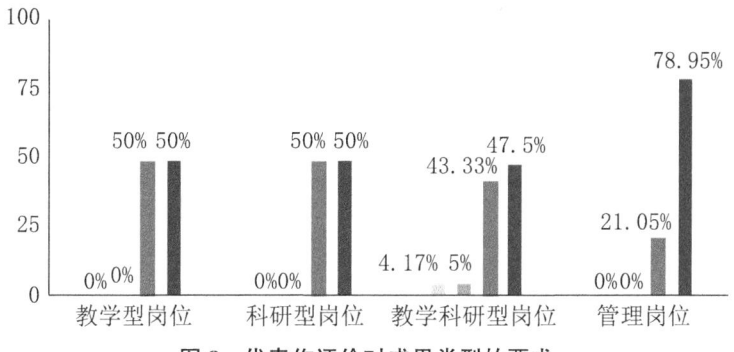

高校教师对代表作评价制度的认知与思考 | 189

图8 代表作评价对成果类型的要求

（2）在成果质量要求上。代表作是否应该设置质量要求，也是代表作评价中评价者和被评价者关注的焦点。66.10%的被调研者认为代表作不应该有质量限制，38.42%的被调研者认为成果只要公开发表或出版即可作为代表作，甚至有27.68%的被调研者认为只要是作者创作的没有知识产权争议的成果即可，不管是否出版或发表均可以作为代表作。认为代表作必须有质量要求的比例是33.90%。在他们看来，学术成果只有达到一定质量才可以作为代表作，如学术论文必须是被CSSCI等检索系统收录的论文、学术著作必须由百佳出版社出版等。在笔者看来，增加质量要求主要是从减轻评价者工作量的角度考虑或防止质量不高的成果参与评价，以保证评价的针对性和实效性，详细内容如下图9所示。

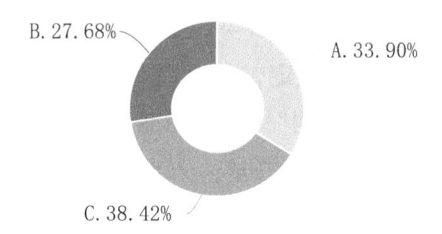

- A.有，如学术论文必须是被CSSCI等检索系统收录的论文、学术著作必须是百佳出版社的等要求
- B.没有，只要公开发表或出版即可
- C.没有，只要是作者创作的没有知识产权争议的成果即可，不管是否出版或发表

图9 代表作评价对成果质量的要求

(3) 在成果数量要求上。代表作是否应该有数量要求，是 1 项还是多项，一直有不同观点，而且相对于个人和其他被评价者又会有所不同。

进行个人的学术水平评价，多数被调研者认为提交的代表作数量应以多项成果为主，42.94%的被调研者认为 3~5 项合适，27.12%的被调研者认为 2 项合适，还有 21.47%的被调研者认为数量不限，只有 8.47%的被调研者认为代表作可以是 1 项成果。结果显示，大多数被调研者支持代表作应有数量要求，以 3~5 项为宜，详细内容如下图 10 所示。

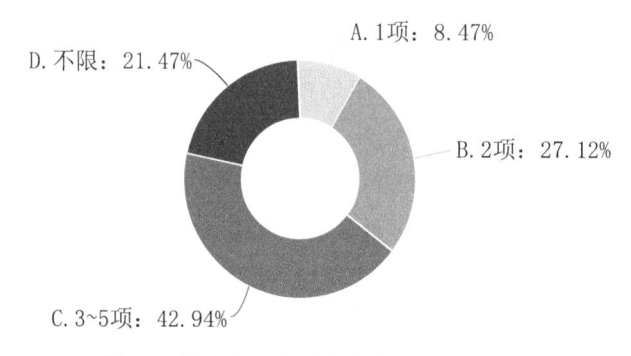

图 10　代表作评价对个人成果数量的要求

进行学术机构成效、学科水平评价，被调研者普遍认为提交的代表作数量上应该比评价个人多。22.60%的被调研者认为 10 项合适，20.90%的被调研者认为 5 项合适，7.34%的被调研者认为 20 项合适，5.08%的被调研者认为 30 项合适，而接近半数（49.72%）的被调研者认为数量不限，数量多少应当由被评价者自主决定，甚至还有被调研者建议代表作数量应该"与机构科研人员体量成比例"。这充分说明，被评价者在认可代表作评价的同时，比较关注代表作的数量，力求通过提交更多的成果参与评价，以获得理想的评价结果，详细内容如下图 11 所示。

高校教师对代表作评价制度的认知与思考

```
A. 5项        20.90%
B. 10项       22.60%
C. 20项       7.34%
D. 30项       5.08%
E. 不限，由
被评价单位     49.72%
自主决定
F. 其他       1.13%
```

图 11 代表作评价对机构学科评价成果数量的要求

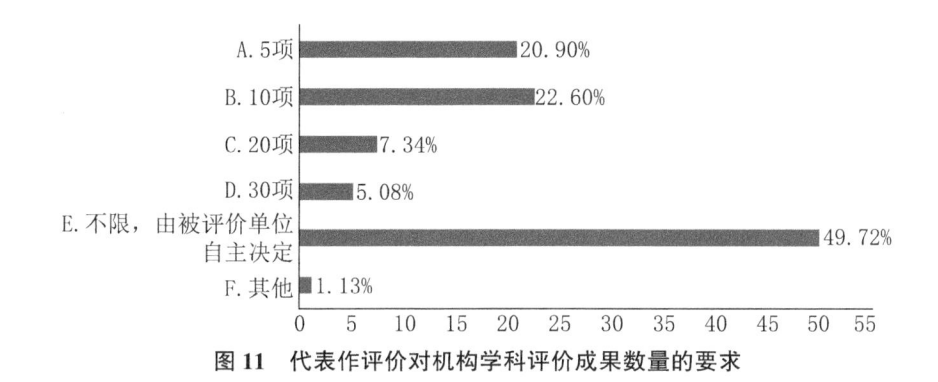

（4）未出版的学术成果能否作为代表作参与评价。未出版的学术成果作为研究者创作成果的重要组成部分，是否可以作为代表作参与评价，在代表作评价实践中并不多见，根据多数高校学术评价实际，未出版的学术成果不能参与任何学术事项评价，更不能成为代表作。关于这个问题，在本次调研中，只有22.03%的被调研者认为未出版的学术成果能作为代表作参与评价，而认为不能作为代表作参与评价的被调研者比例接近80%。其中，41.81%的被调研者明确表示未出版的学术成果不能作为代表作参与评价，36.16%的被调研者采取了较为宽容的态度，但也只认为在特殊情况下能，如可以参与岗位考核评价，但不能参与成果评奖、职称评定等。按照职称对被调研者进行分类，结果显示正高级和副高级的教师更多地倾向于未出版的学术成果不能作为代表作参与评价，而中级职称的教师更多地倾向于特殊情况下能，这显示了中级职称的教师希望代表作成果的范围更为宽松，详细内容如下图12所示。

```
        D. 0%
C. 36.16%    A. 22.03%

        B. 41.81%
```

- A. 能
- B. 不能
- C. 在特殊情况下能，如可以参与岗位考核评价，但不能参与成果评奖、职称评定
- D. 其他

[图表：未出版学术成果能否作为代表作参与评价的统计数据]

正高级：A.能 21.79%，B.不能 44.87%，C.在特殊情况下能 33.33%，D.其他情况 0%
副高级：A.能 18%，B.不能 46%，C. 36%，D. 0%
中级：A.能 26.53%，B.不能 32.65%，C. 40.82%，D. 0%

图例：
● A. 能
● B. 不能
● C. 在特殊情况下能，如可以参与岗位考核评价，但不能参与成果评奖、职称评定
● D. 其他情况

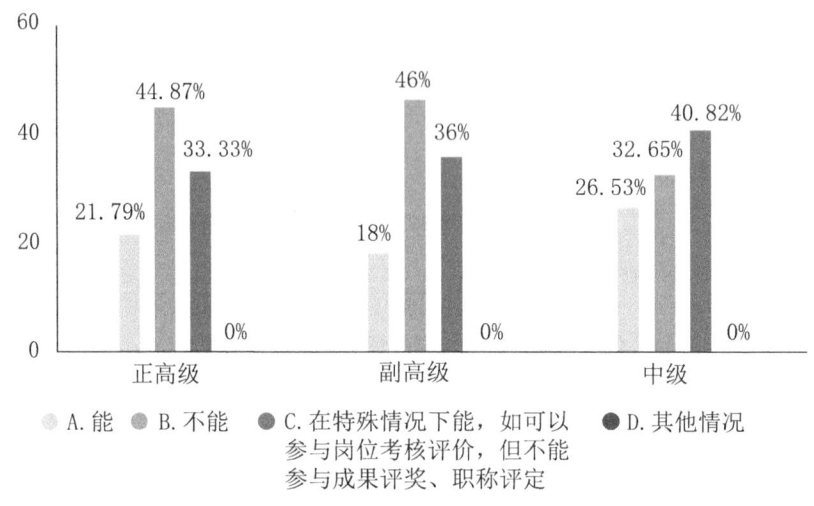

图 12　未出版学术成果能否作为代表作参与评价

4. 代表作认定的主体

在代表作评价中，代表作由谁来决定非常重要，它不仅涉及教师对该制度的认可度，尤其涉及评价是否公平公正的问题。

从分类评价的视角看，代表作的认定主体因评价范围的不同，认定的主体也不尽相同。在涉及对个人的学术水平评价时，67.8%的被调研者认为应由作者自行决定，30.51%的被调研者认为可以由评价机构规定代表作数量和范围。这充分说明，被评价者更关心自己的成果是否能成为代表作，而且希望以自己的意志决定是否属于代表作。

在涉及学术机构、学科等评价时，32.20%的被调研者认为可以由评价机构提出代表作数量和范围，44.63%的被调研者认为评价机构应只提出数量要求，由被评价机构自主决定成果范围。这也反映了被评价者希望在代表作评价中涉及质量评价时掌握更大的自主选择权，详细内容如下图 13 所示。

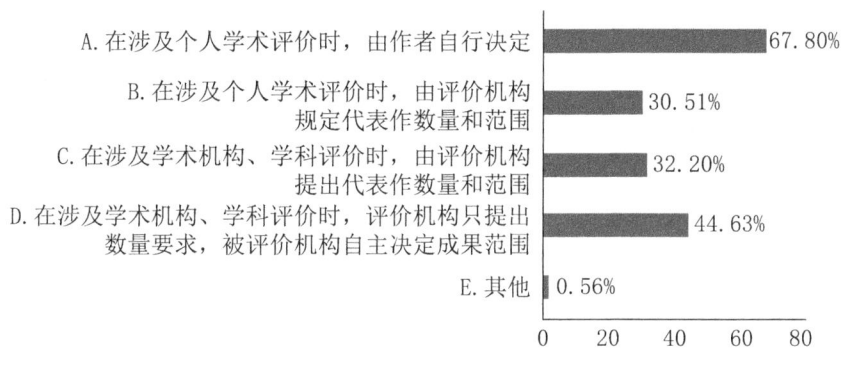

图 13　代表作认定的主体

- A. 在涉及个人学术评价时，由作者自行决定　67.80%
- B. 在涉及个人学术评价时，由评价机构规定代表作数量和范围　30.51%
- C. 在涉及学术机构、学科评价时，由评价机构提出代表作数量和范围　32.20%
- D. 在涉及学术机构、学科评价时，评价机构只提出数量要求，被评价机构自主决定成果范围　44.63%
- E. 其他　0.56%

5. 代表作评价的应用范围

由于代表作评价关注成果的质量，有些学者直接认为"以质量和创新为导向的代表作评价制度是评价主动权回归学术共同体的有益尝试"，"是人文社会科学评价的主要趋势"。[1]从国家层面，中共中央办公厅、国务院办公厅以及教育部、科技部等发布了一系列文件，[2]将代表作评价普遍应用于职称评定、人才评价、岗位考核评价、学科评价、项目评价等等，并要求积极推行。实际上，在高等学校教师的认知中，对代表作评价具体应该在什么范围内适用有着不同的意见。79.10%的被调研者赞成应用在职称评定中，75.14%的被调研者支持应用在人才引进、推荐、评优中，61.02%的被调研者认为可以应用在岗位考核中，57.06%的被调研者表示可以应用在成果评奖中，54.80%的被调研者认为可以应用在学科评价中，48.02%的被调研者赞成应用在机构评价中，34.46%的被调研者表示可以应用在绩效分配评价中，31.07%的被调研者表示可以应用在项目评价中。从这些数据可以看出，应用于职称评定、人才评价、岗位考核、成果评奖、学科评价中的赞成者的比例均超过50%，尤其是职称评定、人才评价

---

[1] 姜春林、赵宇航：《代表作评价：探索之路与完善之策》，载《甘肃社会科学》2016年第3期。

[2] 如《教育部关于深化高校教师考核评价制度改革的指导意见》《中共中央办公厅、国务院办公厅关于深化项目评审、人才评价、机构评估改革的意见》《科技部关于破除科技评价中"唯论文"不良导向的若干措施（试行）》《中共中央办公厅、国务院办公厅深化新时代教育评价改革总体方案》《人力资源和社会保障部、教育部关于深化高等学校教师职称制度改革的指导意见》等。

的赞成比例超过70%，是适用代表作评价的核心领域，岗位考核、成果评奖是一般领域。学科评价、机构评价、项目评价虽然比例不高，但随着代表作评价积极作用的凸显，已经开始引入代表作评价。如2020年开始的教育部第五轮学科评估在评估指标的设计上，明确提出"突出质量、贡献和特色。强化质量，淡化数量，不设置发表论文数、出版专著数、申请专利数等指标，突出原创性、前沿性、突破性成果"，聚焦标志性学术成果，采用"代表作评价"方法。2020年教育部组织的人文社会科学重点研究基地评估，也引入代表作评价方式。在科研成果要求上，不再要求填报所有成果，只填报标志性成果2项、代表性成果20项。[1]这充分表明，随着我国高等教育对质量的要求越来越突出，对成果质量的要求将成为所有科研评价的首要要求，详细内容如下图14所示。

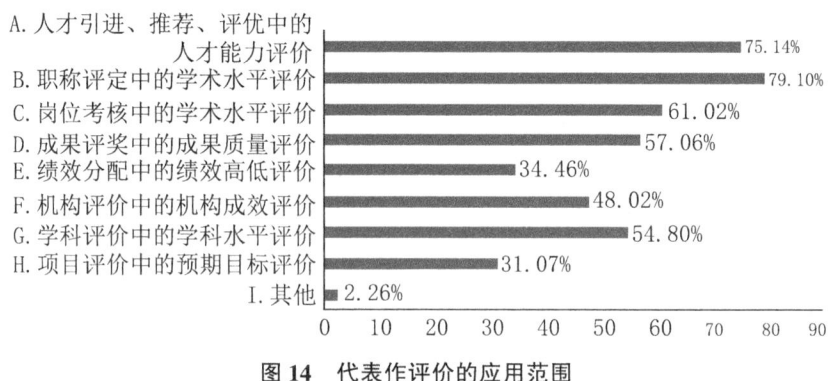

```
A. 人才引进、推荐、评优中的
   人才能力评价                    75.14%
B. 职称评定中的学术水平评价       79.10%
C. 岗位考核中的学术水平评价       61.02%
D. 成果评奖中的成果质量评价       57.06%
E. 绩效分配中的绩效高低评价       34.46%
F. 机构评价中的机构成效评价       48.02%
G. 学科评价中的学科水平评价       54.80%
H. 项目评价中的预期目标评价       31.07%
I. 其他                            2.26%
```

图14 代表作评价的应用范围

6. 代表作评价在职称评定中的应用

代表作评价被广泛用于职称评定中，这已被大部分教师认可和接受，但在应用中还有一些适用范围和适用条件的问题。

在适用范围上，代表作评价并不是适用所有岗位的职称评定，而是根据岗位类型有所区别。对于应用在哪些岗位上，80.79%的被调研者支持教

---

[1] 参见《教育部学位与研究生教育发展中心关于公布〈第五轮学科评估工作方案〉的通知》（学位中心〔2020〕43号）、《教育部社科司关于开展高校人文社会科学重点研究基地测评工作的通知》（教社科司函〔2020〕97号）。

授一级、二级、三级岗位必须实行代表作评价，67.80%的被调研者认可在评定教授四级岗位中实行代表作评价，46.33%的被调研者认为有必要在评定副教授岗位实行代表作评价，而认为有必要在讲师岗位和助教岗位评定中实行代表作评价的人数仅占比 16.95% 和 10.17%。这说明，大家普遍支持代表作评价制度应用在高级别岗位的职称评定当中，职称越高的岗位，越应该适用代表作评价，详细内容如下图 15 所示。

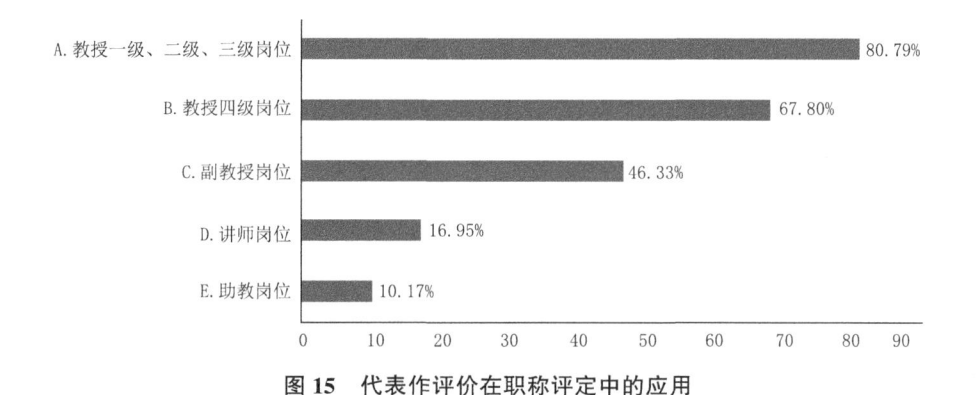

选项	百分比
A. 教授一级、二级、三级岗位	80.79%
B. 教授四级岗位	67.80%
C. 副教授岗位	46.33%
D. 讲师岗位	16.95%
E. 助教岗位	10.17%

图 15　代表作评价在职称评定中的应用

在适用条件上，在职称评定中适用代表作评价是否应该有数量前置要求，46.33%的被调研者支持学术成果必须达到一定数量才能实施代表作评价，41.81%的被调研者则认为不用设定数量要求，可以直接适用代表作评价，另有 11.86%的被调研者认为只要达到数量要求，代表作评价可以不做。之所以出现这些意见，在部分教师看来，代表作评价的作用显而易见，其对质量和水平的追求正和职称评定所追求的目标一致，但也不是唯一标准。在有些教师看来，学术成果只有积累到一定数量，才能全面地评价成果的质量，甚至出现达到一定数量即反映教师学术水平的观点。也正是如此，在大部分实行代表作评价的高校，在职称评定中或多或少地规定了数量的前置条件，反映了在学术评价以数据说话的大背景下，学校既要追求成果数量，又要追求成果质量，以全方位提升学校的科研影响力，详细内容如下图 16 所示。

C. 11.86%
A. 46.33%
B. 41.81%

- A. 学术成果必须达到一定数量才能实施代表作评价评价
- B. 不用设定数量要求，可以直接适用代表作
- C. 只要达到数量要求，代表作评价可以不做评价

图 16　职称评定中代表作评价的数量前置要求

(三) 代表作评价的组织

在代表作评价制度中，代表作评价的组织最为关键。评价组织的组建、评价专家的遴选、评价的原则与标准等一系列问题直接关系到评价的公正性与公信性，是评价能否顺利完成与实施的关键环节。

1. 代表作评价组织的组建

什么样的评价组织能得到被评价者的认同，60.45%的被调研者认为由校外第三方评价机构评价最能体现公平正义，19.77%的被调研者表示由校内管理部门组织就能保证公正，另有14.69%的被调研者认为应该由作者自行决定评价专家名单。还有少量被调研者对评价组织的组建提出如下观点："目前国内缺乏独立、专业、权威的第三方评估机构""采用教育部评价系统""针对不同专业设立不同的校内外结合的专家委员会""校内管理部门和校外第三方评价机构一起组织"。通过对不同职称被调研者的对比分析，被调研者支持自主选择专家的比例与职称高低成反比。由此可以看出，由校外第三方评价机构组织评价得到了多数被调研者的认同，这也许对于被评价者看来，校外第三方评价机构与校内教师没有更多的人情或利益联系，更能保证评价的公平公正，这也间接说明了高校教师在自己的成果被评价时更希望得到公正的结果，详细内容如下图17所示。

饼图数据：
- A. 19.77%
- B. 60.45%
- C. 14.69%
- D. 5.08%

图例：
- A. 校内管理部门
- B. 校外第三方评价机构
- C. 由作者自行决定评价专家名单
- D. 其他

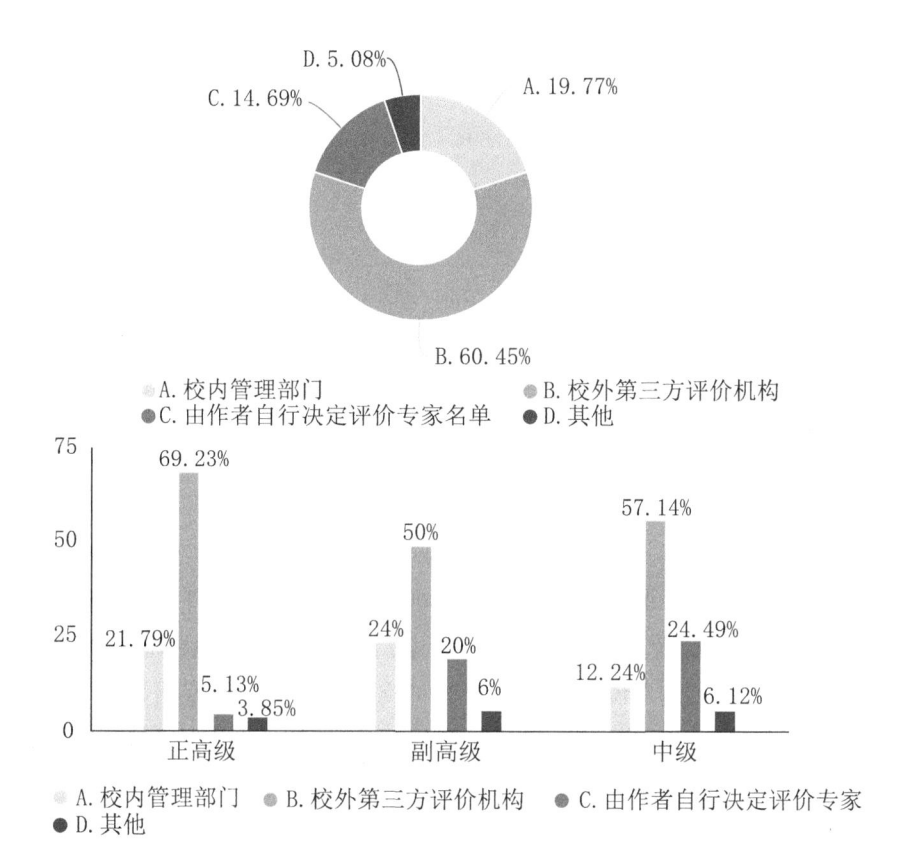

柱状图数据：

职称	A. 校内管理部门	B. 校外第三方评价机构	C. 由作者自行决定评价专家	D. 其他
正高级	21.79%	69.23%	5.13%	3.85%
副高级	24%	50%	20%	6%
中级	12.24%	57.14%	24.49%	6.12%

图 17　代表作评价组织的组建模式

2. 代表作评价专家的遴选

代表作评价专家的遴选是组织评价的重要前提，是评价机构顺利完成评价工作，也是确保公平公正且得到被评价者认可的关键。选好专家非常重要，这里涉及评价专家的结构、专家的数量、专家的回避等一系列事项。

关于评价专家的结构，高达 71.19% 的被调研者认为由三四级学科的小同行专家组成评价组进行评价最能体现公平正义，22.03% 的被调研者认为评价组应由多学科专家组成，5.08% 的被调研者表示管理部门领导和专家共同组成专家组即可，还有部分被调研者提出评价组可以由二级学科同行专家组成，或者由专业学者和学术编辑共同组成。由此可见，细化到三四级学科的小同行专家评价模式在被调研者心中最为理想，详细内容如下

图 18 所示。

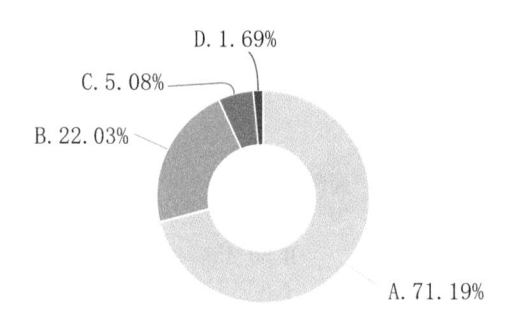

图 18　代表作评价的专家结构

- A. 小同行专家（细化到三四级学科专家）评价：71.19%
- B. 多学科专家评价：22.03%
- C. 管理部门领导和专家共同组成专家评价：5.08%
- D. 其他：1.69%

关于评价专家的来源，70.62%的被调研者支持校内与校外专家共同组成，25.42%的被调研者支持全部为校外专家，只有3.95%的被调研者认为可全部为校内专家。这也说明了被调研者对校外专家的信任度明显高于校内专家，但高支持率的校内外专家共同参与评价的结构又说明了被评价者对现实学术评价环境的基本认可。

关于评价专家数量，43.50%的被调研者认为5位最为合适，39.55%的被调研者表示3位即可，15.82%的被调研者赞成7位。按照年龄划分，46岁及以上的被调研者更多支持评审专家为5位，45岁及以下的被调研者更多支持评审专家为3位。另外有被调研者表示9位专家更合适，或者专家数量要根据实际确定。这也说明，3~5位专家组成的评价组最被认同，详细内容如下图19所示。

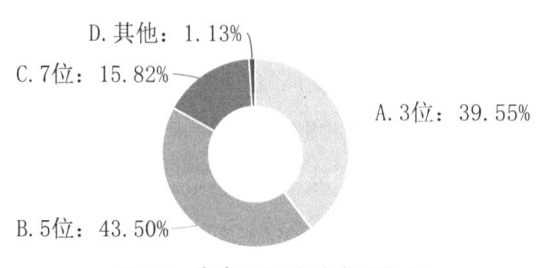

图 19　代表作评价的专家数量

- A. 3位：39.55%
- B. 5位：43.50%
- C. 7位：15.82%
- D. 其他：1.13%

3. 评价专家的回避

回避制度是法律制度中一项重要的制度安排，也是确保评价公平公正的重要措施。对于在代表作评价中设置专家回避制度，有不同的设计安排。54.80%的被调研者赞成作者申请代表作评价时，可以提出1~3位申请回避专家名单；39.55%的被调研者支持由组织评价部门根据学缘、血缘、上下级关系等自行避开可能影响公正评价的专家；4.52%的被调研者赞同依靠评价专家自觉申请回避。另有一种观点表示可以公布专家名单，允许作者提出回避申请，组织评价的机构决定是否回避。从这些观点中可以看出，超过一半的被调研者支持作者申请评价时可以自主提出申请回避专家名单。对比不同职称的教师观点比例，可以发现职称越低的被调研者会更倾向这一点。这也说明，当被评价者的成果被评价时，为了保证公平公正，他们更希望在回避制度上拥有一定自主性。虽然这种制度安排具有一定的困难，但也是科学设置回避制度应该着重考虑的，详细内容如下图20所示。

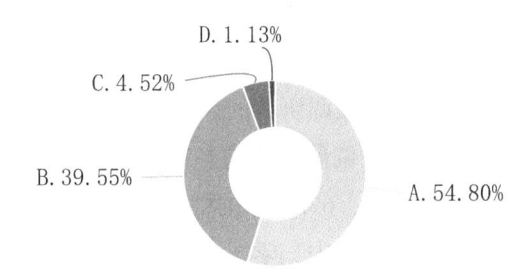

- A. 作者申请代表作评价时，可以提出1~3位申请回避专家名单
- B. 由组织评价部门根据学缘、血缘、上下级关系等自行避开可能影响公正评价的专家
- C. 依靠评价专家自觉申请回避
- D. 其他

图20 代表作评价的回避制度

4. 代表作评价原则与标准

评价原则是评价制度实施的基本准则。在代表作评价中，究竟应该坚持哪些原则，在笔者设计的选项中，87.57%的被调研者选择了公平公正性原则，64.41%的被调研者选择了公开原则，54.80%的被调研者选择了与定量评价相结合原则，50.28%的被调研者选择了分类评价原则，47.46%的被调研者支持匿名评价原则，45.76%的被调研者支持实名评价原则。这再次表

明，在评价制度的实施中，公平公正原则是被广泛认可的基本原则，公开原则、与定量评价相结合原则、分类评价原则也得到了一半以上被调研者的认同。匿名评价原则、实名评价原则的支持率不相上下，也说明被调研者在匿名与实名上的纠结，无论哪种，优缺点都非常明显，详细内容如下图21所示。

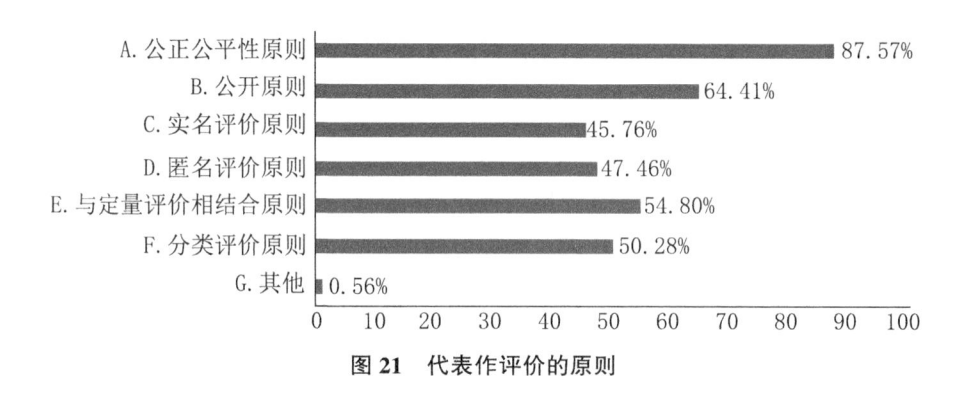

```
A. 公正公平性原则   87.57%
B. 公开原则         64.41%
C. 实名评价原则     45.76%
D. 匿名评价原则     47.46%
E. 与定量评价相结合原则  54.80%
F. 分类评价原则     50.28%
G. 其他             0.56%
```

图21 代表作评价的原则

评价标准是评价的重要指南和依据，坚持什么样的标准，直接决定了评价结果的客观性与公正性，在所列的政治标准、学术标准、学风标准、社会影响四个选项中，都得到了被调研者的认可。97.74%的被调研者认为学术标准至关重要，79.10%的被调研者认为必须重视学风标准，68.36%的被调研者认为政治标准不可或缺，67.23%的被调研者认为也要关注成果的社会影响。可以看出，在评价标准中，学术标准是被调研者关注的首要标准，这也是判断学术成果价值的核心指标，详细内容如下表2所示。

表2 代表作评价的标准

内涵表述	调研人数	赞同人数	赞同比例
政治标准：认真贯彻习近平新时代中国特色社会主义思想，高举中国特色社会主义伟大旗帜，坚持正确的政治方向和学术方向	177	121	68.36%
学术标准：具有创新性和前沿性，或填补了某研究领域空白，或推动了学科建设和理论发展，或解决了经济社会发展中的重大实践问题	177	173	97.74%

续表

内涵表述	调研人数	赞同人数	赞同比例
学风标准：符合学术规范，资料翔实、准确，方法科学，没有知识产权等方面争议	177	140	79.10%
社会影响：得到学术界的重视和好评，或为党和政府提供了具有重要参考价值的决策咨询意见，或产生了显著的经济效益或社会效益	177	119	67.23%

5. 代表作评价的影响要素

在代表作评价中，对评价专家能否公平公正地进行评价，除了评价标准之外，还有一些重要的影响要素，有的还直接决定着评价专家对成果学术水平的判断。在根据评价实践所列选项中，69.49%的被调研者认为论文发表刊物的重要程度很关键，59.89%的被调研者认为发表论文的引文量、影响因子很重要，44.63%的被调研者会看重成果出版单位的影响程度，42.37%的被调研者认为会关注成果获奖的级别或重要程度，41.24%的被调研者觉得同一研究领域系列成果也会加分，31.64%的被调研者表示成果的形式也会对评价有影响。除此之外，被调研者还列举了其他影响因素，例如"成果实际质量""成果的原创性和学术贡献度""成果的社会影响力"。由此可见，研究代表作评价制度，全面了解代表作评价的影响因素也是至关重要的，详细内容如下图22所示。

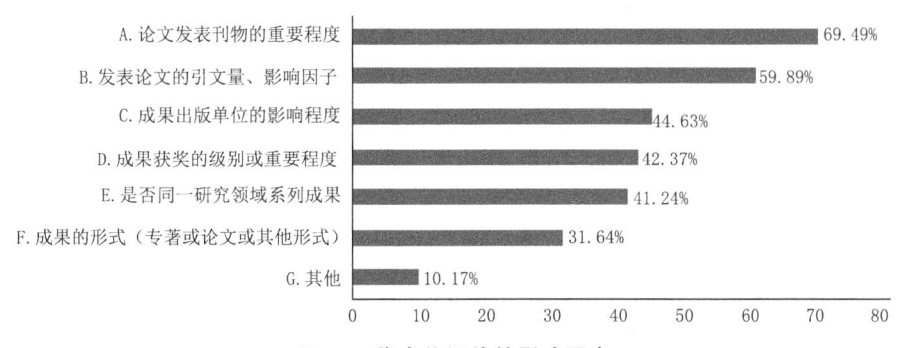

选项	比例
A. 论文发表刊物的重要程度	69.49%
B. 发表论文的引文量、影响因子	59.89%
C. 成果出版单位的影响程度	44.63%
D. 成果获奖的级别或重要程度	42.37%
E. 是否同一研究领域系列成果	41.24%
F. 成果的形式（专著或论文或其他形式）	31.64%
G. 其他	10.17%

图22 代表作评价的影响因素

(四) 代表作评价的保障

任何一项制度，要保证顺利运行必须有一套保障措施，代表作评价制度也必须如此才能保证评价的顺利完成，实现学术评价的功能。这些保障措施，除了基本的举措之外，最重要的核心是要建立必要的救济制度，主要包括公示制度和复议制度。

1. 代表作评价的保障措施

要保障代表作评价的顺利实施，必须从多个方面设计切实可行的举措。在笔者设计的保障措施中，88.14%的被调研者认为有科研诚信的专家库很关键，83.05%的被调研者表示有完备的救济制度（公示制度、复议制度）非常重要，81.36%的被调研者认为有让人信任的评价组织者是必要的，77.97%的被调研者认同科学的制度体系的重要性，54.24%的被调研者表示必须有充足的经费保障。另有被调研者提出了更细致的建议："要保证同一领域内的专家""不以钱为目的的评价才能接近真正的评价"等。以上表明，大家普遍认为代表作评价的各类保障措施都很重要，诚信的专家库、完备的救济制度、科学的制度体系、诚信组织者、经费保障缺一不可，详细内容见下图23所示。

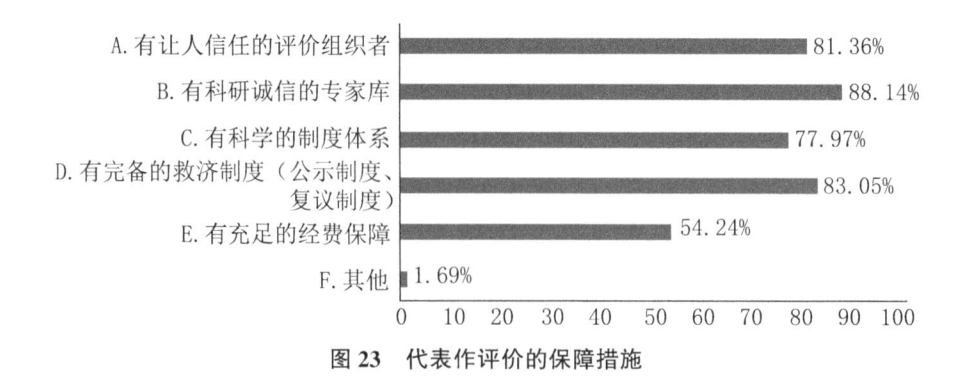

图 23 代表作评价的保障措施

- A.有让人信任的评价组织者 81.36%
- B.有科研诚信的专家库 88.14%
- C.有科学的制度体系 77.97%
- D.有完备的救济制度（公示制度、复议制度） 83.05%
- E.有充足的经费保障 54.24%
- F.其他 1.69%

2. 代表作评价的救济

"任何制度的设计都不是完美无缺的，而弥补制度缺陷最好的办法就是建立必要的救济机制"。[1]在建立救济制度这一问题上，72.88%的被调研者充分肯定了建立救济制度的必要性，19.77%的被调研者虽然对建立救济制度还有疑惑，但也认为为了纠正错误，特殊情况下还是需要救济制度的。认为代表作评价无须建立救济制度的被调研者仅占7.34%。这充分说明，代表作评价制度的推行必须要有完备的救济制度予以支持。

3. 代表作评价的公示

公示制度是救济制度的基本形式，是接受群众监督、防止学术腐败的最好方式。关于评价结果公示的必要性，67.23%的被调研者表示了支持态度，31.07%的被调研者虽然认为一般不需要，但在特殊情况下还是应当在一定范围内公示，认为评价结果无须公示的被调研者仅占1.13%。这也充分说明，在评价结果是否需要公示这一问题上，被调研者的意见基本是一致的，也表明大部分被调研者基本支持代表作评价结果的透明化，详细内容见下图24所示。

图24 代表作评价的公示

4. 代表作评价的申诉与复议

对评价结果的申诉与复议，是弥补制度缺陷的主要措施和制度救济的

---

[1] 杜学亮：《代表作评价制度的困境与出路》，载《中国政法大学学报》2019年第2期。

主要表现方式。对于代表作评价结果是否允许被评价者申诉复议，决定了评价能否顺利实施。在调研中，92.66%的被调研者肯定了代表作评价中允许申诉与复议的必要性，其中，75.71%的被调研者赞同可以申请复议一次，复议结果即为终评结果，而16.95%的被调研者认为还可以多次复议。不赞成申诉复议的被调研者仅占7.34%。

对于复议之后的处理方式，58.76%的被调研者赞成只处理被评价者提出异议的专家或结果，对部分评价专家提出异议并成立的，由组织者聘请新的专家进行评价；31.64%的被调研者认为，如果复议成立，应由组织者更换全部初评专家名单，再次组织评价；9.60%的被调研者认为，如果复议成立，应由作者更换新的代表作，由初评专家再次评价。这一结果说明，超过半数的被调研者支持仅邀请新的专家复议被提出异议的某些专家或评价结果。

(五) 代表作评价存在的问题与完善对策

在目前科研评价中，代表作评价因其客观、公正的特性，正发挥着越来越重要的作用。但受目前我国高等教育现状的影响，以及代表作评价自身的缺陷，存在的问题也是比较明显的。这就需要有关部门、高等学校、专业机构及教师等各方面共同努力，才能有效地解决当前科研评价中存在的问题。

1. 代表作评价中存在的问题

代表作评价中存在的问题必然受到当前科研评价中存在问题的影响，关于高校科研评价中的突出问题，在笔者所列选项中，74.01%的被调研者认为还不能完全摆脱人情评价。65.54%的被调研者表示行政化思维比较严重，还没有摆脱按行政级别确定质量的窠臼。62.15%的被调研者认为没有统一的科研评价制度。48.02%的被调研者认为定量评价的影响还很大。另有被调研者提出如下建议：分类评价系统还需要进一步完善；提高非核心成果在日常科研绩效考核中的地位；评价制度执行应更到位，不能因人而异；按照不同机构特色确定评价范围等。这充分说明，我国目前科研评价中，存在的问题还是显而易见的，尤其是人情问题、行政化思维等都对科研评价追求的公平公正产生重要的影响，详细内容见下图25所示。

高校教师对代表作评价制度的认知与思考

```
A. 没有统一的科研评价制度                    62.15%
B. 行政化思维比较严重,还没有摆脱按行
   政级别确定质量的窠臼                      65.54%
C. 还不能完全摆脱人情评价                    74.01%
D. 定量评价的影响还很大                      48.02%
E. 其他                                     3.95%
         0  10  20  30  40  50  60  70  80
```

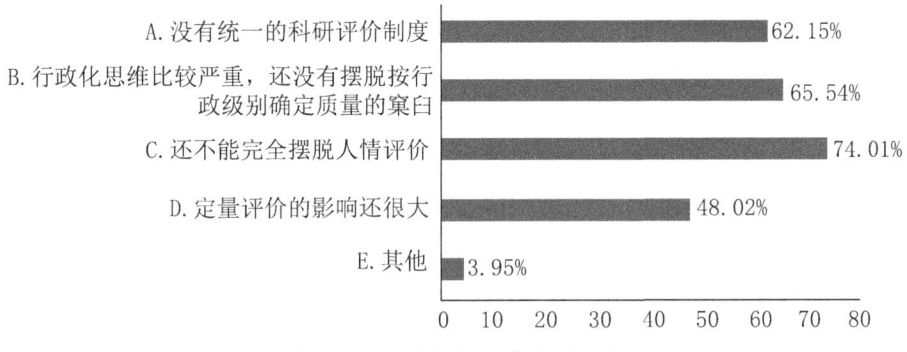

图 25 代表作评价中存在的问题

针对目前代表作评价制度实施中存在的具体问题,79.10%的被调研者认为学术成果的复杂性,不能形成统一的评价标准;71.19%的被调研者表示质量评价的观念还未从根本上确立;61.02%的被调研者指出评审专家的公正性不能得到充分认可;33.9%的被调研者觉得评价周期比较长,难以适应现在尽快完成评价的需求;21.47%的被调研者表示评价经济成本比较高。还有被调研者表达了如下观点:代表作的认定会受到发表刊物档次的巨大影响,甚至代表作会异化为 A 刊作;目前 2 年的年限要求太短了,建议 5 年之内都有效;专家专业性参差不齐;学术界的生态决定了代表作评价难以规避抱团和排外。另外,通过和被调研者对代表作评价制度满意度的交叉分析,可以得出,不满意的教师明显比更满意的教师更质疑这一制度的公平性,详细内容见下图 26 所示。

```
A. 质量评价的观念还未从根本上确立           71.19%
B. 学术成果的复杂性,不能形成
   统一的评价标准                           79.10%
C. 评价周期比较长,难以适应现在
   尽快完成评价额需求                       33.9%
D. 评价经济成本比较高                       21.47%
E. 评审专家的公正性不能得到充分认可          61.02%
F. 其他                                    2.82%
         0  10  20  30  40  50  60  70  80  90
```

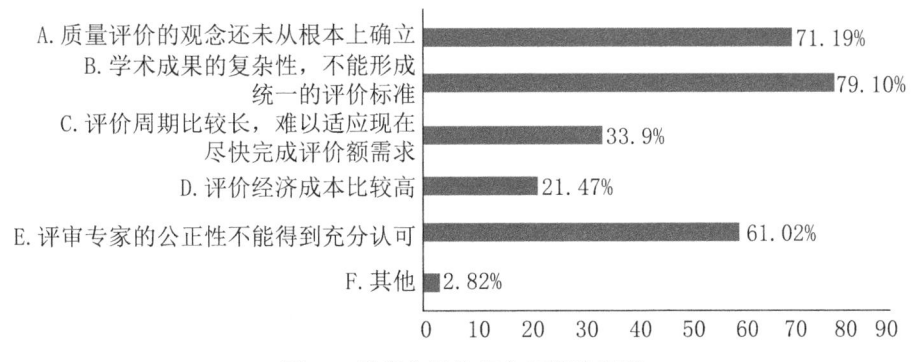

图 26 代表作评价存在问题的原因

2. 完善代表作评价制度的对策

代表作评价中存在的问题决定了完善相关制度的重要性。在完善代表作评价制度的对策方面，80.79%的被调研者表示应建立科学完备的科研评价制度体系。73.45%的被调研者建议加强第三方评价机构建设，为代表作评价提供诚信平台。70.06%的被调研者表示要高度重视代表作评价在推动科研高质量发展中的作用。62.15%的被调研者认为要做好顶层设计，提供全方位政策与实践指导。61.02%的被调研者认为要加强代表作评价比较与实践研究，为完善代表作评价制度提供理论与实践支撑。还有被调研者建议根据研究方向有针对性地选择评审专家，而不是随机抽取。由此可见，各方面都比较关注代表作评价制度的完善、建立科学完备的科研评价制度体系、加强顶层设计、加快建设第三方评价机制等，但要真正使其成为各方面都接受、推动科学研究发展的科学评价制度，需要从多方面发力，详细内容见下图 27 所示。

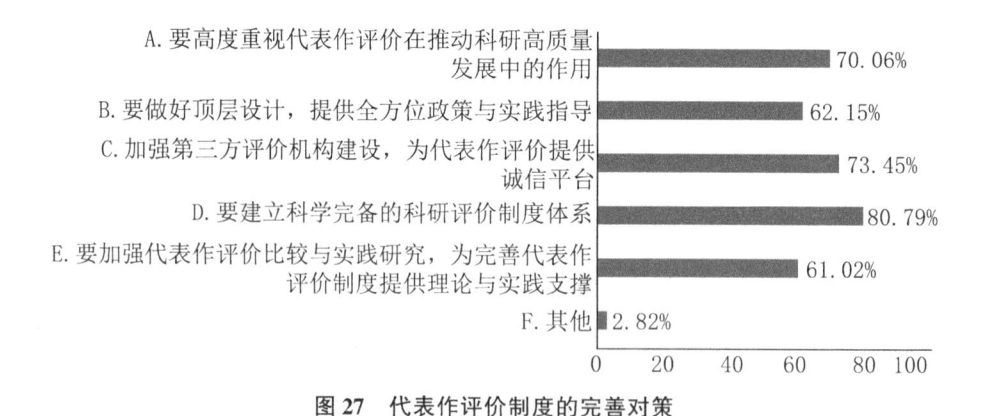

图 27 代表作评价制度的完善对策

五、调研结论

代表作评价制度作为高校科研评价体系的重要组成部分，在定量评价继续受到批评的时候，更加显示出它的制度优势，继续受到政府和相关学者的积极推动。但即使如此，任何制度本身的局限性也就决定了它不可能完全解决评价中的问题。通过本次调研可以看出，高校教师对代表作评价的认知与评价并不是完全一致，但对一些基本问题的认识还是可以达成某些共识，这也为进行代表作评价制度的进一步深入研究提供了重要参考。

第一，代表作评价制度作为科研评价中定性评价的重要方式，已经为大多数高校教师所认可，实施范围越来越广泛。在新时代背景下，它的时代意义更加突出。它构成了科学评价体系的重要组成部分，是新时代推动教育高质量发展的必然要求，是实现学术评价公平正义的最有效方式，是解决"五唯"痼疾、科学评价成果质量的最好方式，具有持久的生命力。

第二，代表作、代表性成果、代表性学术成果系同义语。因为评价对象的不同，内涵要求不尽相同。对个人而言，是指能够体现和衡量其学术研究水平、能力、风格的高质量作品；对其他被评价主体而言，是指能够体现和衡量被评价主体的学术水平、学术成效、学术贡献的高质量系列学术成果的集合。

第三，学术专著、学术论文是代表作的基本类型，智库成果是重要补充。作为代表作，应该在质量、数量上有一定要求，以保证评价的针对性和实效性。未出版的学术成果一般情况下不能作为代表作参与评价，但特殊情况下可以参与岗位考核等评价。

第四，代表作评价应坚持分类评价，认定主体也因评价范围的不同不尽相同。在涉及对个人的学术评价时，是否属于代表作尽量尊重被评价者的意志。在涉及学术机构、学科评价等时，既应该尊重评价体系设定的数量质量要求，又要给予被评价者在数量质量选择上一定的自主权。

第五，代表作评价在坚持分类评价的基础上，可以被应用于科研评价的各个领域，包括职称评定、人才评价、考核评价、学科评价、项目评价等，这将是今后学术评价的一种趋势。

第六，代表作评价应用在职称评定中，要结合实际，不搞一刀切，要在重点岗位、高级岗位科学设置代表作评价条件和程序，科学对待数量和质量的关系，使职称评定在评价教师教学科研水平的同时，也能成为促进提升学校学术影响力的重要助推器。

第七，代表作评价的组织是代表作评价的关键。在组织中，要注重顶层设计，加强最为被评价者认可的、最能体现公平正义的第三方评价机构建设。尽量遴选3~5名三四级学科的小同行专家组成评价组进行评价。设计运用好评价专家回避制度，充分尊重和考虑被评价者在执行回避制度时的自主性。

第八，代表作评价要严格遵守公平公正原则、公开原则、与定量评价相结合原则、分类评价原则，根据实际情况，充分运用好匿名评价原则、实名评价原则。要坚持政治标准、学术标准、学风标准、社会影响等多标准评价，并把学术标准作为评价的首要标准。要坚持客观评价，尽量避免标准之外的要素对成果学术水平的判断。

第九，代表作评价要建立完整的保障机制确保评价顺利实施。要注重诚信专家库、救济制度、科学制度体系、诚信组织者、经费保障等各项保障措施，特别是重视公示机制、申诉与复议机制建设，科学设置申诉与复议程序，确保被评价者的正当权益得到救济与保证。

第十，要辩证对待代表作评价制度中存在的问题，尤其是评价观念问题、评价标准多样性问题、评价专家的公正性问题等对科研评价追求的公平正义产生的重要影响，加强顶层设计，从多方面发力建设，以构建科学完备的代表作评价制度体系，以高质量成果推动哲学社会科学研究深入发展。

完善高校师德师风考核评价机制研究

——基于人才培养质量评价视角 *

张 鹏 王越驰 **

一、研究背景及研究意义

（一）研究背景

1. 理论背景

师德，是教师职业道德的简称，是指教师在从事教育劳动的过程中，所遵循的教师与学生、教师与教师之间，比较稳定的行为规范和所应具备的品质，是高校教师所应具备的思想品德与职业道德。师风则是师德外化的主要表现形式。《高等学校教师职业道德规范》中提出："教师职业道德包括爱国守法、敬业爱生、教书育人、严谨治学、服务社会、为人师表。"师德是教师整体素质的最核心的内容，是教师在所从事的教育工作过程中，所体现的情感、态度和价值观，是教师教书育人、为人师表的实践动力与精神支柱。因此，在新时期应时刻将教师的师德师风考核机制放在衡量教师标准的首位，亦应作为长期考量的一项制度坚持下去。

对于师德师风考核评价机制的研究，目前国内的理论研究集

---

* 本文由中国政法大学教师思想政治工作研究课题资助。
** 张鹏，中国政法大学法学教育研究与评估中心，副研究员；王越驰，中国政法大学法学教育研究与评估中心，助理研究员。

中于师德师风评价标准和机制、建设机制等方面，个别研究从社会主义核心价值观视角探寻构建师德师风长效评估机制的路径选择；在实证研究方面，主要是高校党建、人事工作者对实践中开展师德师风及其机制建设的经验总结和理论提升。但是，从高校核心工作——人才培养质量评价角度研究高校师德师风考核评价长效机制并建立可以操作的量化标准和相关程序，目前尚属空白。

2. 现实背景

第一，违背、有损师德师风事件不时见诸报道，揭露出师德考核机制不完善的问题。这些事件有的涉及教师素质问题，有的已经上升到违法犯罪层面。这不仅损害了人民教师爱岗敬业的良好形象，同时也从侧面反映出高校教师的师德师风考核机制不完善，不能及时发现并解决问题。

第二，新时期国内高等教育正面临着严峻的挑战。这种挑战直接对高等教育质量提出了更高的要求。然而当前高校却普遍存在着一些较为隐形、却不可忽视的教育教学质量危机，和一些亟待解决的影响教育教学工作的问题。比如，个别教师缺乏责任心，教书育人意识不足；有的教师学风浮躁，治学态度不严谨，急功近利；有的自我要求不够严格，言行不够规范，不能起到为人师表的作用；个别教师甚至师德失范，出现学术不端等行为；有的教师则关注科研和创收，无心教学，课堂教学内容陈旧、方法死板落后等。以上现象严重影响了人民教师的职业声誉。存在的这些问题虽不是主流，但必须受到高度重视，并采取切实措施加以解决。

第三，我党历来高度重视高校教师师德师风建设。2014年9月9日，习近平总书记在北京师范大学师生代表座谈会上提到，高校应"大力培养造就一支师德高尚、业务精湛、结构合理、充满活力的高素质专业化教师队伍，需要涌现一大批好老师"。[1]2016年底，习总书记在全国高校思想政治工作会议上也要求高校"要加强师德师风建设"。2018年，习近平总书记在全国教育大会上明确指示："人民教师无上光荣，每个教师都要珍

---

[1] 《习近平：做党和人民满意的好老师——同北京师范大学师生代表座谈时的讲话》，载共产党员网，https://news.12371.cn/2014/09/09/ARTI1410278235178697.shtml?from=groupmessage&ivk_sa=1024320u，最后访问日期：2023年10月11日。

惜这份光荣,爱惜这份职业,严格要求自己,不断完善自己。"[1]

第四,中共中央办公厅、国务院办公厅以及教育部就高校师德师风建设专门发文或在相关文件中重点提及。2014年,教育部发文要求"建立健全高校师德建设长效机制",阐释了师德建设工作的紧迫性。文件中包括了师德"红七条"禁令,对各学校完善考核机制具有重要的指导意义。2020年2月,中共中央办公厅、国务院办公厅印发《关于深化新时代教育督导体制机制改革的意见》。2020年10月,中共中央、国务院印发《深化新时代教育评价改革总体方案》。2021年1月21日,教育部印发《普通高等学校本科教育教学审核评估实施方案(2021—2025年)》。上述文件,均提到"提高教育质量""落实立德树人根本任务"。2023年,中共中央办公厅、国务院办公厅印发《关于加强新时代法学教育和法学理论研究的意见》。其中提到了"加强法学教师队伍建设,要坚持教育者先受教育,把师德师风作为评价教师队伍素质的第一标准,作为教师招聘引进、职称评审、岗位聘用、导师遴选、评优奖励、聘期考核、项目申报等的首要要求,加强日常教育管理督导,加强思想政治素质考察,强化法治和纪律教育,教育引导广大法学教师努力成为'四有'好老师。"

(二) 研究意义

首先,本研究具有较高的理论意义。一直以来,对于高校师德师风建设及其评价机制的研究大多围绕党建、社会主义核心价值观等主题开展,缺少明确的、可定量的评价标准以及可操作的评价机制。高等学校的中心工作是人才培养,一切工作的落脚点是人才培养。因此,师德师风建设的落脚点及最终目标同样是提高人才培养质量。因此,从人才培养质量视角研究师德师风建设不仅是一个全新的角度,而且也为师德师风建设提供了新的价值依归,开创了对师德师风考核评价进行定量研究的崭新路径和合理参照。

其次,本研究具有较强的现实意义。建立高校师德建设长效机制是提

---

[1] 《全国教育大会》,载百度百科,https://baike.baidu.com/item/%E5%85%A8%E5%9B%BD%E6%95%99%E8%82%B2%E5%A4%A7%E4%BC%9A/22864926?fr=ge_ala,最后访问日期:2023年10月11日。

升高等教育发展水平的必备条件。教育兴则国家兴。如今，在国际竞争日趋激烈、国内需求多样化的大背景下，高等教育发展水平亟待实现质的提升。具体来说，国内过去相对比较注重高等教育数量和规模，那么今后则应更加注重人才培养质量和社会效益。高等学校的目标是培养德才兼备的有用之才，那么这不仅要求广大青年学生拥有一定的文化知识、专业技能和创新精神，更要培养他们爱国奉献、服务社会、人文关怀的精神品质。因此，高校教师在其中扮演极其重要的角色。一定程度上来说，教师的质量决定了教育的质量，教育的质量决定了人才培养的质量。习近平总书记提到："教师的职业特性决定了教师必须是道德高尚的人群。"[1]为此，我们需要以高校师德师风建设长效机制为重要抓手，开展教育和宣传工作。主要关注政治信仰、职业理想、敬业精神、工作纪律、道德观念、行为准则等方面，将高校教师队伍打造成为有理想信念、有道德情操、有扎实学识、有仁爱之心的"道德高尚的人群"。只有这样，高校教师才能形成良好的师德师风、教风学风，以促进人才培养质量的提升，从而真正实现高等教育内涵式发展。

在高校的实际工作中，对于师德师风建设及考核，一直以来缺少明确的抓手和标准。在具体考核工作中，软性手段多于硬性手段，软性标准多于硬性标准，对单位的考核多于对教师个人的考核，不能将单位考核结果反馈到教师实际教学活动上，无法形成正反馈机制，师德师风建设没有形成完整闭环。本研究从人才培养质量的具体评价指标出发，反向对如何考核师德师风形成相应的抓手和标准，提倡对单位师德师风建设和教师个人师德师风建设同步考核（将单位指标进一步分解为个人指标，或将个人评价结果统筹到单位评价结果），定性与定量结合，兼具软性与硬性指标，建立师德师风考核正反馈机制，形成从师德师风建设到考核的完整闭环。

---

[1] 习近平：《做党和人民满意的好老师——同北京师范大学师生代表座谈时的讲话》，载《人民日报》2014年9月10日，第2版。

二、高校师德师风考核评价机制现状与不足

(一) 现状

本研究前期主要对于现有的师德师风考核评价机制进行理论梳理。其中，教育部印发了《关于建立健全高校师德建设长效机制的意见》规定了现有师德师风的考评方式主要包括个人自评、学生测评、同事互评、单位考评等多种形式，并要求各地各校要根据实际制订具体的实施办法。在师德师风考核评价体系中，应重点包含师德宣传、健全师德考核、强化师德监督、注重师德激励并严格师德惩处，形成完整闭环。[1]通过查阅文献，发现国内很多高校虽有关于师德师风考核的相关政策性文件，但却缺乏可统一操作的指标性规范。例如，北京某高校，以"逆向思维"的视角，给出了师德师风考核的具体做法：由于高校教职工都是通过层层选拔出来的，该方法认为教职工从进校起，师德考核默认为合格，某一年度的具体考核结果，应该结合教职工奖惩及特殊情况予以确认，如教职工有奖励情况出现，则师德可定为优秀等级，如有惩罚情况出现，则师德考核可定为不合格等级，其余教职工原则上定性为合格等级。《浙江大学建立健全师德建设长效机制的实施细则》提出师德考核的内容包括遵纪守法、爱岗敬业、学术规范、服务集体等方面，且考核还必须征求所在党支部的意见。[2]近年来，在人才培养、教育质量评价等领域的政策文件中，也多次提出要将师德师风作为重要的评价指标之一。例如，2020年2月，中共中央办公厅、国务院办公厅印发《关于深化新时代教育督导体制机制改革的意见》。该意见提出，深化新时代教育督导体制机制改革，其指导思想应紧紧围绕落实立德树人的根本任务，以优化管理体制、完善运行机制等为突破口；在对学校的督导方面，应"重点督导学校落实立德树人情况，主要包括……师德师风……等情况"。2020年10月，中共中央、国务院印发《深化新时代教育评价改革总体方案》。该总体方案提出，2021—2025年新

---

[1] 张钊：《新时期高校加强师德师风建设的思考与实践》，载《教育教学论坛》2020年第20期。

[2] 刘程毅：《高校教师师德考核评价机制研究》，载《教育教学论坛》2017年第36期。

一轮本科教育教学审核评估应坚持立德树人的基本原则,"把牢社会主义办学方向,构建以立德树人成效为根本标准的评估体系";该总体方案附件《普通高等学校本科教育教学审核评估指标体系(试行)》中,将"落实师德师风是评价教师第一标准的情况,落实师德考核贯穿于教育教学全过程等方面的情况"作为二级考核指标"教师队伍"首位的审核重点。通过归纳梳理目前关于人才培养质量评价机制中的师德师风内容,我们得出督导和"评价"并重的概念。建章立制规范言行是师德师风建设的前提,团队互助指导言行是师德师风建设的保障,榜样示范带动言行是师德师风建设的方向,督导评价激励言行是师德师风建设的重点。

(二) 问题与不足

1. 师德师风考核重视程度不足

近几年,虽然各高校纷纷出台了师德师风考核文件,并将其列入人才引进、岗位聘任、职称晋升等一系列环节。但在实际教师考核中,普遍存在对学术专业成果关注较多、对师德师风关注较少的问题,尤其是缺少对教师思想政治素质的考察。多数高校制定了"师德一票否决"的实施办法,教学、科研等部门规章中也都有相应条款涉及师德师风考核,但与执纪、执法部门相比,负责具体师德师风考核事务的教师工作部门还缺乏相应的具体管理措施和授权。

2. 师德师风自主考核不够科学

目前各高校师德师风考核的方式主要有定量和定性两类,不同考核方式各有优势与不足。定量评价一般围绕考核指标,通过领导评价、同行互评、教师自评、学生评价等形式按权重打分计分。但是,由于师德具有道德的特殊属性,考核指标的抽象性较强,不同的人对于指标的理解差异较大,导致考核结果主观性强,未充分地、真实地呈现教师道德的真实情况。除考核方式的科学性不足外,考核结果分级简单、缺乏区分度,考核结果与职称职务晋升、评奖评优等工作的挂钩不够直接,考核结果的说服力和可信度有限等问题也影响了师德师风考核的效果。

3. 师德师风协调机制有待完善

师德师风考核作为一项系统性工程,涉及高校内部多个部门的多项业务工作。从师德师风考核的规定上看，组织人事部门、纪律检查部门、基层党组织、科研管理部门等都具有一定的考核权。然而，部门之间的权力配置和职责划分不够清晰，缺乏系统的合作协调机制。由此，只有在规则上清晰划分师德师风考核权限，在实践中建立高效的合作协调机制，才能将师德师风考核这一系统性工作落到实处，真正发挥考核的作用与效能。

4. 师德师风考核的激励功能有待加强

现行师德师风考核目的相对单一，主要聚焦在发现师德师风存在的问题上，对如何发挥考核机制的外溢影响关注不够。从长远来看，师德师风考核需要与教师道德发展联系起来，与教师教学科研工作实际联系起来，有效引导教师职业道德的发展和育人能力水平的提升。

5. 与人才培养关联度不高

目前现有师德师风考核评价无论是独立的考核评价还是结合教职员工年度考核，均与高校核心工作——人才培养有一定距离，而且仍缺乏详细的定量化指标。因此，本研究将立足人才培养质量评价机制，将师德师风考核评价与人才培养质量评价合理结合并提出具体建议。

三、高校师德师风考核评价机制建设的重点、难点与路径

（一）高校师德师风考核的重点与难点

第一，考核程序方面。应健全高校师德建设中的考核评价监督约束机制，充分发挥民主监督和参与式评议的作用；完善师德师风考核流程（如在考核流程中，除了实行师德失范"一票否决"外，还要使评价内容更加充实，体现出评价结果的差异性）；破除"五唯"顽瘴痼疾，着力破除重业务轻思想、重师能轻师德、重教书轻育人的观念；提升教师本人对师德师风考核的重视程度，深化教师对师德师风新要求和考核内容的认知，引导教师充分理解并深度参与考核全过程。

第二，评价指标方面。完善师德师风评价指标体系，是新时代高校师德师风考核的难点问题，其主要原因在于四个方面：第一个方面，师德师风内涵的界定一直存在广义和狭义之分，政策性指导内容难以具体体现在考核量化标准中，各高校如何制定具体的指标也难以形成明确的规定。第

二个方面，师德师风作为一种道德层面的约束，直接细化为行为性要求难度较大。因此，在评价中通常是以师德师风失范行为所指向的内容为底线，依据负面清单得出评价结果。除此以外，不同学校和不同教师群体的考核指标存在差异，对师德师风问题的性质界定、程度区分、适用边界等存在模糊空间，目前大部分高校师德师风考核仍以主观综合评述为主，较少参照多维度细化指标来反映具体问题。第三个方面，高校教职工有不同类别的岗位划分，其工作性质和要求存在差异，在师德师风考核时难以细分，从而很难真实反映不同岗位的教师队伍建设及其发展导向。第四个方面，师德师风评价考核缺乏第三方或者专业评估团队，其科学性及规范性仍在探索之中。

第三，考核结果方面。高校对于师德师风考核结果的运用，直接影响高校师德师风建设的导向作用。因此，师德师风考核评价的实际效果、教师的师德师风正向表现等，应与教师职称、推优评先、表彰奖励、科研和人才项目申请等方面相关联。在奖励力度上，相比教学、科研奖励，目前师德的专项奖励较少，奖励力度也比较低。对于考核结果优秀的青年教师，在选人用人、评优晋升等方面的政策支持力度还有待加强。同时，对于教师考核结果认定中的师德失范行为，在一定程度上还存在着发现容易解决难的问题。对此，高校要根据《关于加强和改进新时代师德师风建设的意见》，发挥师德考核对教师行为的提醒和约束作用，及时将考核发现的问题向教师反馈，并采取针对性举措帮助教师提高认识、加强整改。强化师德考核结果的运用，实行师德考核不合格年度考核一票否决制，并在教师职称评聘、推优评先、表彰奖励、科研和人才项目申请等方面降低相应权重直至取消资格。[1]

第四，师德师风考核与人才培养质量评价的相互促进方面。两种不同角度的评价机制进行互动融合是本研究的难点之一。长期以来，高等教育的主要任务是培养符合社会各行各业发展需求的高素质人才，因此高校师德师风建设都是围绕人才的培养展开的。但传统上，学校管理更关注与教

---

〔1〕 教育部：《关于加强和改进新时代师德师风建设的意见》的通知（教师〔2019〕10号）。

学、学生管理、科研息息相关的学术道德及伦理问题，将围绕底线标准来规避人格败坏、学术不端等行为作为师德师风建设的重点。简言之，传统上教师通过"底线思维"来避免出现重大师德师风问题，而不是着眼于育人全流程的师德师风的规范，教学中的"微小"失德失范大都习惯性地被忽略，如部分教师难以抵制经济利益的诱惑、导致职业素养弱化，部分教师对所教授内容生疏或不能及时更新知识储备、难以全面和有逻辑性地进行知识传授以及给学生传授过时的知识与观念，部分教师缺乏授课激情、授课形式单一和授课方法陈旧，部分教师热衷于科研项目的申报而忽视教学质量的提升等。上述问题都是高校教师职业素养弱化、师德师风有待提升的表现。因此，要加强高校师德师风建设，就必须重视人才培养质量建设对高校教师行为所提出的各项要求，同时，最终再以人才培养质量评价的结果来检验师德师风建设的效果。

（二）高校师德师风考核评价机制建设的路径

1. 全面加强党对师德师风考核工作的领导

坚持党管人才，确保人才工作的正确政治方向，是师德师风考核工作的首要要求。第一，坚持把政治标准和师德师风放在教师队伍建设的首位，完善教师思想政治工作组织管理体系，全面落实各级责任。第二，发挥党委教师工作部门在教师思想政治工作和师德师风建设中的统筹作用。第三，将党员教师作为加强师德师风建设的关键，加强教师党支部建设，使教师党支部成为涵养师德的重要平台。[1]第四，结合人事制度改革，将思想政治要求、师德师风考察贯穿教师引进前后以及教师发展成长的全过程，与人才引进、职称晋升、岗位聘用、考核评价、评优奖励、人才推荐等各项工作紧密结合，加强思想政治和师德师风把关。第五，成立教师思政和师德师风评估机构，建立引进人才师德师风审查机制，更好地调动学校党委在引进和评估过程中对师德师风把关的积极性。

---

[1] 邵婧怡、王英哲：《高校党委教师工作部职能初探——以辽宁省高校为例》，载《科教文汇（上旬刊）》2021年第4期。

2. 建立考核评价指标体系

一是根据教师队伍类型和职能的划分，细分为不同的评价指标，侧重进行分类考核，体现个性化内容，最终根据师德要求划分不同类别与层次，得出综合评定结果。二是在指标制定方面，采取定量和定性相结合的形式。丰富考核内容，力求评价维度全面、要点突出，注重道德实践和社会现实结合，并设定合理权重。

具体来说，为形成有实际应用价值的考核评价机制，围绕建设的目标、依据和原则，根据《中华人民共和国教师法》《高等学校教师职业道德规范》《关于高校教师师德失范行为处理的指导意见》《新时代高校教师职业行为十项准则》等文件要求，以及本校教师岗位的实际情况，制定合理的评价指标。参考以上文件及结合现实调研情况，初步制定出高校教师师德师风建设评价指标体系，详细内容见下表1所示。

表1　高校教师师德师风建设考核评价指标

一级指标	二级指标
坚定政治方向	1. 贯彻执行党的方针、政策 2. 注重学生思想政治教育 3. 积极参加政治理论学习
自觉爱国守法	1. 热爱祖国，热爱人民 2. 严格遵守法律法规 3. 维护社会公序良俗
传播优秀文化	1. 带头践行社会主义核心价值观 2. 教育引导学生形成正确的世界观、人生观、价值观 3. 积极普及科学知识，积极传播优秀文化
潜心教书育人	1. 做好教师本职工作 2. 因材施教，教学相长 3. 积极投身课程建设，提高学生评教满意度
关心爱护学生	1. 严慈相济，诲人不倦 2. 做学生健康成长的指导者和引路人 3. 平等、公正对待学生，针对农村学生、少数民族学生和学习困难学生给予细心耐心指导

续表

一级指标	二级指标
坚持言行雅正	1. 日常行为符合教师职业规范 2. 仪表端庄，衣着整洁 3. 作风正派，自重自爱
遵守学术规范	1. 秉持学术良知，恪守学术规范 2. 坚持学术诚信，坚守学术道德 3. 尊重他人劳动和学术成果
秉持公平诚信	1. 坚持原则，恪守底线 2. 处事公道，坦荡无私 3. 为人正直，待人诚恳
坚守廉洁自律	1. 严于律己，清廉从教 2. 廉洁修身，为人师表
积极奉献社会	1. 履行社会责任，树立正确义利观 2. 杜绝假公济私 3. 积极投身服务社会实践

3. 加强师德师风建设与人才培养两方面工作的互动

师德师风建设是新时代提升教师素质、办好人民满意教育的首要任务。习近平总书记提出了"四有好老师""四个引路人""四个相统一"等师德建设标准和要求，先后用"大先生""筑梦人""系扣人""引路人"等称谓表达对广大教师的殷切期望。人才培养作为高校的核心工作，课程建设在人才培养质量中的作用不容小觑。而课程的实施者、制定者、组织者的主体是教师，从实际情况看，教师的素质、能力、水平直接影响课程建设质量，进而影响人才培养质量。同样，随着社会的发展、进步，全社会对于人才培养的质量的要求日益提高，这也对师德师风建设提出了更高的要求。始终不断加强师德师风建设与人才培养两方面工作的互相促进，才能使师德师风建设工作与时俱进，不致脱离高校的核心工作。

4. 积极推进师德师风考核的宣传工作

师德建设，重在教育，重在引导。要做好"十项准则""四有好老师"等的宣传解读，坚持全覆盖、无死角，做到人人应知应做、必知必做，推动学习宣传不断往心里走、往深里走、往实里走。持续深入开展师德警示教育，持之以恒巩固拓展师德师风建设成效。同时，也要选取优秀典型，充分发挥师德榜样示范引领作用，多角度、多层次、多渠道讲好先进事迹。在校园内倡导学为人师、行为世范的师德师风和优良教风，用师德榜样激励广大教师从"被感动"到"见行动"。充分利用教师节等重大节日、纪念日，集中宣传优秀教师的典型事迹，彰显榜样示范作用，努力营造崇尚师德、争创师德典型的良好舆论环境和文化氛围，为高校人才培养工作营造风清气正、见德思齐的良好氛围。

教育史

Jiao Yu Shi

政法学府群星闪耀时
——中央政法管理干部学院的前世今生

王子聪[*]

前 言

本研究系列以中央政法管理干部学院为出发点，主要以中央档案馆、北京市档案馆、中国人民公安大学档案馆以及我校馆藏档案史料为主要依据，结合在多个部门都任职过的典型线索人物履历和亲历者回忆为辅，同时参考笔者访谈部分在世者的访谈整理稿，梳理校史上的中央政法管理干部学院及前身机构的变迁，在此过程中感悟法学人才培养之路以及法学红色精神的传承。

中央政法管理干部学院属于大专类干部院校，由司法部领导。其前身是1983年5月成立的中国政法大学进修学院。作为中国政法大学一校三院制的一部分，中国政法大学进修学院是由1952年1月正式成立的中央政法干部学校（以下简称"中央政法干校"）发展而来。而中央政法干校则是建立在1949年8月成立的新法学研究院的基础之上，并于1953年2月合并了华北人民革命大学的政治研究院。作为筹建中央政法干校的主体部分，新法学研究院还于1951年4月合并了1950年成立的司法干部轮训班，该班的前身是（原）中国政法大学的一部。作为中国共产党

---

[*] 王子聪，中国政法大学档案馆馆员。

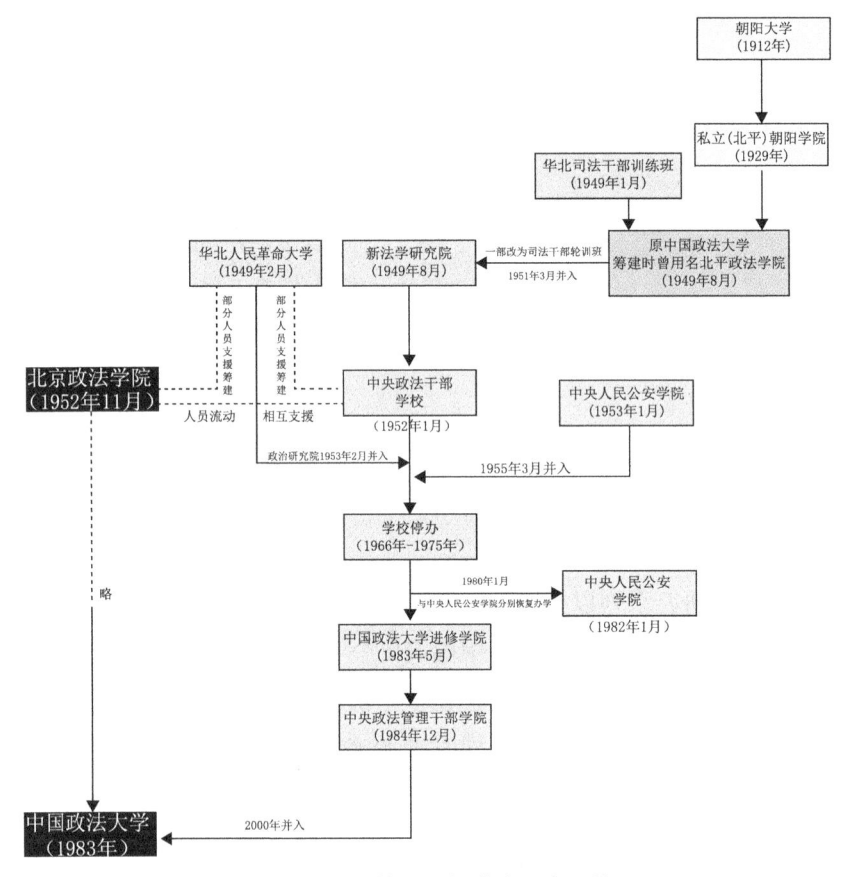

```
                                                            ┌──────────────┐
                                                            │  朝阳大学    │
                                                            │  (1912年)   │
                                                            └──────┬───────┘
                                                                   │
                                                                   ▼
                                                            ┌──────────────┐
                                       ┌──────────────┐     │ 私立(北平)朝阳│
                                       │华北司法干部  │     │    学院      │
                                       │训练班        │     │  (1929年)   │
                                       │(1949年1月)  │     └──────┬───────┘
                                       └──────┬───────┘            │
                                              │                    ▼
                    ┌──────────┐  ┌──────────────┐  一部改为司法干部轮训班  ┌──────────────┐
                    │华北人民革命│  │新法学研究院  │────────────────────▶│原中国政法大学│
                    │大学      │  │(1949年8月) │                      │筹建时曾用名北│
                    │(1949年2月)│  └──────┬───────┘   1951年3月并入    │平政法学院    │
                    └────┬─────┘         │                            │(1949年8月) │
   ┌──────────┐  部分 │   部分│            │                            └──────────────┘
   │北京政法学院│  人员 │   人员│            ▼
   │(1952年11月)│─支援 │支援 │──┬─▶┌──────────────┐    ┌──────────────┐
   └────┬─────┘  筹建│   筹建│  │  │中央政法干部  │    │中央人民公安学院│
        │      人员流动│相互支援│  │  │学校          │    │(1953年1月)  │
        │              │        │  │  │(1952年1月) │    └──────┬───────┘
        │              └────────┘  │  └──────┬───────┘           │
        │                          │政治研究院1953年2月并入        │
        │                          │         │      1955年3月并入│
        │                          │         ▼◀──────────────────┘
        │                          │  ┌──────────────┐
        │                          │  │学校停办      │
        │                          │  │(1966年-1975年)│
        │                          │  └──────┬───────┘
        │                          │  1980年1月│       ┌──────────────┐
        │                          │ 与中央人民公安学院│中央人民公安  │
        │                          │  分别恢复办学     │学院          │
        │                          │         │         │(1982年1月)  │
        │                          │         ▼         └──────────────┘
        │                          │  ┌──────────────┐
        │                          │  │中国政法大学  │
        │                          │  │进修学院      │
        │                          │  │(1983年5月) │
        │                          │  └──────┬───────┘
        │                          │         ▼
        │                          │  ┌──────────────┐
        │                          │  │中央政法管理  │
        │                          │  │干部学院      │
        │                          │  │(1984年12月) │
        │                          │  └──────┬───────┘
        │  略                      │         │
        ▼                          │  2000年并入│
   ┌──────────┐                   │         │
   │中国政法大学│◀─────────────────┴─────────┘
   │(1983年) │
   └──────────┘
```

图1　中央政法管理干部学院历史沿革图

领导建立的第一所政法大学，（原）中国政法大学成立于1949年8月，仅存在了一年左右，其前身可追溯到1949年1月由华北人民政府领导的河北平山县司法干部训练班。（原）中国政法大学筹备时曾名北平政法学院，是建立在解放北平时被接管的私立朝阳学院的基础上，该院在1929年更名前为朝阳大学（1912年成立）。诉诸历史可证，曾包含中央政法管理干部学院在内的中国政法大学历史脉络悠久，法学底蕴深厚。

图 2 "中央政法管理干部学院"院牌（中国政法大学档案馆提供）

一、中国法学摇篮——朝阳大学

引 言

创办于民国初，终结于民国末，朝阳大学是近代中国法学教育的典型，也是当代中国新法学教育的先声，朝阳大学的办学理念、办学方法、人才培养体系等率先经改造重组，成为新中国法学教育的底蕴，这是朝阳大学留给后世的最宝贵财富。本节以朝阳大学的发展沿革为脉络，重点探究朝阳大学创立初期和抗战后复办时期的组织架构，以及新中国对朝阳大学进行接收改组过程，以研究在改造旧法学过程中如何批判继承，为后期新法学教育的发展奠定坚实基础。

正 文

世传"南有东吴，北有朝阳""无朝不成院，无朝不开庭"，朝阳大学作为民国时期颇具盛名的法政学院，为近现代中国培养出一大批法律人才，成为中国法学摇篮之一。据统计，从 1912 年至 1949 年，这所举国闻名的政法学院在其存在的 38 年间共有七千毕业生，其中法律科系占七成，[1]为国家培养了大批法政人才。其毕业生大部分在中国司法部等单位工作，且多为中下级干部，[2]人数众多的朝阳大学毕业生构成了中国法治发展的重要基石，影响深远。例如，1925年考入朝阳大学法科系的陈守一，毕业后在山东省昌乐县法院担任书记官，为推动基层法制的发展贡献着身为朝阳大学学子的一份力量。[3]

朝阳大学的建立是民国初创、百废待兴的产物。民国元年（即1912年），新建共和国急需大量新人才，改革浪潮呼唤着专门法律学校的诞生。在此背景下，汪有龄（北京法学会创始人之一，曾任北京政府司法部次长）、江庸（1927—1939年任朝阳大学校长，曾任北洋政府司法部总长、国民参政会参议员，新中国政务院政治法律委员会委员）[4]及法学会（会长为晚清修律大臣沈家本）人物集资创办朝阳大学以培植法政人才，地址设在北京朝阳门内海运仓，故名朝阳大学。1929年因不足三系重新立案改名为北平私立朝阳学院，但准用大学印信，仍称其为朝阳大学，[5]抗战时迁往湖北沙市、成都、重庆，抗战胜利后迁回原址。[6]

朝阳大学的组织结构主要分为三部分，包括董事会、院部以及系组。具体来说，董事会成员包括江庸、居正（曾任国民政府司法院院长、最高法院院长、司法行政部部长等）、孙科（曾任国民政府副主席、考试院院长、行政院院长、立法院院长等）、王宠惠（曾任国民政府外交部部长、国务总理，海牙常设国际法庭正法官，参与起草《联合国宪章》）、孔祥熙、宋子文等。院部在董事会指导下开展工作，院长下属秘书处、教务处、德务处、训导处四个机构，其中德务处主要负责会计、出纳、文书以及其他庶务；训导处更贴近学生生活，主要负责生活指导、卫生体育等；

---

[1] 王健：《从朝阳大学到人民大学》，载《中国法律评论》2022年第5期。
[2] 参见《私立朝阳学院沿革、组织机构等》，中央档案馆馆藏。
[3] 参见《北京大学法学院官网——师资版块》，载 https://www.law.pku.edu.cn/sz/yyhn/10490.htm，最后访问日期：2022年11月30日。
[4] 董洪锡：《江庸：受毛泽东亲自邀请参加新政协的大律师》，载《民主与法制》2021年第33期。
[5] 熊先觉：《朝阳大学——中国法学教育之一脉》，载《比较法研究》2001年第3期。
[6] 参见《私立朝阳学院沿革、组织机构等》，中央档案馆馆藏。

院长以及各部门组长定期召开校务会议,向董事会负责。为培养专门人才,系部设法律系、经济系以及司法组三个专业,其中,石志泉(曾任国民政府司法部次长、司法院副院长)任法律系主任,余棨昌(民国著名法学教授)任司法组组长。另外,学生自治会也在该校发展过程中发挥了一定的积极作用。[1]

朝阳大学虽为独立学院,不仅组织架构完善,师资力量也颇为雄厚,近代著名法学家江庸、王宠惠、张知本、石志泉、余棨昌等都曾在该校任教。江庸、居正、孙科、王宠惠等法学大家或民国政法官员都曾担任过该校校董。[2]众多法学大家的加盟,也使得朝阳大学很快就在众多法政学校中异军突起,仅成立17年就被海牙国际法院认定为"中国最优法校"。[3]

然而,朝阳大学辉煌的办校过程中也暗藏着其后继无力、难以维持的危机,有限的经费资源、战争的巨大破坏等一系列问题的出现使得朝阳大学最终走向解体。由于民国政府财力有限,朝阳大学的教学经费大多来源于学费、董事会募捐、基金与教部补贴,校产很少,与教部关系不大。[4]抗战时期,私立朝阳学院受战争破坏损失惨重,不仅面临着经费困难、教学设备严重匮乏等困难,还因师资缺乏、学生锐减等因素无法继续顺利完成其教学任务,抗战胜利迁回原址后学院经费已难以维持。

而在学院存在的最后几年,为适应时局变化、更好地管理校务,私立朝阳学院的组织机构也发生了相应的调整。1949年2月,临时校务维持委员会取代了已经不存在的校董会,临委会总理校务,对内对外以主任委员名义行事,必要时可随时召开会议解决,[5]一定程度提高了学院的行政效率,临委会在朝阳学院解体前发挥着重要作用。其中校务临时维持委员会主任委员是左宗伦,副主任委员是关世雄,教务长是刘志扬。[6]

---

[1] 参见《私立朝阳学院沿革、组织机构等》,中央档案馆藏。
[2] 参见《私立朝阳学院沿革、组织机构等》,中央档案馆藏。
[3] 李秀清:《品读朝阳》,载《比较法研究》2013年第3期。
[4] 《私立朝阳学院沿革、组织机构等》,中央档案馆藏。
[5] 《朝阳学院临时校务维持委员会简则》,北京市档案馆藏,J027-001-00346。
[6] 《私立北平朝阳学院移交总清册》中的《私立朝阳学院职员名册》,北京市档案馆藏,J027-001-00284。

尽管办学困难，但在抗战胜利后复办的短暂两年中，朝阳大学依旧培养了不少学生，而其中大多也最终不负众望地成为新中国优秀的法学人才。无论是被誉为"中国法律界的良知"的张思之（1947年考入北平朝阳大学法律系），[1]还是新中国婚姻法奠基人的巫昌祯（1948年考入朝阳大学司法组），[2]抑或是朝阳大学解体后尚未毕业的其他一千四百多名朝阳大学的学子，[3]都是新中国法制建设和新法学教育发展的扎实人才基础。

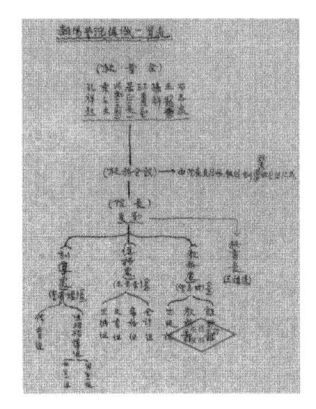

图3　1949年朝阳学院组织一览表（中央档案馆提供）

1949年1月31日北平和平解放后，新生的人民政权即将成立，培育为人民服务的新司法干部以及改造旧司法人员的任务十分紧迫。5月22日，北平军管会宣布接管私立朝阳学院，由华北人民政府司法部派出曾在成都朝阳大学任教授的陈传纲（后任复旦大学党委书记）前往办理接管事宜，拟在此基础上筹备培育新人的政法学院，熊先觉回忆陈传纲负责的工作者包括于烈辰、李化南、邱森三同志。[4]而根据朝阳大学校友会会长孙国华的访谈回忆，在党的三名干部陈传纲、李化南（后任西南政法大学法

---

[1]　参见郭宇宽：《做一个律师该做的事情：专访张思之》，载《南风窗》2004年第20期。
[2]　参见李蒙：《巫昌祯素描》，载《民主与法制》2008年第1期。
[3]　根据《私立朝阳学院三十七年度第一学期学生名册》估算得知，北京市档案馆，J027-001-00284。
[4]　参见熊先觉：《法大身名始末》，载《比较法研究》2003年第1期。《民国三十八年六月二十四日华北人民政府司法部公函》，中央档案馆藏。

学院教务长）、王哲负责接管工作，把朝阳大学的学生成立一个学习队，由包括孙国华在内的学生自治会主要出面组织。朝阳大学改组后，大多数未毕业的朝阳大学学子也被编入此学习队中。[1]

1949年5月26日，华北局请示中央接管朝阳大学并改组为国立政法学院，组建国立政法学院筹备委员会。其中谢觉哉任筹备委员会主任委员，原朝阳大学代校长左宗纶为副主任委员，沈钧儒等人为委员。[2]后中央发华北局103号电同意该名单。1949年6月7日，华北人民政府主席董必武、副主席薄一波、蓝公武、杨秀峰签发华北人民政府令：成立北平政法学院筹备委员会，以培养司法人才。[3]6月至7月，北平政法学院筹备委员会召开了两次会议，筹备学校建设。1949年中央8月3日来信，设立北平中国政法大学培养司法工作干部，进行司法政工干部短训。[4]时任华北人民政府主席董必武通过分析当时从事法律建设工作的客观形势，提出了创立中国政法大学的方案。1949年8月4日，华北人民政府发布《关于北平政法学院改为政法大学的决定》，将即将成立的"北平政法学院"改名为"中国政法大学"。至此，辉煌于民国时期的朝阳大学最终退出历史舞台，但却又要摇身一变登上了新的舞台，朝阳大学的最后一批学生连带着其法学教育遗产一起再次投身了一个新的时代。

可以说，朝阳大学等学校是最先被人民政府接管的一批民国时期的大学，[5]足以见其地位之重要，也足以见法制之于一个新生政权的重要性。由于朝阳大学所聘请的法学大家、教师大多有留日背景，决定了他们的教学内容和法学思想承接大陆法系，他们强调成文法，在结构上更加系统化、条理化，这也与宗英美法的"南东吴"形成鲜明对照，南北媲美，共同缔造了近代法学教育的灿烂与辉煌，[6]同时朝阳大学的改组也开启了新

---

[1] 参见巫昌祯：《高歌女性平权路 伏枥万里剔透心（2011年访谈录）》，载《法大群英：参与共和国立法的法大人》，中国政法大学出版社2022年版，第69页。
[2] 《朝阳大学改组国立政法学院及筹备》，中央档案馆藏。
[3] 《华北人民政府令：成立北平政法学院筹备委员会》，中央档案馆藏。
[4] 《中央八月三日来信》，中央档案馆藏。
[5] 熊先觉：《朝阳大学——中国法学教育之一脉》，载《比较法研究》2001年第3期。
[6] 参见王健：《从朝阳大学到人民大学》，载《中国法律评论》2022年第5期。

中国法学教育的灿烂篇章。

二、中国共产党领导建立的第一所政法类高等院校——（原）中国政法大学

引 言

由于国家和法律的阶级属性，法律及法律工作者都为统治阶级服务，随着新中国建立了人民自己的政权，应该培训出人民司法的工作干部和理论工作者。但新中国建立后百废待兴，各行各业都需要人才，而政法人尤其缺乏。董必武同志通过分析当时局势提出，创建并发展新中国的法制，必须首先培养为新中国法制建设服务的人才，要求开拓一条符合马列主义原则和中国实际的法学教育的路子。政法干部的轮训计划分两种方式：一是分批轮流进行一次培训，二是分批反复进行培训。[1]在这样的情况之下，（原）中国政法大学于1949年8月应运而生，一部承接了华府平山司法训练班的培训在职司法干部的任务，二部和三部在1950年3月合并于新成立的中国人民大学，虽然这所中国共产党领导建立的政法类高等院校只短暂地存在了八个月，但在政法教育史上画上了浓墨重彩的一笔。

正 文

（原）中国政法大学的前身要追溯到1949年创办的华北司法干部训练班。1948年9月26日北平解放前夕，华北人民政府在河北省平山县的王子村成立，由董必武任主席。在华北人民政府司法部（谢觉哉任部长）与法制委员会、华北人民政府法院（陈瑾昆任院长）的协力下创办了华北司法干部训练班，[2]由华北人民政府司法部主管司法干部训练的第二处的处长陈守一负责该班，培训在职司法干部。

1948年10月18日，司法部颁发了举办第一期司法训练班的通令。训练班计划训练四期，一期于1949年1月在平山如期举办，受训学员有102

---

[1] 祁彪：《〈董必武的法治人生〉系列报道之五：从首倡"依法办事"到推进依法治国》，载《民主与法制》2021年第23期。

[2] 参见《平山县爱国主义教育基地、国防教育基地巡礼（一）华北人民政府旧址区》，载https://mp.weixin.qq.com/s/3o3IdfuhaCchjNXCMjknjg，最后访问日期：2023年1月12日。

人,谢觉哉亲赴训练班讲话,并自编教材,授课教师还有中央法委和华北司法部门的陈瑾昆、李木庵、何思敬和陈守一等。二期随华北政府迁往北京后在(原)中国政法大学校内(即朝阳大学旧址)举办,之后的训练班则完全交由新成立的中国政法大学接手举办。[1]

1949年5月,私立朝阳大学因时势变化被华北人民政府接管并改组为国立政法学院,[2]时任华北人民政府主席董必武通过分析当时从事法律建设工作的客观形势,提出了创立中国政法大学的方案。1949年8月4日,华北人民政府发布《关于北平政法学院改为政法大学的决定》,"中国政法大学"终于定名,由华北人民政府司法部领导,华北政府委员司法部部长谢觉哉兼任校长,马克思主义理论家、中国新法学研究院副院长李达兼任副校长、曾任朝阳大学校务临时维持委员会主任委员的左宗纶任副校长,地址设在原朝阳学院旧址(北平市东城海运仓)。由此,(原)中国政法大学正式诞生。

作为中国共产党领导建立的第一所人民当家作主的政法类高等学校,学校建设备受重视,8月10日公布招生简章,15日起招生,同月毛泽东同志便为学校题写了校名。

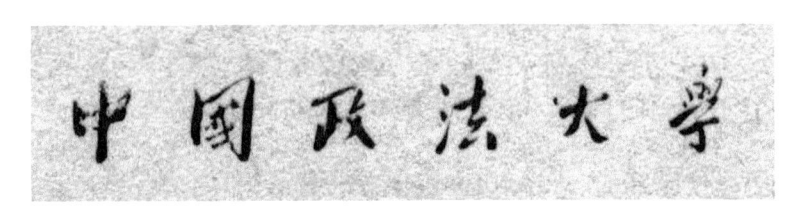

图4 1949年毛泽东同志为(原)中国政法大学题写校名
(中国人民公安大学档案馆提供)

因在开国之初,中央领导事务繁忙,所以开学典礼延期。但学校不等

---

〔1〕 参见熊先觉:《法大身名始末》,载《比较法研究》2003年第1期;刘庆礼:《华北人民政府的司法制度建设浅探》,载《世纪桥》2012年第3期。《华北人民政府司法部工作报告》,河北省档案馆,第9~10页。转引自刘建民:《华北人民政府研究》,中国近现代史专业博士学位论文,第113页~114页。

〔2〕 《朝阳大学改组国立政法学院及筹备》,中央档案馆藏。

开学，先行上课。中央人民政府成立后，（原）中国政法大学转由中央人民政府司法部领导。1949年11月6日，（原）中国政法大学由校长谢觉哉，副校长李达、左宗纶主持了隆重的开学典礼，正式宣告中国政法大学成立。参加开学典礼的中央领导人和来宾有朱德、董必武、沈钧儒、史良、马叙伦等，还有苏联法学家苏达尼可夫、贝可夫等。朱德总司令代表毛泽东主席在开学典礼上作了重要讲话，勉励大家要办好建国后设立的第一所正规大学，培养好新中国的司法人才。[1]

图5 1949年（原）中国政法大学校报第一期
创刊号报道开学典礼（中国政法大学档案馆提供）

具体办学过程中，（原）中国政法大学设校部和三个学员部，校部设教务处、总务处和图书馆。李达兼教务长，罗青任副教务长，陈传纲（曾任成都朝阳大学教授）任秘书长，关世雄（曾任朝阳学院校务临时维持委员会副主任委员）任图书馆长。[2]同时（原）中国政法大学还首创了层级式教育方式，共分三部，采用在职队伍培训与后备人才教育相结合、实用性人才与师资培训相结合的方式。此外，（原）中国政法大学对于学生

---

[1] 熊先觉：《法大身名始末》，载《比较法研究》2003年第1期。
[2] 熊先觉：《朝阳大学——中国法学教育之一脉》，载《比较法研究》2001年第3期。

的管理十分严格规范，注重学生学习方法和纪律培养。[1]（原）中国政法大学的教学方针以学习毛泽东思想的基本理论知识，新民主主义的政策及中华人民共和国的法律知识与司法工作为主。[2]（原）中国政法大学校长、法学界先导谢觉哉在任职校长后日夜操劳，为学校编写教学大纲，并亲自讲课。在任职期间，谢老为学校法制教育整体教学和人才培养开路清基，做出了重要贡献。[3]

（原）中国政法大学的层级式教育方式将学生分为三部，一部是调干班，为学制四个月的训练班性质，主要负责培训在职司法干部，从解放区来的老干部经过短期的学习后就回去工作，主任是陈守一。二部是专修科，同为训练班性质，学制稍长，为九个月，主要负责改造旧司法人员，学业结束后分配工作，还招收了一些原朝阳大学高年级及年岁大点的学生，二部主任是王汝琪（后任司法部律师司司长）。三部为正规教育，主任是冀贡泉（原北京大学法律系主任），学制三年，主要招收"高中以上毕业或具有同等学历者；或有相当文化程度，由省级或相当于省级以上革命机关、部队、团体保送的人员"，实际主要招收了（原）朝阳大学年纪轻的学生和一批全国范围内的优秀的高中毕业生。[4]（原）中国政法大学三部培养了许多优秀的法律人才，并与法大结下了不解之缘。比如我校教授、宪法学家孙丙珠经上海学联和上海地下党推荐，从上海法学院进入三部学习；我校教授、新中国婚姻法奠基人巫昌祯就在朝阳大学改组后，进入了（原）中国政法大学三部继续学习；我校教授、民事诉讼法学家杨荣新作为优秀应届高考生考入（原）中国政法大学三部学习；我校教授、宪

---

[1] 参见《政法大学有关各种制度、规定等文件》，北京市档案馆藏。
[2] 《中国政法大学校报第一期》（1949.12.8）第二版 CB1-1.0001，中国政法大学档案馆藏。
[3] 《谢觉哉传》编写组：《谢觉哉传》，人民出版社1984年版，第190页。
[4] 参见《巫昌祯回访谈》，载《法大群英：参与共和国立法的法大人》，中国政法大学出版社2022年版，第69页；祁彪：《〈董必武的法治人生〉系列报道之五：从首倡"依法办事"到推进依法治国》，载《民主与法制》2021年第23期；以及根据本人对巫昌祯的丈夫庚以泰访谈整理。

法学家廉希圣作为优秀高中毕业生考入三部学习。[1]上述几位教授后都随（原）中国政法大学三部的合并，改组到中国人民大学继续学业，毕业后都被分配到北京政法学院任教，在中国政法大学波澜壮阔的宏伟诗篇中留下了自己浓墨重彩的一笔。

其中特别是第一部，主任是当时在华北人民政府负责政法教育的陈守一，曾任华北人民政府司法部第二处处长，此外陈守一还兼任过此一部前身华北司法干部训练班主任，所以说一部延续了1949年创立的华府平山司法训练班的教育职能和教学精神。一部主要招收"现任或曾任解放区县科长级或相当于县科长级以上之司法或行政工作干部；或曾在各革命干部学校受训之前在专门以上之法科学校毕业或肄业人员；或具有相当工作经验与理论基础，由省级或相当于省级以上革命机关、部队、团体报送的人员"。[2]

为了人民司法教育的提高，1950年2月13日，谢觉哉校长在全校大会上正式宣布，中国政法大学二部、三部合并于中国人民大学。[3]1950年3月，中国政法大学结束了它短暂的历史使命。1950年3月1日，中国政法大学为学制四个月的第一部学员举行毕业典礼，第一部学员们毕业后，被分配到新中国各地的司法机构中，成了党的第一批司法工作骨干，担当起巩固新生人民政权的伟大任务。[4]而一部轮训司法干部的职责任务由随后成立的司法部第五司领导的司法干部轮训班承担，该班由司长、原中国政法大学一部主任陈守一兼任班主任，地址设在位于东城区东四十二条的

---

[1] 参见《"四大才女"的传奇——巫昌祯、薛梅卿、严端、孙炳珠（2006年访谈录）》，载《法大凝眸——老照片背后的故事》，中国政法大学出版社2022年版，第144页；巫昌祯：《高歌女性平权路 伏枥万里剔透心（2011年访谈录）》，载《法大群英：参与共和国立法的法大人》，中国政法大学出版社2022年版，第69页；杨荣新：《完善民事程序法 建构系统工程论（2011年访谈录）》，载《法大群英：参与共和国立法的法大人》，中国政法大学出版社2022年版，第85页；廉希圣：《口述法大丨希国泰人和圣法治昌明》，载 https://news.cupl.edu.cn/info/1014/34812.htm，最后访问时间：2023年1月1日；以及根据笔者对廉希圣本人的访谈整理。

[2] 邓杰：《中国共产党领导建立的第一所政法大学》，载《北京档案》2021年第6期。

[3] 参见中国人民大学官网——历史沿革，载 https://www.ruc.edu.cn/history，最后访问日期：2022年11月23日。

[4] 邓杰：《中国共产党领导建立的第一所政法大学》，载《北京档案》2021年第6期。

老君堂，该班后于 1951 年 3 月并入新法学研究院。

图 6　1950 年司法部司法干部轮训班
计划大纲（中国人民公安大学档案馆提供）

（原）中国政法大学虽然只短暂地存在了八个月，还是培养了大批优秀的法律人才，为新政权的巩固和新中国法治建设提供了人才基础，是法学专门教育历史上一段灿烂历史。在（原）中国政法大学合并解体后，尚未毕业的学生进入中国人民大学继续研究深造。

这所党领导建立的第一所政法类专门大学虽然短暂地存在了八个月，但它却进行了丰富而有意义的教育实践，在社会主义政法教育史上写下了重要的一页。

三、创建新中国法学体系的积极尝试——中国新法学研究院

引　言

随着新中国成立，国家性质发生了极大改变，社会主义新的生产关系要求与之适配的完备法制的诞生，全面以苏联模式为蓝本的大背景下，"法制"成了社会发展的重要变革主题。1949 年 2 月 22 日，中共中央发布

了《关于废除国民党的六法全书与确定解放区的司法原则的指示》，宣布"国民党的六法全书应该废除"。[1]新中国成立前后，以新法学研究院（1949年8月成立，1951年7月结束）为基地进行的社会主义法制知识体系的全面继受成为建设新法制的尝试途径。虽然该学校存续时间较短，但为后来北京政法学院及中央政法干校的建设起着至关重要的铺垫作用，也为新中国法制建设和人才培养做出不可磨灭的贡献。

正　文

新中国成立前夕，为破除旧思想，寻求与新中国相适应的新法学体系，培养新法学人才，1949年6月，在董必武、林伯渠、谢觉哉、罗瑞卿、邓颖超、史良、沈钧儒、陈绍禹、张友渔、钱端升、张志让等90余人的发起下，新法学研究会成立（该会是现今中国法学会前身之一），它也是召开新中国政治协商会议的发起单位之一，在全国有近两千会员，周恩来总理就是第一批会员之一。[2]由沈钧儒担任第一届会长，李达担任筹委会常委和副会长。[3]

为团结法律工作者，中国新法学研究会倡议并负责筹备创设中国新法学研究院，不同于原中国政法大学招收的学员以党内干部、在校或新招的年轻学生为主，新法学研究院则主要是针对年纪较大的法学教授或者旧司法系统工作者、律师等进行培训。1949年8月15日，筹备组向华北人民政府提交情况简要报告，报告中详细说明了组织架构、教学计划、教学指导原则。[4]

---

[1]　赵晓耕、刘盈辛：《再议"六法全书"及旧法体系的废除》，载《四川大学学报（哲学社会科学版）》2019年第6期。

[2]　参见中国法学会官网介绍，载 https://www.chinalaw.org.cn/portal/page/index/id/13.html，最后访问日期：2022年11月23日。

[3]　张纯：《李达：中国新法学的奠基人和创始人之一》，载《民主与法制》2021年第36期。

[4]　《中国新法学研究院情况简要报告》，中央档案馆馆藏。

图 7　1950 年《中国新法学研究院院刊》第一期
创刊号（中国人民公安大学档案馆提供）

1949 年 8 月 26 日，华北人民政府主席董必武、副主席薄一波、蓝公武、杨秀峰发布公函（法行字第三十六号）准予新法学研究所成立备案[1]，并任命沈钧儒（时兼任新法学研究会会长）为院长，谢觉哉（时兼任原中国政法大学校长）、李达（时兼任新法学研究会副会长）为副院长，新法学研究院于原中国政法大学校址（即朝阳大学旧址）正式成立。二者合署办公，根据当时的照片和回忆可以得知，在一处校址的门口两侧分别挂有"中国政法大学"和"新法学研究院"的牌匾。亲历者孙国华甚至回忆说认为新法学研究院就是原中国政法大学的一部分。

---

[1]　《华北人民政府公函（法行字第三十六号）》，中央档案馆馆藏。

图 8　（原）中国政法大学、新法学研究院校门[1]

该院作为新法学的研究机关，其任务为学习马克思列宁主义与毛泽东思想的理论知识，学习新民主主义的政策知识，研究人民民主专政的法律知识与司法工作，并批判旧法学体系与旧司法制度，以造就为人民服务的新法学人才，如留学归来后在复旦大学任教的法理学学者沈宗灵就是于1950年1月，作为第一期学员来到新法学研究院学习，1951年1月顺利结业后，于第二期培训时留校任教[2]。

中央人民政府成立后，研究院方针变为以训练人民司法干部为主，改由中央司法部领导（新中国中央人民政府之前身是被誉为"共和国雏形"的华北人民政府），成为以改造旧司法人员为专业的训练机构。然而因为同时期创办的其他学校也有承担培训司法干部工作的，为精简机构，集中教学管理，2月16日，中央致各中央局分局，说明了关于新法学研究院毕业学员的分配与使用问题。[3]1951年3月6日，司法部发函将（北平）中

---

[1] 薛君度等主编：《法学摇篮：朝阳大学》，东方出版社2001年版。
[2] 刘春满、张涛：《沈宗灵：不惹尘埃》，载《法苑》2000年第13期。
[3] 《致各中央局分局，新法学研究院毕业学员的分配和使用问题，2月16日》，中央档案馆馆藏。

国政法大学司法干部轮训班并入新法学研究院第二期，陈守一也由司法干部轮训班来到新法学研究院任教务长，重点负责一班的在职司法干部[1]。1951年7月，政务院第94次会议研究决定在新法学研究院基础上筹设中央政法干校。至此，新法学研究院结束了短暂但辉煌的教学历程。

四、司法干部培训阵地之"革命熔炉"——华北人民革命大学

引 言

全国解放前夕，新中国为有自己的干部队伍来接收旧政府人员，司法干部培训的核心阵地之一——华北人民革命大学（1949年2月成立，1953年1月结束）应运而生。以马克思列宁主义为引领，以新时代干部工作思想为指导，华北人民革命大学以其严谨、多元的治学方法为新中国干部队伍注入了新鲜力量，也为后世诸多政法院校的建立印刻下了极具时代特色的岁月勋章。

正 文

解放前夕，1948年12月19日，中共中央出于改造平津地区知识分子、大量培养革命干部的需要，指示"由华北局办一华北革命干部学校"，[2]我党在华北、华东、西南、中南、华南、东北等各大行政区先后成立革命大学。1949年2月1日，华北局正式批准成立华北人民革命大学（以下简称"华北革大"），校址位于北京市西郊的西苑兵营大院（原八旗大校场）。工作人员主要来自前身机构华北局党校，由华北局第三书记刘澜涛任校长，原华北局党校副校长胡锡奎（后任中国人民大学副校长）担任主持校务的副校长，教育长侯维煜佐之，戴铮任政治研究院副院长，鲁直任教育科长、班主任。[3]

1948年6月15日，中共中央发出指示，委托华北局正式成立华北局党校，校长由华北局常委、组织部部长刘澜涛兼任。7月15日正式在河北

---

[1] 王涵：《陈守一：改变中国法学落后面貌的领路人》，载《民主与法制》2021年第29期。
[2] 吴起民、汪云生：《华北革大一段精彩的办学经历》，载《北京日报》2017年11月13日。转引自中国人民大学官网：https://news.ruc.edu.cn/archives/186949。
[3] 参考中国政法大学馆藏人事档案。

省平山县开学，校部所在地是高村。1949年，为解决新解放的城市中存在大量失学、失业的青年和贫苦知识分子，但干部明显不足的困难，1949年2月华北局进驻北平后，当即决定将华北局党校临时改为"华北人民革命大学"，采取"大量招生与严肃改造知识分子"的方针，紧急培训解放区急需的干部。[1]

华北革大由中共华北局主管，是解放战争后期开办的短期干部培训学校，正如校刊的刊名《熔炉》，被视为"革命熔炉"。其共招生四期，第一期有学员一万两千余人，其中学生出身的知识分子占大多数。组织机构方面包括下设的教务处、政治处、校务处和校部办公室；其中校部是全校最高领导机关，下设四个部和一个分校，每部分别设教育、组织、总务三科及秘书室，受部主任领导，每部有10个班，每班有10个大组，每大组约有25人，分为3个互助学习小组，以作自修互助学习的单位。全校共有干部工作人员千余人，其中老干部占比超过三分之二，他们大多数是大革命时期、十年内战时期和抗战初期就参加革命、受过长期斗争锻炼的。著名的马克思主义哲学家、教育家、革命家艾思奇曾评价华北人民革命大学，称其"提高全国人民的政治觉醒，为国家建设提供了一个最普遍的政治基础"。[2]

这种快速、高效培养大量干部学员的办学思路也得到了党中央的高度肯定。1949年8月5日，毛泽东在收到刘澜涛和胡锡奎总结的第一期教育情况及其主要经验后，代表党中央写下批示，认为其"方针和方法是正确的"，并要求将办学经验在党内刊物上发表，以"传播和仿效"，[3]充分体现了华北革大在当时全国办学体系中的重要地位和优秀成果。历时6个月后，第一期培训班于1949年8月8日举行了毕业典礼，副校长范文澜概括学校的性质："天下的大事，莫大于革命工作，而华大毕业生却个个都

---

[1] 陈丽芬、史进平：《华北局党校的平山岁月》，载《纵横》2023年第5期。
[2] 吴起民、汪云生：《华北革大一段精彩的办学经历》，载《北京日报》2017年11月13日。转引自中国人民大学官网：https://news.ruc.edu.cn/archives/186949。
[3] 苏渭昌主编：《中华人民共和国卷》（上），北京师范大学出版社2013年版，第14页。选自王炳照等总主编的《中国教育通史》系列。

做革命工作，华北大学之所以谓之大，就是这个缘故。"[1]朱德总司令还在主席台检阅了毕业生，讲话并接见大家，勉励大家服从分配，随军前进，到国家最需要的新解放区去工作，全心全意为人民服务。[2]

除开第一部轮训共产党员外（因华北革大前身是华北局党校），第二、三部则是针对解放后参加工作的一般知识分子进行改造思想。后来三部改称政治研究院，改造对象又增加了民主人士、高级知识分子、部分投诚的国民党党政人员。前后毕业学员至少有一万多人，后被分配到全国各地工作。[3]政治研究院是华北革大中一个比较特殊的机构，其主要负责学员多数是来自文化艺术界的知识分子，在全校学员中文化程度最高、年纪最轻、生活条件和待遇也是最好的。[4]如我国著名作家沈从文、著名导演谢晋、何兆璋等虽不在同一组别中，但都是政治研究院同期的学员。

华北革大的课程分为四大部分，即马列主义基本理论，中国革命基本问题，当前各种政策，共产党的建设及其历史。同时也会邀请一些领导人作报告，如朱德总司令谈政治形势和学习问题（在天津分校讲）、薄一波谈政治形势、艾思奇讲社会发展史等，[5]涉及范围广，角度多样，为当时的学员充分解读了政治格局和思想理论。

新中国成立后，面对社会主义建设的新需要，旧高等教育的结构亟待改革，周恩来总理对人才这一"国家建设的决定性因素"提出了更全面的要求，[6]而革命大学相对单一、不够科学的培养方式显然不能满足日益增长的人才需求。为了使之适应新中国培养高级人才的需要，1951年秋起，全国陆续进行了高等学校的院系调整，正是在这一时期，所有的革命大学

---

[1] 毛弋：《聚会在贺兰山》。选自《壮心余韵》编辑委员会：《壮心余韵——华大、革大在宁夏同学回忆录》，远方印刷厂印刷1993年版，第332页。
[2] 拜学英：《热血青年投革命 干部大队援西北——西北局举办回族干部培训班始末》，载《回族研究》2021年第2期。
[3] 祝总斌：《回忆张申府先生的〈西洋哲学史〉课·华北革大琐忆》，载https://view.inews.qq.com/a/20210313A02P9T00，最后访问日期：2022年11月27日。
[4] 石川：《"谢晋日记"研究：华北革命大学的学习与生活》，载《当代电影》2016年2期。
[5] 林洪：《华北人民革命大学访问记》，载《人民日报》1949年6月23日，第4版。
[6] 《周恩来有关人才和教育的思想与实践》，载http://zhouenlai.people.cn/n1/2020/1123/c409117-31939918.html，最后访问日期：2022年11月27日。

都被合并到各大高校中。1951年10月20日,华北人民革命大学在北京市人民政府文教局临时调查中明确表示停止招生。[1]1951年冬,随着学校第4期培训工作进入尾声,华北局决定以华北革大第一部为基础恢复华北局党校以推进党校的正规化建设。

1952年11月,中央撤销其他五大行政区人民政府和军政委员会,统一设华北等六个中央人民政府行政委员会。1953年1月13日,华北革大正式宣告结束,其所属人员已陆续分到北京政法学院、中央政法干校等单位工作。[2]办学结束同时,以华北革大一部为基础,恢复了华北局党校,校长仍由刘澜涛兼任,此后又继续办了四期。1954年7月21日,中央指示:"华北局党校并入马列学院。"1954年8月,华北局党校正式撤销,合并到马列学院,成为马列学院三部。1955年,马列学院改称中共中央直属高级党校,即中央党校。[3]

图9 1953年2月13日,华北人民革命大学校长刘澜涛与离校同志合影[4](中国政法大学档案馆提供)

据悉,共有二十名干部从华北革大调入北京政法学院,如著名学者鲁直、杨荣、高潮、张杰等,在此举例一些人员的经历辅以说明(按照姓氏笔画顺序)。杨达,原北京政法学院宪法教研室负责人,曾在华北革大先

---

[1] 《1951年各级学校临时调查表》,中央档案馆馆藏。
[2] 思涛:《刘澜涛生平纪事》,中国文史出版社2010年版,第57页。
[3] 陈丽芬、史进平:《华北局党校的平山岁月》,载《纵横》2023年第5期。
[4] 前起二排右四为戴铮、右三为鲁直,原件由戴铮的女儿戴俊英捐赠,现藏于中国政法大学档案馆。

后任一部干事、三部班委员、政治研究院副班主任等职，于1952年9月调北京政法学院工作。张杰，原北京政法学院第一副院长，曾在华北革大政治研究院任班主任，1954年2月调北京政法学院任哲学党史教研室副主任。杨荣，原中国政法大学副教授，自1949年在华北革大政治研究院教研室任助教，后于1953年8月调北京政法学院哲学教研室工作。高潮，法律古籍学家，曾在华北革大政治研究院任教育委员、教务科研究员，1952年12月调北京政法学院民法教研室入职。崔衍勋，原北京政法学院党委委员兼文体教研组组长，曾在华北革大三部任组织干事、班主任，1952年10月调北京政法学院工作。鲁直，原北京政法学院党委副书记，曾在华北革大任班主任、教育科长，于1952年调入北京政法学院国家与法理论教研室，任主任。

华北人民革命大学的创办经验不仅为革命事业培养了一批干部，引导大多数学员走上了创建新中国的道路，而且最终融入了新中国的高等教育体系，成为中国共产党马克思主义理论教育的重要组成部分。[1]

五、新中国的政法干部摇篮——中央政法干部学校

引 言

在推进我国社会主义民主和法治工作中，中央一直十分重视法治人才的培养。1949年新中国成立后，逐步国民经济恢复，开展了一化三改革命运动，完成了生产资料的社会主义改造，并且抗美援朝、土地改革和镇压反革命三大运动取得了伟大的胜利。国家为了满足新时期政法人才培养的需要，在1951年中央决定在新法学研究院的基础之上成立专门培训政法干部的"中央政法干部学校"，并从华北人民革命大学抽调部分人员支援筹建中央政法干部学校。华北人民革命大学改为中央政法干部学校是我国进行司法改革和院系调整的结果，是我国政法教育发展中的一个重要转折点。[2] 1952年中央政法干部学校在彭真、董必武等中央领导的大力支持下

---

[1] 吴起民、汪云生：《"革命熔炉"是怎样炼成的———华北人民革命大学马列主义教学经验研究》，载《党史研究与教学》2017年第4期。

[2] 参见王健：《从朝阳大学到人民大学》，载《中国法律评论》2022年第5期。

正式成立，校址为南礼士路西北角。数十年间，中央政法干部学校几经分立与合并，在曲折中不断发展。1985 年，随着中央政法管理干部学校的成立，中央政法干部学校完成了其历史使命。

表 1　中央政法干部学校主管部门变迁表

时间	主管部门
1952 年	政务院政治法律委员会
1954 年	高等教育部
1956 年	司法部
1959 年	公安部
1979 年	司法部

正　文

在中央的高度重视下，中央政法干部学校（下文正文中以"中央政法干校"代指）的筹建在紧锣密鼓地进行着。1951 年 5 月，董必武向中央提出了设立中央政法干部学校的建议，并亲自领导筹办和调配干部教师等工作。[1]同年 7 月 20 日，在政务院第 94 次会议中董必武就筹设中央政法干校的草案作了说明，为更好培养司法干部与法学人才，会议最终研究决定筹设中央政法干校。[2]中央政法干校受中央政法委领导，主要训练县（市）人民政府主要干部及（县市）法院、检察署、监察委员会和公安局等负责人员，其次为轮训专署以上的政法部门在职干部；培养政法教育工作者与宣传工作者。此外，并适当分期招收一些有一定条件的工农干部、旧司法人员和新知识分子加以训练。[3]

---

[1]　董必武传记编写组编：《董必武传略》，法律出版社 1985 年版，第 120~121 页。
[2]　《关于筹设中央政法干部学校方案》，中国公安大学档案馆藏（政法干校战备一期十三卷）。
[3]　《关于筹设中央政法干部学校方案》，中国人民公安大学档案馆藏（380 政法干校战备一期十三卷）。

图10 1951年《关于筹设中央政法干部学校方案》（中国人民公安大学档案馆提供）

  1952年1月8日举办开学典礼，中央政法干校宣告正式成立，并隶属于政务院政治法律委员会领导。校长是由政务院政法委员会副主任彭真兼任，第一副校长由政法委副主任张奚若兼任，副校长由内务部长谢觉哉兼任、司法部长史良兼任、政务院政法委秘书长陶希晋兼任；其中陶希晋兼教务长（后由毛铎任教务长、专职副校长）。校务委员会委员包括中国人民大学校长吴玉章、最高人民法院院长沈钧儒、政务院人民监察委员会主任谭平山、公安部部长罗瑞卿、政务院法制委员会副主任委员许德珩、教育部副部长曾昭抡、辅仁大学校长陈垣、中央党校副校长艾思奇等。后冷楚任副校长（曾任福建省委组织部部长）。[1]

  为了精简机构，集中教学管理，对司法干部人员进行统一轮训，新法学研究院并入中央政法干校，同时抽调华北人民革命大学部分人员来支援筹建中央政法干校。比如新法学研究院教务长陈守一在中央政法干校担任副教务长，同时兼任司法部教育司司长，其曾经还担任过原中国政法大学一部主任和司法部司法干部训练班主任。[2]沈宗灵在陈守一的带领下也从

---

[1] 参见中国人民公安大学档案馆校史展资料；《1952年老干校中央政法干部学校职务名单组织机构表》，中国人民公安大学馆藏（389政法干校战备一期一卷）。

[2] 参见王涵：《陈守一：改变中国法学落后面貌的领路人》，载《民主与法制》2021年第29期。

新法学研究院留在中央政法干校工作。原任新法学研究院副院长、原中国政法大学副校长的李达后任中央政法干校副校长。原华北人民革命大学三部教育科长、校党委委员、政治研究院副院长戴铮任中央政法干校党委副书记。此外，还聘任了苏联专家苏达里可夫为顾问编写教材，如《国家与法律问题讲座》。

图 11　1952 年苏联专家为第一期学员授课的讲稿
《国家与法律问题讲座》[1]（中国政法大学档案馆提供）

中央政法干校的办学方式和建校规格不同于以往的司法干部培养机构。学校的学员管理设一部（初期称研究班，培训市处级干部）、二部（普通班，培训县科级干部）、师资班。同时在东北、西北、中南地区设立分校，由中央政法干校直接领导。中央政法干校在组织上采取三级委员会制，即校务委员会、教务委员会和班务委员会的制度。中央政法干校的校址在今南礼士路西北角，复兴南业城对面（办公和教学区在复兴门外大街北侧），占地约 100 亩。[2]同年，北京政法学院成立，其性质为兼办政法干校，培养行政司法干部。

---

[1]　原件由曲阜师范大学法学院副教授李冬楠、学生梁源捐赠，现藏于中国政法大学档案馆。
[2]　参见《中央政法干部学校简介》《政法干校南礼士路校门照片说明》，根据中国人民公安大学馆藏档案和中国人民公安大学档案馆馆长邓杰口述整理。

中央政法干校的教学受到了党中央的高度重视，时任政务院政法委员会副主任的校长彭真出席 1952 年 1 月 8 日举办的开学典礼指出："学习的目的，一是提高理论水平；二是提高政策水平……学习方法以自学为主，还有就是互相讨论。"[1]中央政法干校第一期的教学内容也是在政务院第 94 次会议的指导下制定的。第一期教学课程顺序分为：阶级论、国家论、国家法、行政工作概论、司法工作概论及各项政策法令，同时参照教学顺序配合有关巩固与发展人民民主专政的当前政治任务和思想建设的报告和专题讲演。[2]在进行教学提高学员的行政司法能力的同时开展三反运动，"用毛泽东思想和共同纲领澄清与提高干部学员的思想"。[3]第一期学员毕业时，毛泽东、周恩来、朱德、董必武、刘少奇等国家领导人在中南海怀仁堂接见了参加结业典礼的学员，董必武副总理与彭真校长作了重要讲话。

图 12　1953 年 2 月 8 日，毛泽东等领导人参加中央政法干校第一期学员结业典礼（部分）[4]（中国政法大学档案馆提供）

---

[1]　参见《彭真传》编写组编：《彭真年谱》（第 2 卷），中央文献出版社 2012 年版，第 242 页。
[2]　《关于筹设中央政法干部学校方案一九五一年七月二十日政务院第九十四次政务会议批准》，中国人民公安大学档案馆藏（380 政法干校战备一期十三卷）。
[3]　《本校第一期教学计划要点》，中国人民公安大学档案馆藏（388 政法干校战备一期二卷）。
[4]　由于原图尺寸过大，此图为照片的中间部分。

中央政法干校一期的学生有很多是来自全国各地的县市长、法官、检察官以及一些接受过高等法学教育的教师。例如著名法学家、法学翻译家潘汉典教授曾在北京大学任教，1952年1月到中央政法干校第一期司法班学习，1953年毕业后前往北京政法学院司法业务教研室，任讲师，后出任中国政法大学比较法研究所的第一任所长。〔1〕

随着中央对其他五大行政区人民政府和军政委员会的撤销，华北革大的部分人员分配到中央政法干校继续工作。1953年3月24日，政务院指示将华北革大所属政治研究院一部分人员计干部七十一人勤杂十八人于二月下旬调入中央政法干部学校。〔2〕例如曾在华北革大三部教育科和政治研究院教研室工作的原中国法学会法律文书学研究会会长宁致远调至中央政法干校校刊编辑室；曾于华北人民革命大学任教的著名历史学家、北京大学历史学系教授祝总斌，在1953年调至中央政法干校任教。〔3〕

随着国家机构的调整与变迁，中央政法干校的管理体制和办学情况也在不断发生变化。1954年政务院政治法律委员会撤销，改由高等教育部管理。同年，北京政法学院开始招收法律本科学生，担负起长期培养本科生和短期轮训在职干部的双重任务。〔4〕1955年3月，中央人民公安学院并入中央政法干校。〔5〕1956年1月10日，由习仲勋代表国务院批示罗瑞卿请示总理关于调整政法干校和各政法学院组织与领导关系的报告，"政法干校专门负责司法部门的干部的轮训工作，并交由司法部直接领导；各政法学院改为单一制，只培养法律本科学生，不再担负轮训任务"。〔6〕中央政法干校自1952年至1958年间，共举办普通班5期，研究班2期，还举办了师资班、司法教员班等短训班，培训学员7000余人。〔7〕

---

〔1〕 参见中国政法大学纪录片《法大翘楚》之潘汉典。
〔2〕 《政务院指示政治研究院人员调动》，中央档案馆馆藏。
〔3〕 参见《沉痛悼念祝总斌先生》，载 https://news.pku.edu.cn/xwzh/35a8b88b06fd4fa2aa4d18bf88eeda1b.htm，最后访问日期：2022年7月9日。
〔4〕 参见《中国教育年鉴1949—1981》，中国大百科全书出版社1986年版，第266、933页。
〔5〕 参见中国人民公安大学编：《公大春秋——中国人民公安大学校史图集》，中国人民公安大学出版社2018年版，第76~90页"中央政法干部学校"部分。
〔6〕 《关于调整政法干校和各政法学院组织与领导关系的报告》，中央档案馆馆藏。
〔7〕 《中央政法干部学校简介》，根据中国人民公安大学馆藏档案整理。

图 13　"中央政法干部学校"校徽与纪念徽章[1]（中国政法大学档案馆提供）

数十年间，中央政法干校经历了多次合并与分立，在曲折中不断发展。在1959年1月，罗瑞卿同志向党中央递交报告，提出拟将中央人民公安学院和中央政法干部学校合并，两校合并后沿用"中央政法干部学校"名称，学校重大方针和原则问题由中央政法小组决定，日常工作由公安部党组领导。[2]1959年3月，学校与中央人民公安学院合并，对外沿用中央政法干部学校的名称，隶属公安部领导。1961年，国家经济遭遇暂时困难，除西藏班、外文班外，学校短期停办。1963年7月，经中央组织部批准，学校恢复办学。1966年因历史原因学校停办。1975年8月，公安部政治部原主任尹肇之同志来校主持工作。按照华国锋同志直接批示，1975年学校首先恢复开办西藏班。1978年9月，恢复了普通班。1979年，司法部重建，中央政法干校转归司法部领导。[3]1980年1月，经公安部和司法部商定，中央人民公安学院和中央政法干部学校分别恢复办学。1981年11月，恢复原中央政法干校。[4]

1983年2月，中央决定筹建现中国政法大学。根据"中国政法大学第一部通讯录"封面上毛主席亲书校牌复制的"中国政法大学"6字并参照

---

〔1〕　原件由中国人民公安大学档案馆捐赠，现藏于中国政法大学档案馆。
〔2〕　《关于调整政法干校和各政法学院组织与领导关系的报告》，中央档案馆藏。
〔3〕　参见《中国教育年鉴1949—1981》，中国大百科全书出版社1986年版，第266、933页；中国人民公安大学：《公大春秋——中国人民公安大学校史图集》，中国人民公安大学出版社2018年版，第76~90页"中央政法干部学校"部分。
〔4〕　参见王文林主编：《中国人民公安大学校志》，中国人民公安大学出版社1994年版，第15~18页。

原物照片复制了中国政法大学"毛体"的校牌、校徽,[1]而现今的"中国政法大学"为邓小平同志题词。同年5月7日,中国政法大学举行成立大会,确立一校三院办学体制,以中央政法干校为基础成立了中国政法大学进修学院。1984年5月,迁至昌平区西环里办学,同年12月,司法部为适应新时期干部教育经常化、正规化、制度化的要求,根据国务院〔1983〕87号文件精神,经国家计委和教育部同意备案,决定在中国政法大学进修学院的基础上成立中央政法管理干部学校,属大专类干部院校。1997年,司法部党组决定,中央政法管理干部学院与中国政法大学合并,中央政法管理干部学院对外仍称中央政法管理干部学院,对内称中国政法大学管理干部学院。2000年,中央政法管理干部学院并入中国政法大学。同年2月28日,中央政法管理干部学院建制撤销。[2]

1951年至1985年之间,中央政法干校合计培养各类学员31 000余人,大部分成长为政法部门各级领导干部和业务骨干。代表人物有:西藏部青年班学员热地后任第十届全国人大常委会委员长、研究班学员赵苍璧后任公安部原部长、军保班学员李光中后任海军北海舰队政委。[3]自1951年成立以来,中央政法干校为国家培养了大量的政法人才,为国家的法治建设做出了重要贡献。

六、结语与致谢

本文以曾经独立建制的中央政法管理干部学院为出发点,向前追溯诸前身及变迁历程。从百年前的朝阳大学,到新中国成立后的第一所政法大学——(原)中国政法大学,再到新法学研究院、华北人民革命大学,直至中央政法干校、中国政法大学进修学院、中央政法管理干部学院的不断调整,中国政法大学历经了曲折坎坷,才有了今天的辉煌。其诸前身均在其所处的年代为我国培养了大量的法学人才,为我国的法制建设做出了卓

---

〔1〕 熊先觉:《法大身名始末》,载《比较法研究》2003年第1期。
〔2〕 参见王改娇主编:《法大记忆——60年变迁档案选编》,中国政法大学出版社2012年版,第332~333页。
〔3〕 参见中国人民公安大学档案馆校史展资料。

越的贡献。

朝阳大学、原中国政法大学、新法学研究院、华北人民革命大学以及中央政法干校均以其辉煌的办学成果,谱写了不同时代关于政法教育和法治建设的华章。而随组织变迁涌现出的一位位革命干部和学术大家,亦在那动荡的岁月里传承着一代代的红色基因,赓续着共产党人为国献身的精神血脉。中国政法大学诸前身以为国家培养德法兼修、德才兼备的高素质法治人才为代代相传的崇高使命,其坚守初心、与时俱进的办学思路也为中国政法大学留下了宝贵的精神财富。

最后,感谢中央档案馆、北京市档案馆、中国人民公安大学档案馆提供相关档案资料,以及感谢辅助梳理校史档案材料及协助撰写本文的中国政法大学学生方舒婷、张力苇、杨雨源、杨琼(以姓氏笔画排序)。

观察与调适：试论台湾地区的教育改造问题（1945—1948）

李露馨　胡小进[*]

光绪十三年（1887年），在刘铭传和杨昌濬的共同努力下，台湾改建行省。[1]1895年割台时，日本还未完全进入帝国主义阶段，日本的殖民式统治政策还不甚明确，但是以"同化"为核心的对台湾省及台湾同胞的相关政策措施已经在悄然运行，其中在教育领域表现得尤为突出。

1945年8月15日，日本在第二次世界大战中战败并宣布无条件投降。同年10月25日，陈仪作为何应钦[2]的代表在台北公会堂（今中国台北中山堂）接受"台湾总督"安藤利吉的投降，同祖国大陆分离51年之久的台湾重归祖国，各项事业百废待兴。光绪十三年（1887年）台湾建省时的发展水平较为落后。客观上台湾的诸多社会事业，尤其在教育方面，其政策方针的执行体现了诸多日本色彩。日据时代的台湾，教育建设的根本目的是培养一批既能劳动，又不会破坏日本殖民式统治的台湾人。[3]因此在光复后的首要任务是扭转这一势态，其次要在扭转这一特殊情况的基础上在教育领域逐渐渗透民族情感教化，并以此为纽带

---

[*] 李露馨，中国政法大学人文学院硕士研究生；胡小进，中国政法大学人文学院教授。
[1] 赵尔巽等：《清史稿》，中华书局1977年版，第2263页。
[2] 1945年8月16日，作为中国陆军总司令的何应钦被蒋介石指派为中国战区受降最高指挥官。
[3] 陈小冲：《日本殖民统治台湾五十年史》，社会科学文献出版社2005年版，第302页。

深化台湾同大陆的联系，实现真正的光复与回归。

抗战胜利后，部分有识之士不约而同地在期刊报纸发表对"新台湾"教育的构想。这些构想中大多都认为要在台湾加速推进国语教育和民族文化教育，同时要求以一到两年为期革新台湾教育体系。1947年底到1948年初，上海市派出了一支二十余人的台湾考察团赴台考察包括教育在内的各项社会事业发展，而台湾在数月之后也派出了一支17人的教育参观团赴大陆参观教育事业。这两次考察恰好在约定的过渡期后，留下了不少珍贵文献。本文立足这些文献，试图分析光复两年后的台湾在教育领域出现了何种改变以及存在何种不足。

一、光复前的台湾教育

台岛孤悬海外，在《马关条约》割台前，台湾岛内府、县一级设有儒学，清一代先后设置有10处儒学。此外，为补儒学之不足，还设有书院37处，就兴办的年代而言，以乾嘉、道光为最。[1]南部较为发达的地区，存在一部分民力兴办的社学、义学与民学，而在较为开化的番社也设置有土番社学供少数民族子弟识文断字。总体而言，割台前的台湾教育设置与大陆在形制上并无太大差异，而在质量上受限于社会经济发展水平，台湾的教育水平相对较差。

清末新政前，台湾已经割让给日本。因此清末新政在教育、学制领域的改革，台湾并未与大陆各省份同步。台湾的教育近代化，主要是为了适应日本在东亚殖民式统治的需要，而非为了激发台湾教育近代化的原生动力，因此结构上是错位的，层次上是失衡的，政策上是跨蹬的。[2]日据时期的台湾教育主要可分为五大类，分别是初等教育、中等教育、师范教

---

[1] 李汝和纂修：《台湾省通志（卷五）》（教育设施篇），台湾省文献委员会1970年版，第1~2页。
[2] 陈小冲：《日据时期台湾教育发展述论》，载《台湾研究集刊》1995年第Z1期，第152~159页。该文指出日本在台教育的重要目标就是切断台湾人民同祖国大陆的联系，培育专注手艺技术的劳动者，而防止教育在政治、思想等方面对台湾人民有所启发。随着日本的在亚洲的侵略战争陷入僵局，强调"日台如一"既希望台湾人无条件单向度地向日本文化靠拢，在经济上创造价值，在战争中提供兵源，但政治上没有权利。但是教育在客观上启发民智以及台湾人民对日本"同化"教育政策的抵抗，都导致了日本在台湾的教育政策无法正常推进。

育、职业教育、高等教育。

初等教育主要包括学前教育和国民教育（初等教育）两个层次。在学前教育层次，日本在台湾设立幼稚园主要是为了满足在台湾的日本人子女受教育问题，光绪三十一年（1905年）后总督府才颁布条令允许民间力量兴办幼儿园，而直到民国五年（1916年）方才有台湾本地儿童入读幼儿园的统计记录。在国民教育层次，初等教育主要有小学校和公学校[1]两模式，日本在台湾兴办国民学校的最初目的同样是满足在台日籍子女的受教育问题。国民学校的学制普遍为六年，科目以修身（灌输日本民族的处世态度道德传统等）、日语、作文、习字、算术、日本地理历史[2]等为主，修行标准基本与日本国内标准无异。这一做法配合了日本的"同化政策"，但也在客观上提高了台湾本地儿童的入学率。值得注意的是，小学校和公学校的财政经费均由台湾当地负担，但在经费的分配上为台湾当地学生开设的公学校却仅占为日籍学生开设的小学校的三分之一。[3]语言是维系民族情感的重要纽带，而日本对待汉语的态度充分体现了同化台湾的阴谋，在民国七年（1918年）将汉文科修改为选修科目，在之后的民国二十六年（1937年）日本直接废止了汉文科，[4]完全禁止了汉语在教育领域的传播。

在中等教育方面，日本在课程设置上仍以日语、外语（英语、法语等）、数学为主，辅之以简单的修身课程。其中课表中存在的经济、实业、唱歌等科目，实质上并未长期存在于在台湾中等学校的课表[5]。以日语

---

[1] 小学校专门招收适龄入学的日本儿童，公学校则是为了使台湾儿童精通日语并具备一个日本人应有的性格特点而设置的学校。日本儿童可以选择进入公学校学习，而台湾儿童则不能够进入小学校学习。太平洋战争爆发后小学校、公学校一律改称国民学校，但在课程设置上仍对日籍生、台湾当地学生有所区别。

[2] 李汝和纂修：《台湾省通志（卷五）》（教育设施篇），台湾省文献委员会1970年版，第7~9页。

[3] 谢有德：《过渡期台湾教育的我见》，载《台湾月刊》1945年创刊号。

[4] 李汝和纂修：《台湾省通志（卷五）》（教育设施篇），台湾省文献委员会1970年版，第27~33页。

[5] 李汝和纂修：《台湾省通志（卷五）》（教育设施篇），台湾省文献委员会1970年版，第49~50页。

和数学为主的课程,是为了配合日本的殖民式统治,对台湾当地适龄孩童的培养并不以进一步深造为主,而是为日本培养服从殖民式统治,能够劳动且有一定素质的普通劳动者。

在师范教育方面,师范学校发端于日本早期设立的日语学校。此时的师范教育仅面向适龄日籍中等教育毕业生招收学生,同时对师范生采取公费政策。在教育科目方面除新增教育一门外,基本与其他层次教育无异。这一招生政策充分体现了这一时期日本人希望通过培训日籍教师的手段,稳定控制对台湾人民的教育权。随着台湾教育事业的发展,师范教育也开始小范围吸纳台湾当地适龄者,进而发展形成师范甲科和师范乙科两种师范教育体系。日籍学生接受师范甲科教育,这种师范教育的深度和广度上较之台湾当地师范生为优。如甲科学生在物理化学方面需要学习"物理学、无机化学及有机化学大意",而乙科的台湾籍学生仅仅只需了解"自然界之现象有关物理化学之事项"。[1]此时台湾的师范教育仅仅只是为了本省初等教育充实师资力量,而中等以上教育的师资力量都是来自日本国内大学毕业的日籍教师或台湾当地教师。[2]

在职业教育方面,日据初期没有专门的职业教育体系。在台湾的农事试验场设置有与农业相关的讲习班,推广农业技术,在日语学校则设置有实业部培养电报、铁路工作者。随着时间的推移,职业教育逐渐成体系化,出现了商业学校、工业学校,同时在科目设置上也向常规的教育体系靠拢,设置"修身、日语、英语、数学、物理"等常规科目。在日据后期,职业教育学校形成"农业、工业、商业、商工、水产、家政"等几大类别。在日据时期,台湾的职业教育体系虽然得到很大程度的发展,但是从科目设置以及学校种类角度分析,建立职业学校的根本目的在于培养能够为日本开发与攫取台湾优质资源的技术劳动者,而非促进台湾形成职业教育体系的内循环。此外,"修身、日语"等科目,配合了日本从初等教

---

[1] 李汝和纂修:《台湾省通志(卷五)》(教育设施篇),台湾省文献委员会1970年版,第69~70页。

[2] 陈小冲:《日本殖民统治台湾五十年史》,社会科学文献出版社2005年版,第306页。

育开始实施的"皇民化"[1]政策。

在高等教育方面,台湾高等教育的起步开始于光绪二十五年(1899年)[2],即日本占据台湾的第五年。日本先后创设了台湾总督府医学校(1899年)、台北高等商业学校(1919年)、台湾总督府农林专门学校(1919年)、台北帝国大学(1928年)、台南高等工业学校(1931年)等。日本在台湾创设的高等教育从医学入手,由医而农。而随着台湾社会经济的发展,工业、商业高等教育自成一体。日本在台湾首先创设医学是为了培养台湾当地医务工作者,以弥补台湾日籍医务工作者的不足,其次创设的林学是为了开发台湾丰富的林业资源。最后随着日本"侵略政策"的全盘托出,创设台北帝国大学作为研究中国南方以及整个东南亚地区的重点研究机构。此外,在日本殖民式统治教育政策的控制下,台湾高等教育的职员中台湾当地雇员比例极低,[3]且多充任低级职员,而接受高等教育的台湾当地生源也受到极为严格的限制,而日籍在台大学生却不受限制。[4]而随着日据中后期共学制[5]的落实,限制才略得缓解。综上,在日据时期台湾的高等教育较为发达,但是其创设的目的不在于发展台湾本地教育科研力量,也不在于培养高素质台湾人才。而是为了同日本侵略政策相配合,同日本在台殖民式统治相配合。

二、"新台湾"教育构想

1945年8月15日日本战败投降,收回台湾已成定局。有识之士纷纷

---

[1] 陈小冲教授在《日本殖民统治台湾五十年史》中指出,皇民化运动的核心内容在于首先将台湾同胞从汉民族的一份子同化为忠诚于日本天皇、军国主义的臣民,然后再利用台湾丰富的资源(包括人力和物力资源)为其进一步对外侵略服务。

[2] 李汝和纂修:《台湾省通志(卷五)》(教育设施篇),台湾省文献委员会1970年版,第104页。

[3] 李汝和纂修:《台湾省通志(卷五)》(教育设施篇),台湾省文献委员会1970年版,第105~107页。

[4] 汪知亭:《台湾教育史料新编》,台湾商务印书馆1978年版,第92页。

[5] 共学制为日本实施同化政策的一种手段,在20世纪20年代日本颁布教育令允许能使用日语的台湾籍学生不受入学资格限制入学读书,该政策在所有学段均得到一定程度的适用。在1941年进一步废除区分日本学生和台湾学生的小学校和公学校,均更名为国民学校。随着共学制的推进,台湾籍学生入读台湾本地高等教育的比例呈上升趋势。

开始讨论"新台湾"的建设问题，时人想法、观点各有不同，但是参与讨论者大多都认为改变这一切必须从重塑教育政策入手。

　　日据五十余年所发展而来的台湾教育体系也并非一无是处，虽然日本对台湾的教育政策与教育机构都是以配合侵略政策为目的而创设，但是在客观上也推动了公立学校的建立与科研力量的提升。在日据后期，初等教育学校已达近千所，而高等科研力量相较于同时期的亚洲各国家与地区则处于平均水平之上。丁文治[1]认为，彼时台湾公立学校覆盖率高，远超大陆部分城市。此外根据财政分配，台湾各县市教育经费占比也高于大陆部分城市。当然，这并不意味着国民政府可以轻松接收台湾的教育系统[2]。国民政府接收台湾教育系统面临的最大问题在于，日本势力虽然因为战败而逐渐撤离台湾，但是教育系统内的日本风气仍然很浓厚，首先，以日式生活方式和日文名字依然流行。其次，台湾当地教育工作者的素质较低，大陆派遣的教育工作者数量不足以满足台湾教育事业的需求。最后，大陆选派的部分教育工作者因为工作习惯的差异，与台湾本省具有丰富教龄的教育工作者频繁产生摩擦。

　　针对当时的"同化"[3]问题，高时良[4]提出，虽然台湾有着近千所初等教育机构，但是人为划分为招收日籍学生的小学校和招收台湾当地学生的公学校，体现出教育的不公平；其次在入学比例上日籍学生基本上应收尽收，而台湾当地学生则有着诸多限制。同时以改换日名、使用日语等方式作为筹码，放宽台籍学生的入学率，再经由针对性设置的"修身、日语"等课程，使得接受教育的台湾当地学生都暗中被泯灭了中华民族意识。因此，首先要在学制上与大陆统一，初等教育以6年为限、中等教育分为初高两段各3年、高等教育4年视情况而定。其次大力推行国语教育，

---

　　[1] 丁文治，江苏泰兴人，著名地质学家丁文江之弟，曾任记者、编辑及台湾学生书局董事长、发行人兼创办人。战后初期以记者身份赴台发表数十篇专题报道。
　　[2] 丁文治：《现阶段的台湾教育：参加全省教育行政会议所感》，载《教育》1946年第2期。
　　[3] 高时良：《台湾教育实施的商榷》，载《教育与文化（福州）》1946年创刊号。
　　[4] 高时良，福建福州人，1937年厦门大学教育系毕业后在福建省教育厅工作。撰写大量时事报道和评论文章。

并将国语的训练与使用掺入教育的各方面，以培养符合现代之中国的现代公民。在师资力量方面，低学段一律用本国人作为教师，中等及以上程度的教育阶段可留用合适的日籍教师作为缓冲，而对于日据时期培养的台湾当地教师则需要采取极为严厉的检查机制并进行短期培训方可继续任用。当时社会普遍认为，应该从大陆广泛招募师资，但大陆同在抗战结束后的复员阶段，优秀师资也很匮乏。高时良因此提出，鼓励闽南各地的失学失业青年赴台充任小学教师似乎更为妥当。在教材方面，低年级需要采用新编的灌输"三民主义"的教科书，而考虑到高年级已经接受一定程度的日本风格的教育，则允许保留教材的日语部分，但也需渐进过渡。除了接受并革新日本遗留的教育设施外，面对台湾少数民族的教育问题，依据孙中山先生的民族主义观点，需要重新设置对"生番"的国语教育，再进一步强化这一族群生产技能训练和民权观念的培训。总而言之，"新台湾"的教育的核心特点应该是"反客为主"。

范寿康[1]在今后台湾教育的方向一文中指出，[2]台湾未来教育的走向的重点应该在语文和思想两个方面。应设有专门的国语推行委员会，以及教材编辑委员会，以牢固树立学生的国家意识。针对师资力量，范寿康倾向于大量培训台湾当地师资，树立台湾新教育的基础，而非从大陆广泛招徕教育工作者。

谢爽秋[3]认为，[4]推行国语运动是彼时台湾最迫切的需求，其中尤以在学校推行国语为重中之重。推进这一运动的主体必须是来自大陆的优秀教育人才，而吸引这类人才的办法是提高教职员的薪资待遇。同时他也指出还需要在大陆为台胞设置配套的教育体系，鼓励他们回大陆读书以加速相互交融并为未来台湾的建设培养本省的人才。最后他指出这一过渡时

---

[1] 范寿康，浙江上虞人，中国著名教育家、哲学家。五四时期开始介绍马克思主义唯物史观，抗战时期出任国民党军事委员会政治部第三厅副厅长从事抗日宣传工作。新中国成立后在台湾省任教育处长等职，1982年返回大陆，同年被选为第六届全国政协委员、常务委员。

[2] 范寿康：《今后台湾教育的方向》，载《现代周刊（台北）》1946年12期。

[3] 谢爽秋，江西兴国人，1937年留学日本，后受中国共产党派遣打入国民党军事委员会政治部机关报《扫荡报》工作，撰写大量时评文章。

[4] 谢爽秋：《对于台湾教育的一点意见》，载《现代周刊》1946年第5期。

期不宜太长，应以一两年为限。

孙爱棠[1]则指出[2]，在客观上台湾的教育设施较大陆为优，但是师资力量不足的问题较为严重。此外战争期间美国空军对台湾的轰炸导致不少学校的校舍被毁，且短期内无力修缮，这一情况导致了台湾部分教育工作者的不满与抵触情绪。此外，针对大陆师资与台湾当地师资的不和，他指出两岸教育工作者的工作习惯以及大陆来台者的态度是导致时有摩擦发生的关键。因此在师生管理规章上亟须一视同仁，在薪资待遇方面要提高待遇水平且同工同酬，在校舍修缮上要提高财政投入。

总而言之，抗战胜利后对"新台湾"教育重建的构想多集中在学校教育方面。时人多从推行国文、国语着手，以此与过去殖民式统治时期的教育环境做切割。在教材上，多数人提出要以民族意识、国家意识、三民主义的概念贯穿教材编纂，少部分有识之士则强调需要注重各学段的现实需求，采取渐进性的举措应用新教材。在学制上，多数认为学制应从速改为大陆学制。在师资力量上，几乎都赞同培养本省师资，而针对过渡时期师资的解决方案，从大陆引入师资是主流思想，因此有人进一步提出了从与台湾文化相近的闽南地区抽调师资。但是不乏有反对者提出，彼时大陆也处于复员重建时期对台支援师资也力有不逮，因此可以考虑从闽南地区抽调失学失业青年赴台充任初教工作者。在过度调整的时限方面，大部分人赞同以一到两年为限。然而上述构想大多从"革新"的角度出发，不能够恰当地从台湾的角度思考台湾教育。日本对台湾的教育的消极影响既存在显性因素，也存在隐性因素。采取一刀切式的快速处理，伤害了台湾同胞的民族情感，也违背了教育"潜移默化"的客观规律。

三、教育改造的实践与问题

依据时人的构想与台湾的教育施政方针，光复后对台湾教育改造应在一到两年内完成。因此至迟到1947年下半年，与日据时期相比台湾的教育

---

[1] 孙爱棠，又名孙浩然。民国时期上海实业家，在文化界活动频繁。
[2] 孙爱棠：《光复后的台湾教育》，载《教育通讯（汉口）》1946年复刊第4期。

面貌应当焕然一新。教育改造虽然推进速度较快，但1947年的上半年台湾爆发了"二·二八事件"，文化上的龃龉在一定程度上可以归结为该事件爆发的重要因素。[1]

上海市私立中小学联合会组织了对台湾的教育考察团，[2]此次考察由上海市教育局国民教育处处长朱君惕任考察团团长，副团长及其余考察团团员均为上海市各国民学校的校长、主任。从考察团成员的基本素质来看，这一考察活动能够深入观察到台湾的教育改造落实情况，尤其是国民学校的教育阶段。随着上海市考察团离台返沪后发表相关的考察报告，大陆产生了新一轮对台湾教育关注的热潮，随之出现了集中邀请台湾当地中小学校长教员参观大陆教育的活动。[3]这次互派考察活动深化了大陆与台湾的中小学教育交流，使大陆对改变台湾教育的思考不再停留在表面，也使台湾教育工作者明白与大陆教育的差异，并努力落实下一步改造计划。总体而言，从考察团的观察中可以看出"二·二八事件"虽然给台湾社会带来了较大冲击，但是在事件过后台湾的教育文化改造仍在稳步推进。而从较长的时间段来看，国民政府在台施政团队的做法虽有矫枉过正，但在日后迅速造就了大批稔熟中国文化的青年学生，为日后台湾社会文化的发展奠定了基础。

（一）"二·二八事件"与台湾教育文化改造

1947年的"二·二八事件"对此后台湾的政治、经济、社会文化等诸多方面都产生了极为深刻的印象。"二·二八事件"时间的背景因素错综复杂，既有客观因素的堆积也有人为因素的推波助澜；既有当局的处置失当也有台湾民众的失望愤懑。总体上可以归结于政治的腐败、经济的危机以及文化教育上的摩擦冲突。在国语教育方面，在学校里台湾省行政长官公署推动建立"国语推行所"，并于1946年9月开始禁止中学使用日语教学，加大国文、历史、中国地理等科目的比重。1946年10月台湾行政省

---

[1] 本章节聚焦于讨论"二·二八事件"中的文化冲突，在国民政府对台湾政治、经济政策等失误方面不做过多叙述。

[2] 《台湾考察团下月初乘轮出发》，载《申报》（上海）1947年11月30日，第6页。

[3] 《台教育人员来内地参观自下月开始》，载《申报》（上海）1948年2月24日，第6页。

长官公署颁布行政命令"以本省光复已届周年，为推行国语、国文以及执行国策起见，特将本省各种新闻纸、杂志日文版撤除。公告自本年 10 月 25 日起撤除本省境内所有新闻纸、杂志附刊之日文版，并下令各县市政府遵照。[1]"此外，还将全省街头巷尾的商标、交通站牌更换为中文并加上注音符号。由于日本多年的殖民式统治，台湾与祖国大陆在客观上确实有一定的隔阂，不同的发展道路以及文化感受致使快速地更换对台胞文化心理造成冲击。台湾学者戴国辉自述其成长经历，日据时期在学校同外人说日语，在家同家人说客家话，而光复后则要迅速学国文、说国语。十余年内不同文化属性的叠加，构成了那个时代台湾知识分子复杂的文化底色。日据时期台湾社会的公共场合虽然强制推行日语，但是私人场合客家话、闽南语的普及率是较高的。客家话、闽南语也是我国汉语体系中的一员，如果能够予以变通，标准国语同地方语言的客家话、闽南语暂时共存，再推动标准国语逐步成为主流或许能够在增进双方认知的基础上保持更高的稳定性。

（二）上海赴台考察团

上海赴台考察团于 1947 年 12 月 3 日自上海乘坐"中兴号"轮船赴台湾考察，在十余天内访问台北、台中、台南、高雄、屏东等县市，对光复两年有余的台湾教育事业进行比较深入的考察，以大陆的视角分析教育重建的成功与不足，并提出了相关意见。

在硬件设施方面，考察团一致认同台湾的学校，无论是幼儿园、国民学校，还是中等学校、高等学校，其校舍规模在当时的亚洲范围内都算是很庞大的。从外在方面看，这似乎是日本占领台湾的客观后果。但实际并非如此，学校硬件设施的完备，一方面归功于台湾人民在殖民式统治时期同日本的不屈不挠的斗争，另一方面也是台湾同胞在日据时期对台湾生产建设的结果。举例而言，更早为日本所侵占的琉球王国却并没有发展出成规模且发达的教育体系。从学校的覆盖率来看，当时台湾县乡一级的国民

---

[1] 陈鸣钟、陈兴唐：《台湾省行政长官公署 1946 年工作报告》，载陈鸣钟、陈兴唐主编：《台湾光复和光复后五年省情》，南京出版社 1989 年版，第 235 页。

学校已经建立,且国民学校不收取任何其他费用,保障了寒门子弟的入学需求;当时台湾适龄儿童的入学率全省平均在78%。[1]此外,台湾在利用电化设备辅助教学方面也走在前列,各校的广播设备均已建立。

在师资力量方面,师资不足的情况依然存在。针对师资力量,存在质和量两个方面的问题。首先在质上,台湾当地教师对"教育部"的教育施政方针理解不足,对于现代教育潮流、民族思想的理解不足,这导致通过教育环节拉近台湾与大陆距离的方案存在不足,虽然政策铺开的速度较快,但是质量和效果仍有进步空间。此外在大陆招募的教师,因为在教育政策理念上同台湾当地教师存在差异,且工作态度上也有差异,[2]盲目地搭配教师,反而抑制了学校教育软实力的提升。同时,大陆招募的教师滥竽充数者也不乏其人,甚至于以非师范专业人士充任教师。[3]其次在量上,教员数量不足是最为明显的问题。从大陆招募的师资首先在数量上不足,台湾自己的师范学校培养的师资数量难以满足较大的教师缺口。

在教育财政方面,考察团一致认为台湾的财政资金分配走在全国的前列。全省的教育经费占财政支出的25%以上,县市这一层级更是直达35%以上。[4]此时台湾的教育经费占比远高于同期的大陆大部分省市,但教育经费的支用也并非完美无缺。例如,台湾处于亚热带季风气候区和热带季风气候区,夏季漫长且多台风气候。时有发生的台风灾害对校舍建筑造成破坏,但是救灾应急资金的拨付却往往不及时。致使考察团发现已过了台风频发季节的十二月,还有学校的校舍残破不堪。

此外,在教育风气与手段方面。日据时期国民教育以灌输为主要特征的主动式教学已经大为改善,引导式教学在学前阶段的教学过程中更为突

---

[1] 朱君惕等:《参观台湾教育归来》《国民教育辅导丛刊》,出版年份不详,第19页。来源于"抗日战争与近代中日关系文献数据平台"。

[2] 台湾当地的教师勤劳、朴实、负责任。且受日据时期教育规章影响,早间上班后直至晚上下班,不管有无课程安排均留在学校工作。而大陆教师无课则会离开学校。

[3] 姜琦:《从二·二八事件说到台省师范教育运动之重要》,载《教育通讯(汉口)》1947年复刊第6期。

[4] 朱君惕等:《参观台湾教育归来》《国民教育辅导丛刊》,出版年份不详,第19页。来源于"抗日战争与近代中日关系文献数据平台"。

出。光复后的台湾在国民教育阶段引入了"家长会"的架构，设置家长会负责沟通学校，辅助和引导低年级学生完成学业。日据时期，日本为打造弱肉强食的文化背景而鼓励和默认的"校园霸凌"现象也得到改善。但考察团也指出职业教育受日本影响较深，且因为这一阶段的学生已经被过去的旧式教育训练了一定时段，所以恃强凌弱的风气依然存在。但随着初等教育持续灌输我国优秀传统文化，并佐之以优秀师资的引导，这种风气得到根本性改善只是时间问题。在教材的使用上，受过较长期日式教育灌输的高年级学生不适应一刀切式制定的"教育部定教材"的问题也相当明显。台湾当地教师也同样不适应"部定教材"，资深教师往往稔熟日语、日文，但对国语、国文特定用法的理解不足，所以使用"部定教材"备课往往要耗费大量时间。[1]最后，考察团还一致肯定台湾各县市的行政人员。例如台南县长、台南市长、屏东市长等人，对地方行政、地方教育各方面的政策了如指掌，面对考察团的询问对答如流。

值得一提的是，在日据后期随着台湾工业化水平的提高以及日本南进政策的推进，作为南进桥头堡的台湾地位上升，客观上使得台湾人的生活水平、教育水平、文化素养得到较大提升。[2]但是台湾人民仍然是被动的，是压抑的、彷徨的。光复后，原以为能"反客为主"的台湾人民，在一定程度仍然处于被动地位。同时大陆公务人员的涌入[3]也激化了这一问题。"二·二八事件"之后，面对所谓"旧习"尚未尽除的情况，在国民学校确立了遵从孙中山的国家教育方针和国民政府的"青年守则"培育健全品格的公民，同时强化三民主义政治宣传和组织儿童自治以构建公民观念。[4]针对所谓的"大陆人"和"本省人"的矛盾，在1947年推进祖籍调查，通过深化对家族移居史的认知搭建起解决上述矛盾的桥梁。

---

［1］　陈一百：《台湾教育考察报告》，载《教育研究（广州）》1948年第110期。
［2］　杜继东：《台湾"二·二八"事件研究综述》，载《近代史研究》2004年第2期。
［3］　两岸分隔五十年所产生的文化疏离感，一定程度上使大陆赴台的人员产生不信任情绪，而这种情绪使得"政治新生""反客为主"步履维艰。
［4］　朱君惕等：《参观台湾教育归来》，《国民教育辅导丛刊》，出版年份不详，第7页。来源于"抗日战争与近代中日关系文献数据平台"。

综上所述，从 1945 年 10 月 25 日台湾光复到 1947 年 12 月，在两年有余的时间内台湾教育事业的面貌得到了根本性改善。客观上继承日据时代台湾人民辛勤建设与斗争得来的先进硬件设施，在教育政策、教育方法与手段上不断向大陆靠拢，日据时期教育带来的顽疾已经得到改善。但师资的质量等方面的软性问题仍存在缺陷与不足，光复初期教育家们的构想并未完全落实。譬如大陆教师与台湾当地师资的互有龃龉，若落实以闽南等地师资裨补台湾教育，闽台文化上的认同感能在一定程度上得以缓和冲突摩擦。此外，诸如以地方为中心的国民学校牵头培训、再教育师资力量的构想与为台湾单设过渡期双语教材的构想也并未落实。这在某种程度上体现了国民政府施政团队在推进政策时急于求成的心态，[1]缺乏对台湾人民的主体性思考。自"二·二八事件"爆发后，1947 年台湾教育施政方针开始聚焦于更好地培育台湾人民的公民意识和民族意识，体现了这一事件客观上推动了教育改造的深化。

（三）台湾赴大陆教育参观团

1948 年 3 月 22 日晚，台湾教育考察团乘坐"中兴号"轮船由台北抵达上海，在教育部秘书方志懋的陪同下赴南京。除了任台湾教育厅长的考察团团长许恪士提前一日到达，澎湖县督学庄东自行来沪，台东成功镇国民学校校长颜传福因病未来外，其余 15 人皆乘船而来。实际来大陆考察者共计 17 人，分为地方教育行政组、中等教育组、国民教育组、社会教育组四个大组。3 月 24 日在南京出席"教育部"座谈会，随后在南京进行考察。3 月 30 日后赴沪考察，并于 31 日拜会时任上海市长的吴国桢。4 月 7 日抵北平考察，13 日由北平赴天津，17 日由天津直飞青岛。台湾教育参观团在大陆参观近一月后返回台湾。

据团长许恪士称，[2]参观团一行 17 个团员代表了台湾 17 个县市。他们都是第一次返回祖国大陆，作为台湾教育界中流砥柱的参观团团员通过

---

[1] 褚静涛：《光复初期台湾教育的接收与重建》，载《民国档案》2013 年第 1 期。
[2] 《台湾教育参观团昨来津 许恪士谈台省国语教育已大有进步》，载《大公报（天津版）》1948 年 4 月 14 日。

与大陆教育工作者的交流对话、参观了解大陆文化艺术,[1]加深了对教育方针的理解以及对民族文化、民族意识的认知。这对于进一步推进台湾文化教育向祖国大陆靠拢大有裨益。此外,参观团还带来了多封台湾中小学生的公开信,不断发表在其参观地方的报纸上,以此促进大陆与台湾中小学生的感情。

在参观团返台后,"南京教育部"公布了3月24日"教育部"座谈会的部分成果。其核心在于予以台湾教育厅更多的教育自主权,以解决上文所述的上海赴台考察团所发现的问题。首先,在对高山族的扫盲工作以及高山族师资培训方面提供一定的经费支持。其次,针对教师不熟悉"部定教材"的问题,将"部定"中小学教科书的教学指引原稿发往台湾,根据情况印行以辅助教师备课。此外,还从基础教育经费中拨款办理暑期教员讲习会,以提高教育工作者的教学水平。再次,是台湾当地高中毕业生升学的问题,对于该类学生赴大陆就读大学予以台湾当地的教育厅更大的自主审核权力。最后,在教育改造期间关停部分台湾职业教育学校以及相关专业,根据地方社会经济发展需要自行恢复的权力。

四、结语

台湾回归后,对台湾的教育改造使台湾的教育面貌焕然一新。彻底否定了日本过去在台湾推行的教育模式,去除其带来的影响,以强有力的手段推行祖国化、民族化的教育,对台湾社会产生较为重大影响。首先是使得台湾的青少年真正开始接受祖国的教育,学习国文、国语,学习中华历史、地理,并以强制手段阻止日语的使用,使台湾教育回归正常轨道。最终通过教育加深台湾青少年对祖国的认知,从而使其进一步萌生真正的认同感。其次是教育改造也废除了日据时期对台湾籍适龄学子的入学限制,台湾地的青少年获得平等接受教育的权利,性别、出身、民族都不再是被

---

[1]《莎翁诞辰将届 梁实秋将讲莎翁生平 新编「铸情记」昨试演》,载《大公报(天津版)》1948年4月13日,第3页。焦菊隐教授改变莎士比亚名剧朱丽叶为铸情记,将其全部中国化,两家族仇恨改编后种因于土地问题,不再是单纯爱情问题,并以此戏剧招待台湾教育参观团。之所以选择改编后的戏剧招待参观团,是为了隐喻台湾教育必须完全中国化。

限制就学机会的阻碍。最后，台湾教育改造如计划设定一般，保障了过渡期台湾教育机制的正常运作和转轨期间台湾适龄学子的受教育权。

当然，对台湾的教育改造也并非面面俱到。首先，就表现在根除了日本建立的日本教育和文化体系后，对现有教师重塑的文化体系把握不足，导致台湾人民对回归祖国抱有极大热情，但在具体细节上面对并不熟悉的教育体系又出现无所适从的状态。这种无所适从不仅表现在接受了一定程度的日式教育的高年级学生群体，也表现在适应了日式教育方式的资深教师群体中。总而言之，这一问题的出现在于对教师的衔接以及对教材的过渡措施处置失当，在实践层面上并没有认真吸取关于"新台湾教育构想"的有益理论，对于被广泛强调的"缓冲""渐进"基调并没有真正落之于实践。

其次，表现在革除日本的教育制度过程中，把某些适应当时台湾社会发展水平的合理的教育也一并取消。譬如职业教育中"家事"科就曾被取消，直至1948年台湾参观团赴大陆沟通后，才允准台湾教育厅根据自身社会经济发展情况开设、恢复相关的职业教育科目。正如前文所述，在认识日本对台教育政策时，首先应当明确它具有的"侵略性"，但也应该辩证地认识这一时期台湾的教育政策。这一时期的教育政策包含备受压迫的台湾人民在与日本斗争过程中、在台湾社会发展过程中形成的有利于台湾社会运转的积极的教育政策，需要将两者区别对待。

最后，在对台湾的教育改革过程中，既有分离五十年后大陆对台湾的陌生感，也有台湾人民主体性的缺位。国民政府的施政团队来到台湾后，持着中国革命由来已久的急于求成心态，从速从严推进各项教育政策。诚然，战后的"去日本化"是当务之急，但台湾同胞是中华民族不可分割的一部分，需要在尊重台湾同胞主体性的基础上，完成"去日本化"的政策。正如上文所述，日据时期的台湾教育不仅仅受到日本自上而下的强制作用影响，也受到台湾人民自下而上抗争的塑造作用影响。这虽然在客观上使分隔五十余年的台湾迅速祖国化，但是这一急于求成的处理方式一定程度上催化了"二·二八事件"中的文化差距、文化冲突的产生。